Gewidmet
Dr. Grit Arnscheidt
zu ihrem
80. Geburtstag

Dr. Grit Arnscheidt
Foto: rem, Jean Christen

Mannheimer Geschichtsblätter

Herausgeber
Prof. Dr. Hermann Wiegand
Prof. Dr. Alfried Wieczorek
Prof. Dr. Ulrich Nieß
Dekan i. R. Günter Eitenmüller

Frau Dr. Arnscheidt zum 80. Geburtstag

Am 7. Juni 2017 feierte Frau Dr. Grit Arnscheidt, langjährige Stellvertretende Direktorin der Reiss-Engelhorn-Museen in Mannheim, ihren 80. Geburtstag. Dies bietet ihren Freunden und Weggefährten den willkommenen Anlass, sie mit einer Festausgabe der „Mannheimer Geschichtsblätter" zu ehren – leider ließ ihre Gesundheit wohlverdiente große Geburtstagsfeiern nicht zu.

Die in Düsseldorf aufgewachsene Rheinländerin kam nach einem Studium der Geschichte, Kunstgeschichte und Anglistik in München, London und Heidelberg und nach einer Promotion über die Rezeption des deutschen Bauernkrieges im Vormärz sowie einer Tätigkeit als hoch geschätzte Wissenschaftliche Assistentin am Historischen Seminar der Universität Heidelberg 1974 nach Mannheim. Dort fand sie eine neue Wahlheimat, der sie fortan einen wichtigen Teil ihrer Arbeit als Wissenschaftlerin und Kustodin widmete – so mit wesentlichen, oft zitierten Arbeiten zur frühen Stadtentwicklung oder zu Veduten, einem ihrer bevorzugten Forschungsgebiete. Frau Arnscheidt hat in zahlreichen Ausstellungen und Publikationen von höchstem wissenschaftlichen Niveau nicht nur die Geschichte Mannheims und der Region erforscht und dargestellt, sondern sich auch wichtigen Persönlichkeiten der Stadtgeschichte wie Franz Schnabel oder Friedrich Daniel Bassermann gewidmet. Ihre ausgezeichnete Kenntnis der Quellen und ihr großer Spürsinn führte zu vielen Entdeckungen, die sie Fachkollegen ebenso vermittelte wie – etwa in der Mannheimer Abendakademie oder als Lehrbeauftragte der Mannheimer Fachhochschule für Gestaltung – einem breiteren Publikum. Ihre weit gefächerten Interessen bezogen die Wirtschaftsgeschichte (zum Beispiel die Rheinschifffahrt) ebenso ein wie die südwestdeutsche Stadtgeschichte und die politische Geschichte: Hier galt Frau Arnscheidts besonderes Interesse dem deutschen Vormärz und der 48er-Revolution. Eine von ihr konzipierte Ausstellung zu Karikaturen in dieser Revolution unter dem Titel „Mit Zorn und Eifer" (1998), zu der sie einen vorzüglichen Katalog erarbeitete, fand ein großes Echo nicht nur in der überregionalen Presse, sondern auch in der Fachwissenschaft.

Bei der Erarbeitung dieser Ausstellung konnte sie auf die reichen Sammlungen des Mannheimer Altertumsvereins zurückgreifen, dessen Bestände sie wie niemand sonst kennt, bewahrt und hütet. Als langjähriges Vorstandsmitglied und Schriftführerin des Vereins war und ist sie eine tragende Säule der Vereinsarbeit, der sie entscheidende Impulse gab und gibt. Ohne ihr segensreiches Wirken wären viele Aktivitäten des Vereins nicht denkbar. Für die Vorsitzenden des MAV seit Oberbürgermeister Dr. Hans Reschke war und ist sie mit ihrer unaufgeregten, ruhigen, bescheidenen und vermittelnden Wesensart eine wichtige, ja unentbehrliche Gesprächspartnerin und Förderin. Jedem Aufheben um ihre Person ging und geht sie mit größter Zurückhaltung aus dem Weg, weil es ihr nur um die Sache zu tun ist.

Der Mannheimer Altertumsverein ist Frau Dr. Arnscheidt für ihre unschätzbare Arbeit und ihre persönliche Wirksamkeit zu größtem Dank verpflichtet. Wir wünschen ihr zur Wiederherstellung ihrer Gesundheit alles erdenklich Gute und hoffen, dass sie uns weiter so verbunden bleibt wie in den vielen Jahren ihrer Arbeit für den Verein, seine Anliegen und seine Mitglieder.

Hermann Wiegand

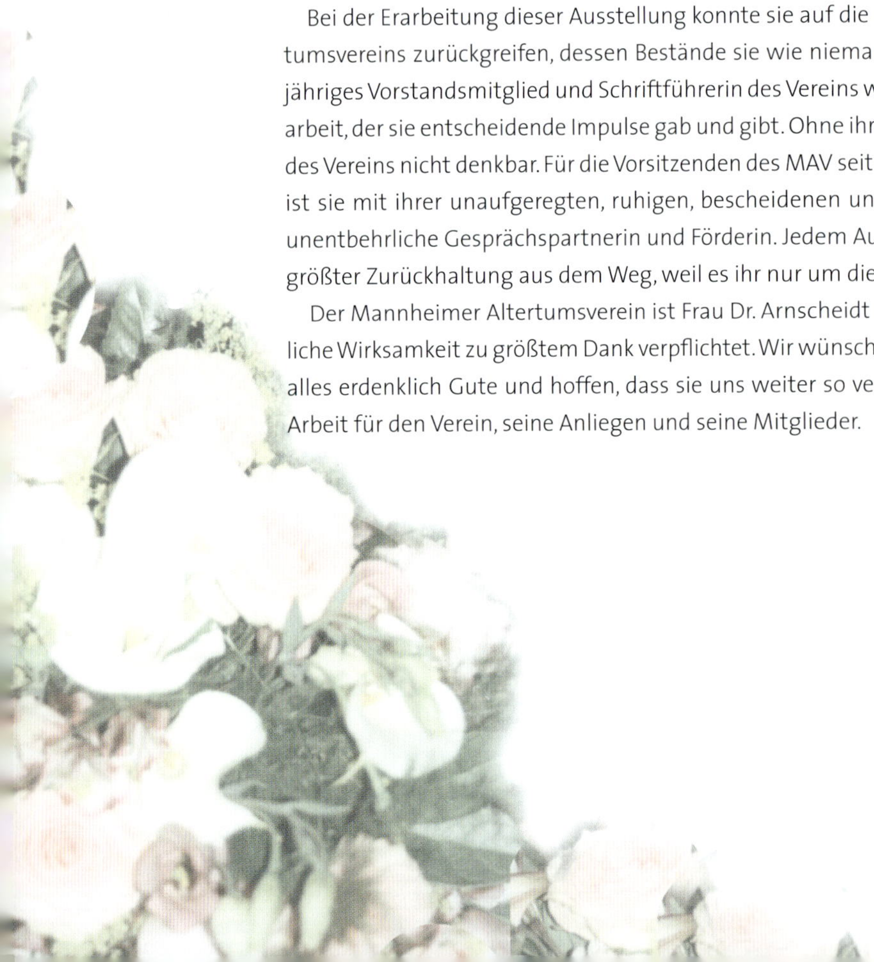

Ein Dank an die Jubilarin

Wir gratulieren Grit Arnscheidt zu ihrem Geburtstag

Grit Arnscheidt, eine bemerkenswerte Persönlichkeit, hat am 7. Juni 2017 ihren 80. Geburtstag gefeiert. Man kommt in keinem Fall an ihr vorbei, wenn es um die Geschichte der Stadt Mannheim geht, ist sie doch die „große Dame der Stadtgeschichte", die ihr immenses Wissen nie vor sich herträgt, ein Wissen, das bis heute „unüberseh- und unübergehbar" ist.

Stets bescheiden und zurückhaltend, geprägt von Aufrichtigkeit und Herzenswärme, kann sie dennoch vehement werden, wenn es um „political correctness" geht und den Respekt, den man den jeweils Anderen und ihren Ansichten zollen sollte. Ihr Humor verlässt sie auch dann nicht, wenn von ihr ein hohes Maß an Kraft und Mut gefordert wird; selbst in diesen Zeiten fördert und unterstützt sie andere, soweit es ihr möglich ist, und lässt sie an ihrem großen Fachwissen, ihrer Energie und ihrer Disziplin teilhaben. Nicht nur die Kolleginnen und Kollegen aus den Reiss-Engelhorn-Museen wissen, dass sie mit ihren Anliegen und Fragen bei Grit Arnscheidt immer willkommen sind.

Am 30. Juni 2002 ist Dr. Grit Arnscheidt als Hauptkonservatorin und Stellvertretende Direktorin der Reiss-Engelhorn-Museen „offiziell" in den Ruhestand getreten. Die rem genießen aber seitdem das große Glück, ihre ehrenamtliche Unterstützung zu haben.

Mannheim war die Wahlheimat der Rheinländerin, die in Düsseldorf aufgewachsen ist, und „das Rheinische" auch bis heute gut beherrscht.

Nach dem Studium der Geschichte, Kunstgeschichte und Anglistik in München, London und Heidelberg sowie nach der Promotion und einer mehrjährigen Tätigkeit als Wissenschaftliche Assistentin an der Universität Heidelberg kam Grit Arnscheidt 1974 nach Mannheim, das fortan nicht nur ihr berufliches Tätigkeitsfeld, sondern auch der bevorzugte Gegenstand ihrer Forschungen sein sollte.

Als Konservatorin, später Stellvertretende Direktorin des Städtischen Reiß-Museums, der heutigen rem, hat sie in zahlreichen Ausstellungen und Sonderschauen, Veröffentlichungen und Vorträgen, Volkshochschulkursen, Exkursionen und Führungen unaufdringlich, doch beharrlich für Mannheim und seine wechselvolle Stadtgeschichte geworben und auf Eigenart, Gestalt und Wandel dieser Kulturregion aufmerksam gemacht.

Selbst die Führungen gleich mehrerer Schulklassen an einem Tag in den von ihr konzipierten Räumen zur Stadthistorie konnten ihre Geduld nicht erschöpfen. Sie verstand und versteht es nach wie vor, das Thema Mannheim und seine Region höchst komplex, dabei anschaulich und gut verständlich darzustellen, nicht ohne Humor, wo dieser angebracht ist. Die Aufmerksamkeit ihrer Zuhörerschaft ist ihr stets gewiss. Das Interesse für historische Zusammenhänge weckte sie zudem durch einen Lehrauftrag an der Fachhochschule für Gestaltung der Stadt Mannheim.

Während ihrer langjährigen Tätigkeit an den Reiss-Engelhorn-Museen hat sie zentralen Ereignissen, wichtigen Persönlichkeiten oder bedeutsamen Jubiläen der Mannheimer Stadtgeschichte Ausstellungen gewidmet und ist dabei unterschiedlichsten wissenschaftlichen Fragestellungen nachgegangen. Aus der

Vielzahl der Arbeitsfelder seien hier die wichtigsten in Erinnerung gerufen. So beschäftigte sie sich neben der politischen Geschichte der Stadt intensiv mit Aspekten der Handwerks- und Industriegeschichte, besonders mit der für die Entwicklung Mannheims wichtigen Schifffahrts- und Hafengeschichte.

Mehr als ein Dezennium lang betreute sie auch die Schiffsmodellsammlung der Stadt und erarbeitete unter anderem die Ausstellung „Mannheim und die Rheinschiffahrt 1828-1978“ zum Jubiläum „150 Jahre Mannheimer Rheinhafen“.

Einen weiteren Schwerpunkt ihrer Arbeit bildeten der deutsche Vormärz und die Revolution von 1848/49. Hier sind Ausstellungen und Publikationen wie „Der deutsche Michel und die Revolution“ oder „Politische Druckgraphik der Revolution 1848/49“ zu nennen. Ihre persönliche Neigung galt und gilt dabei vor allem der historischen Karikatur, die sie in der Ausstellung „Mit Zorn und Eifer“ dem Publikum präsentierte. Der gleichnamige Katalog mit dem Untertitel „Karikaturen aus der Revolution von 1848/49“ ist gleichzeitig der Bestandskatalog der einschlägigen Sammlungen der Reiss-Engelhorn-Museen. Grit Arnscheidts großes Fachwissen und ihre Formulierungskunst verbanden sich dabei und schufen ein bleibendes, wichtiges Werk zu einem der bedeutenden Sammlungsgebiete der Museen. Die Publikation erschien 1998, in jenem Jahr, in dem sich die badische Revolution von 1848/49 zum 150. Mal jährte. Dieses Jubiläumsjahr begleiteten neben der Karikaturenausstellung im damaligen Reiß-Museum zahlreiche weitere Projekte und Veranstaltungen in Mannheim und der Region. So war die Mitwirkung von Grit Arnscheidt vielerorts gefragt.

Viel zitiert und netzweit verbreitet ist ihr Aufsatz „Das Mannheimer Experiment - Einwanderung, Zuwanderung, Multikulti in Deutschland? Die Stadt zwischen Rhein und Neckar hat im 17. Jahrhundert gezeigt, dass es geht.“, ursprünglich veröffentlicht im Januar 2002 in der ZEIT.

Schon früh galt das Augenmerk Grit Arnscheidts Spezialgebieten wie Stadtikonographie und Vedutenforschung, auf denen sie mit verschiedenen Publikationen hervorgetreten ist. Stellvertretend sei hier das Bildheft „Mannheimer Stadtansichten des 18. Jahrhunderts“ genannt. Aber auch der historischen Fotografie, der Wissenschaftsgeschichte oder der Stammbuchforschung hat sie sich immer wieder zugewandt.

Hervorzuheben sind auch ihre mit großer Selbstverständlichkeit gezeigte Bereitschaft, sich an Projekten anderer Museen, Archive und wissenschaftlicher Institute zu beteiligen, und ebenso ihre nimmermüde Bereitwilligkeit, in zahlreichen lokalen und regionalen Vereinen und Arbeitsgemeinschaften, in Gremien und überregionalen Vereinigungen aktiv mitzuwirken.

Neben ihrer Arbeit im Vorstand des Mannheimer Altertumsvereins und im Kuratorium der Kurpfalz-Stiftung Franz Schnabel hat sie vor allem die Regionalgruppe Mannheim und die Bezirksgruppe Schwetzingen des Landesvereins Badische Heimat durch Vorträge, Führungen und Zeitschriftenbeiträge unterstützt und als Beiratsmitglied verschiedentlich Vorträge zu den Jahrestagungen des Südwestdeutschen Arbeitskreises für Stadtgeschichtsforschung beigesteuert.

Vieles, vieles wäre noch aufzuzählen, was unterbleiben muss, um nun endlich zur Gratulation an die Jubilarin zu kommen: Die Direktion und alle Abteilungen der Reiss-Engelhorn-Museen, alle Kolleginnen und Kollegen beglückwünschen sie, danken ihr, der „großen Dame der Stadtgeschichte“, von Herzen und wünschen ihr alles erdenklich Gute!

Alfried Wieczorek und
Christoph Lind

Grit Arnscheidt - Grande Dame des Kulturlebens in der Metropolregion

Seit – leider erst – knapp zwei Jahrzehnten erfreue ich mich der Bekanntschaft von Frau Dr. Grit Arnscheidt, die von Anfang an äußerst gewinnbringend für mich persönlich und damit auch für das Friedrich Engelhorn-Archiv e.V. war und ist. Immer wieder darf ich ihre große Hilfsbereitschaft und Auskunftsfreudigkeit erfahren. Stets findet sie Zeit für mich, vorzugsweise in den Katakomben der rem-Bibliothek in B 4, die wohl ein zweites Zuhause für sie darstellen. Und wenn sie mich – was wiederholt passierte – auf einer Fahrradtour erreichte, dann unterbrach ich sofort die Weiterfahrt, ließ meine Radlerkameraden eine Trinkpause einlegen, um unverzüglich mit ihren so wertvollen Informationen versorgt zu werden.

Als einem zugereisten Westfalen lässt sie mich an ihrem profunden Wissen offensichtlich sehr gern teilhaben, wie ihr wohlwollendes Lächeln oft verrät. Und sollte sie mal ausnahmsweise etwas nicht selbst genau wissen, dann weiß sie aber rasch einen Dritten als Experten zu benennen, sei es für historische Detailfragen zum Mannheimer Kulturleben, zur vielfältigen Bedeutung Friedrich Engelhorns für seine Heimatstadt Mannheim oder sei es zum Beispiel auch für entlegene Fragen zur historischen Puppenwelt. Grit Arnscheidt verfügt über ein großartiges Netzwerk, in dem sie selbst schon von ihrer Statur her und erst recht von ihrer umfassenden Bildung und vornehmen Haltung als „Grande Dame" in der Metropolregion geachtet und verehrt wird.

Unter den vielen herausragenden Fähigkeiten, die sie auszeichnen, sind zwei hier ausdrücklich hervorzuheben. Da ist zunächst ihre außerordentlich wissenschaftlich orientierte Präzision. Die immer fundierten Darstellungen historischer Fakten beruhen auch im Detail jeweils auf eigenen intensiven Recherchen. Als Zweites ist ihre hohe sprachliche Kompetenz, verbunden mit einem sehr feinen Sprachgefühl, zu erwähnen, die die Lektüre ihrer Texte stets zu einem Genuss machen.

Ein weiteres hervorragendes Beispiel für ihre ausgefeilte filigrane Arbeitsweise bietet ihr allerjüngstes Werk: „Freundschaft ist das höchste Glück – Poesie-Alben der Mannheimer Familie Engelhorn aus der Zeit des Deutschen Kaiserreichs", das im September 2017 im Verlag Regionalkultur erscheinen wird. Wir sind froh und dankbar, dass Frau Arnscheidt sich ohne langes Zögern zu einer kulturhistorischen Würdigung der Poesie-Alben aus dem Fundus des Friedrich Engelhorn-Archivs bereitfand. Sie bat lediglich um Verständnis dafür, dass sie erst noch einige weitere größere Projekte zum Abschluss bringen müsse. Dies war für uns im Friedrich Engelhorn-Archiv kein Hindernisgrund. Wir wollten unbedingt Grit Arnscheidt als ausgewiesene Kennerin der Mannheimer Kultur- und Stadtgeschichte für dieses Projekt und dies bereuen wir keinesfalls, auch wenn zwischen der ersten Projektbesprechung und den zwischenzeitlichen Recherchen bis zur Drucklegung fast acht Jahre vergangen sind.

Einleitend stellt sie zwei rund 100 Jahre ältere Mannheimer Stammbücher aus ihrem eigenen Besitz dar. Durch direkten Vergleich mit den sechs Poesie-Alben aus der Familie Engelhorn gelingt es ihr, formale und inhaltliche Traditionen und Bezugsrahmen deutlich erkennbar zu machen. Dabei werden höchst anschaulich vielfältige Aspekte des vornehmen Bürgertums in Mannheim zum Ende der Kaiserzeit beleuchtet.

Die vielen zu betrachtenden bunten und wertvollen Glanzbilder, die kongenial von der Graphikdesignerin Anja Matzker in Szene gesetzt wurden, stellen eine Augenweide dar, sodass ein häufiges Schmunzeln allein schon beim Betrachten des Buches garantiert ist. Werden dazu die zahlreichen von Grit Arnscheidt aus den Originalen ausgewählten „frommen" Sinnsprüche – am besten laut – gelesen, dann fügt sich ein köstlicher Ohrenschmaus hinzu. Es ist ein vergnügliches Eintauchen in „Die Welt von Gestern", wie sie Stefan Zweig nostalgisch beschrieb. Und bei diesem Eintauchen wird der Leser von der ersten bis zur letzten Seite meisterlich von Grit Arnscheidt geführt.

Für die so fruchtbare Zusammenarbeit habe ich herzlich zu danken, verbunden mit der Zuversicht und Vorfreude auf eine weiterhin enge Zusammenarbeit bei künftigen Veröffentlichungen.

Hans-Otto Brinkkötter

Titelblatt der Publikation zu den Poesie-Alben
Foto: Friedrich Engelhorn-Archiv e.V.

Grit Arnscheidt

Kurze Vita

1937 Geboren in Homberg/Niederrhein, aufgewachsen in Düsseldorf

1957-1968 Auslandsaufenthalt und Studium der Fächer Geschichte und Anglistik (Staatsexamen und Promotion) sowie Kunstgeschichte in München, London und Heidelberg. Tätigkeit als Wissenschaftliche Hilfskraft

1968-74 Wissenschaftliche Assistentin mit Lehrtätigkeit an der Universität Heidelberg

1974-2002 Konservatorin, Hauptkonservatorin und Stellvertretende Direktorin des Städtischen Reiß-Museums/der Reiss-Engelhorn-Museen in Mannheim

1975-1995 Lehrauftrag für Kulturgeschichte an der Fachhochschule für Gestaltung der Stadt Mannheim und der Fachhochschule Mannheim, Hochschule für Technik und Gestaltung

Seit 2002 Ehrenamtliche Arbeiten für die Reiss-Engelhorn-Museen

Veröffentlichungen (Auswahl)

Monographien

Politische Druckgraphik der Revolution 1848/49. Mannheim 1978 (Bildhefte des Städtischen Reiß-Museums Mannheim. Kunst- und Stadtgeschichtliche Sammlungen, 2)

Mannheimer Stadtansichten des 18. Jahrhunderts. Graphische Gesamtdarstellungen der kurpfälzischen Residenzstadt. Mannheim 1989 (Bildhefte des Städtischen Reiß-Museums Mannheim. Kunst- und Stadtgeschichtliche Sammlungen, 8)

Festung, Fürsten, Freie Bürger. Vier Jahrhunderte Mannheimer Stadtgeschichte. Ein Kurzführer. Mannheim 1995 (Schriftenreihe des Reiß-Museums der Stadt Mannheim, hrsg. von Karin von Welck)

Mit Zorn und Eifer. Karikaturen aus der Revolution 1848/49. Der Bestand des Reiß-Museums Mannheim. München/Berlin 1998

Zusammen mit Peter Galli: Friedrich Daniel Bassermann. Zum 200. Geburtstag eines bedeutenden Mannheimers. Kommentierte Edition einer Schenkung von Papieren aus Familienbesitz. Heidelberg u.a. 2011 (Mannheimer Historische Schriften, Band 7)

„Freundschaft ist das höchste Glück". Poesie-Alben der Mannheimer Familie Engelhorn aus der Zeit des Deutschen Kaiserreichs, Ubstadt-Weiher 2017

Aufsätze

Eine russische Parade auf dem Theaterplatz. Zum Besuch des Zaren Alexander I. in Mannheim im Jahre 1815. In: Badische Heimat, Jg. 62, 1982, H. 2, S. 229-238

Das erste Dampfboot auf dem Oberrhein. Die „Strom-Untersuchungs-Reise" des Jahres 1825 und ihre Bedeutung für Mannheim. In: Mannheimer Hefte, Jg. 1990, Heft 1, S. 38-50

Stadtgeschichtliche Sammlungen. In: Museum für Kunst-, Stadt- und Theatergeschichte im Reiß-Museum der Stadt Mannheim, Braunschweig 1992, S. 70-89 (westermann museum, Reiß-Museum Mannheim Bd. 2)

Vom Prospectus zum Prospekt. Die graphische Stadtdarstellung zwischen Repräsentation und Werbung. In: Stadt und Repräsentation, hrsg. von Bernhard Kirchgässner und Hans-Peter Becht, Sigmaringen 1995, S. 9-23 (Stadt in der Geschichte, Bd. 21)

Mannheim im Grundriß. Druckgraphik des 17. Jahrhunderts aus der Sammlung des Mannheimer Altertumsvereins. In: Mannheimer Geschichtsblätter, Neue Folge 4, 1997, S. 185-215

Politische Karikaturen. In: 1848/49. Revolution der deutschen Demokraten in Baden. Landesausstellung im Karlsruher Schloss, hrsg. vom Badischen Landesmuseum Karlsruhe. Karlsruhe 1998, S. 362ff.

Mannheim und der badische Thronwechsel von 1830. Zu einer Neuerwerbung des Reiß-Museums Mannheim. In: Badische Heimat, Jg. 79, 1999. H. 1, S. 48-57

Mannheim. In: Das Bild der Stadt in der Neuzeit 1400-1800, hrsg. von Wolfgang Behringer und Bernd Roeck, München 1999, S. 300-305

Zwei englische Mannheim-Darstellungen von 1835. Anmerkungen zur britischen Kolonie in der Quadratestadt. In: Mannheimer Geschichtsblätter, Neue Folge 9, 2002, S. 203-224 (Festschrift für Jörg Schadt zum 65. Geburtstag)

Aus aller Herren Länder. Das Mannheimer Experiment vor 350 Jahren. In: Badische Heimat, Jg. 83, 2003, H. 3, S. 398-404. Nachdruck eines Artikels in DIE ZEIT vom 31. Januar 2002

200 Jahre „Harmonie". Eine Ausstellung über die Gründung der „ältesten kulturellen Gesellschaft der Kurpfalz" 1803. In: Badische Heimat, Jg. 83, 2003, H. 3, S. 391-397

Von der graphischen Stadtvedute zur photographischen Ansicht. Das Beispiel Mannheim. In: Stadtbilder der Neuzeit, hrsg. von Bernd Roeck, Sigmaringen 2006, S. 271-287 (Stadt in der Geschichte, Bd. 32)

Zusammen mit Peter Galli: Die Archivaliensammlung des Mannheimer Altertumsvereins. In: Mannheim vor der Stadtgründung, hrsg. von Hansjörg Probst. Teil II. Band 1, Regensburg 2006, S. 394-413

Briefe des blinden Mannheimer Akademiemitglieds Weissenburg. Ein Fundbericht. In: Badische Heimat, Jg. 87, 2007, Heft 1, S. 116-122

Abseits des Schlosses. Der lange Weg zur Demokratie. In: Barockschloss Mannheim, hrsg. v. Helmuth Bischoff. Heidelberg 2007, S. 38-40

Die Einweihung des Industriehafens. In: Sylvia Schraut, Margit Illing (Hrsg.): Eine Stadt feiert sich selbst. 1707 - 1807 - 1907. (Sonderveröffentlichungen des Stadtarchivs Mannheim - Institut für Stadtgeschichte 33) Mannheim 2007

Aus aller Herren Länder. Das Mannheimer Experiment vor 350 Jahren. In: 1807 1907 2007. 200 Jahre Vereinigtes Großherzogliches Lyceum Mannheim. Karl-Friedrich-Gymnasium. Vorträge. (Mannheim 2007) S. 5-14. Nachdruck eines Artikels in DIE ZEIT vom 31. Januar 2002

Vom großherzoglichen Witwensitz zum Städtischen Museum. Funktionswandel des Mannheimer Schlosses. In: Repräsentation im Wandel, hrsg. von Wolfgang Wiese und Katrin Rössler. Ostfildern 2008, S. 157-169 (Oberrheinische Studien, hrsg. Von der Arbeitsgemeinschaft für geschichtliche Landeskunde am Oberrhein e.V. Bd. 26)

Briefe und Porträts berühmter Blinder des 18. Jahrhunderts. In: blind sehbehindert. Hrsg. vom Verband der Blinden- und Sehbehindertenpädagogen und -pädagoginnen. Jg. 128, 2/2008, S. 145-151
Ein Mannheimer Theologenstammbuch aus dem 18. Jahrhundert. In: Zukunft gestalten. Alfried Wieczorek zum 60. Geburtstag, hrsg. von Hans-Jürgen Buderer u.a. Mannheim 2014, S. 93-98 (Publikationen der Reiss-Engelhorn-Museen Band 64)
Das Mannheimer Experiment. In: Die neuen Deutschen. Vom Dreißigjährigen Krieg bis heute: 400 Jahre Einwanderung nach Deutschland. DIE ZEIT – Geschichte. Epochen. Menschen. Ideen. Jg. 2015, Nr. 4, S. 32-33. Gekürzter Nachdruck eines Artikels in DIE ZEIT vom 31. Januar 2002
Zusammen mit Peter Galli: „Ich werde Heddesheim nie vergessen…" Unbekannte Tagebuch-Aufzeichnungen des Pfarrers Georg Friedrich Schlatter von 1850. In: Klaus Wirth u. a. (Hrsg.): Zur Geschichte der Parzelle Oberdorfstraße 3 in Heddesheim. Von der Grubenhütte zum Pfarrhaus (in Vorbereitung)
Artikel „Krankheit". In: Rolf Reichardt (Hrsg.): Lexikon der Revolutions-Ikonographie in der europäischen Druckgraphik 1789-1889. Archäologie einer versunkenen Bildkultur (im Druck)

Schriften- und Vortragsverzeichnisse

Zusammen mit Erich Gropengießer: Franz Schnabel 1887-1966. Begleitheft zur Sonderschau. Mannheim 1987. Darin S. 21-24: Franz Schnabel – Vorträge in Mannheim
Zusammen mit Erich Gropengießer: Bibliographie Gustaf Jacob. Mannheim 1989 (Schriften der Gesellschaft der Freunde Mannheims und der ehemaligen Kurpfalz. Mannheimer Altertumsverein von 1859, Heft 21)
Zusammen mit Peter Galli: Georg Friedrich Schlatter. Verzeichnis der Veröffentlichungen. In: Klaus Wirth u.a. (Hrsg.): Zur Geschichte der Parzelle Oberdorfstraße 3 in Heddesheim. Von der Grubenhütte zum Pfarrhaus (in Vorbereitung)

Mitarbeit an Mannheimer Publikationen zur Stadt- und Regionalgeschichte (Auswahl)

Zusammen mit Erich Gropengießer (Hrsg.): Freundesgabe für Herbert Meyer. Mannheimer Hefte 1978, 2

Beiträge zu Veröffentlichungen wie

Sammelleidenschaft, Mäzenatentum und Kunstförderung, 1992
Mannheim – eine Stadt im Aufbruch, 1993
Mannheim-Archiv, 1998ff.
Mannheim-Brockhaus, 2006
M. Caroli/U. Nieß (Hrsg.): Geschichte der Stadt Mannheim, 2007, sowie zu Sammelschriften, Museumskatalogen und Begleitbroschüren zu Ausstellungen

Abb. 1
Kirchlich-politisches Flugblatt aus den Jahren 1846/48
Mannheim
Aus: Bonkhoff, Bernhard H.: Bild-Atlas zur pfälzischen Kirchengeschichte, Speyer-Regensburg 2000

Bernhard H. Bonkhoff

Plakate als Propaganda in Politik und Kirche

Zur Herkunft einer pfälzischen Karikatur um 1846

Erstmals wird im Jahr 1918 in der Literatur der Pfalz ein kirchlich-politisches Flugblatt beschrieben, das 1846/48 entstanden ist und die an Heiliger Schrift und kirchlichem Bekenntnis orientierte evangelische Theologie aufs Korn nimmt, die seinerzeit in der bayerischen Pfalz noch in der Minderheit war, aber seit 1833 mit dem Wechsel des aus Mußbach stammenden Erlanger reformierten Pfarrers und Theologieprofessors Isaac Rust (1796-1862) als Hauptprediger und Konsistorialrat nach Speyer in der dortigen Kirchenleitung einen festen Platz hatte. Der Kaiserslauterer Dekan und spätere Speyrer Oberkirchenrat Eugen Mayer, langjähriger Redakteur der Kirchenzeitung „Union", des Richtungsblatts des Protestantischen Vereins der Pfalz, schildert sie in kurzen Worten.[1]

Die zweite Veröffentlichung dieses Flugblattes nahm 1965 der damalige Mitarbeiter des Protestantischen Landeskirchenarchivs in Speyer Karl Scherer in einem Aufsatz vor, der sich mit dem vormärzlichen Rationalismus in der Pfalz beschäftigte.[2] Doch war auch hier die Qualität der Wiedergabe sehr bescheiden, sodass die Details kaum erkennbar waren.

Die dritte Veröffentlichung erfolgte 2000 und zeigte auch alle Einzelheiten (Abb. 1).[3] Nun waren alle Texte in dem Flugblatt deutlich lesbar, vor allem die Herkunftsangabe links unten „Gedr. in der Lithogr. Anstalt zu Philadelphia". Aber der Herstellungsort des Blatts lag nicht an der amerikanischen Ostküste, wo eine große pfälzische Kolonie mit eigener Zeitung bestand, sondern in der rechtsrheinischen Pfalz, in Mannheim.

Genaueres ergibt sich durch einen Vergleich mit Flugblättern aus dem „Druck und Verlag der Carricaturen in Mannheim", die nachweisbar vom gleichen Karikaturisten wie das pfälzische Flugblatt stammen.[4] Der „Deutsche Michel" spielt dabei die Hauptrolle.

Der Deutsche Michel in Gefahr, erdrückt zu werden

Im Umfeld der Revolution von 1848/49 entstand in Mannheim eine Karikatur zur zeitgeschichtlichen Entwicklung (Abb. 2). Sie erscheint als eine große Waage, die sich über einer Art Grenzstein oder Altar in der Bildmitte erhebt, der das Datum „18. Octobr. 1813" trägt, das der Völkerschlacht bei Leipzig. Die von dort aus rechte Seite der Waage (im Bild links) mit den aufgetürmten Kronen der deutschen Länder neigt sich nach unten, wobei ein böser Kosake mit Raupenhelm und wildem Bartwuchs, im Gürtel eine Beißzange und in der Hand eine Peitsche, den Balken nach unten zieht. Darunter liegt der Deutsche Michel mit seiner Schlafmütze und versucht, dem mit einer Maske getarnten König von Preußen eine Urkunde zu entreißen, auf der „Preßfreiheit" und „Bürgerwehr" geschrieben ist, in der aber bereits ein großer Riss klafft. Der Michel bekennt: „Wohl ist es nur meine Schuld, / daß ich nicht mit gantzer Kraft / Mich vom Boden aufgerafft / Deutscher Michel". Der König spricht zu ihm: „Nimm das Zeichen meiner Huld.": Preßfreiheit und Bürgerwehr.

Am linken Waagebalken (rechts im Bild) hängt die neue Zeit, überschrieben mit: „Götzen-Bild. R. PARLAMENT", wohl die Abkürzung von „Rumpf-Parlament". Die sitzende Figur, der beide Arme fehlen, zeigt hinten noch den Kopf eines Bären. Möglicherweise hat man dem Stuttgarter Rumpfparlament einen Bären aufgebunden. Auf der Erde

Abb. 2
Der Deutsche Michel unter der Last der Kronen
Anonyme kommentierte Lithographie
Druck und Verlag der Expedition der Carricaturen in Mannheim
1848
rem

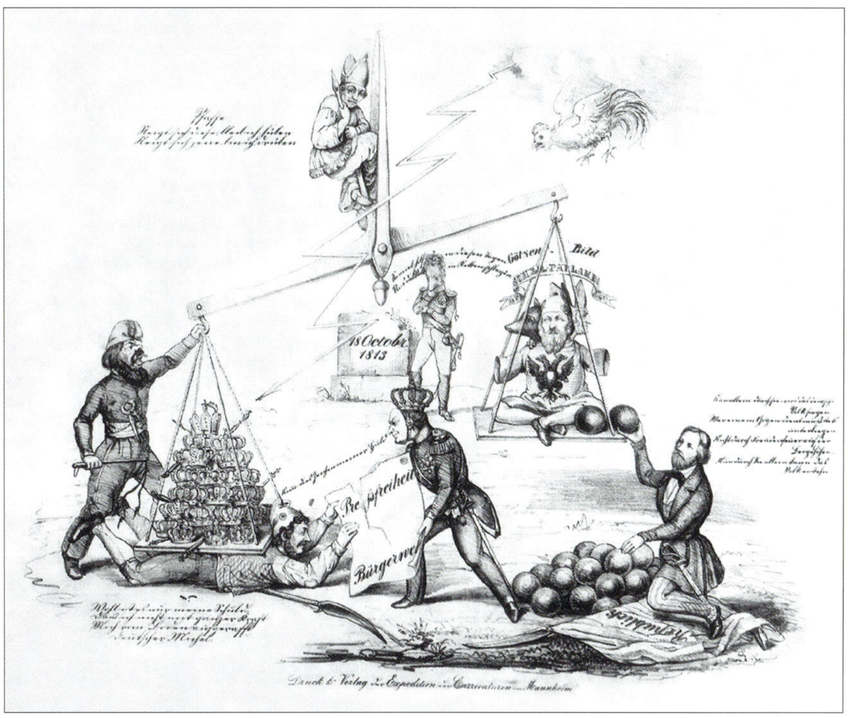

ist das Tuch der „Republick“ ausgebreitet, auf dem ein Politiker (mit den Gesichtszügen Robert Blums?) kniet und versucht, den Gang der geschichtlichen Entwicklung umzukehren, indem er schwere Eisenkugeln auf die linke Waagschale legt. Sein Bekenntnis lautet: „Nur allein durch sie wird das deutsche Volk siegen. / Wer einem Götzen dient, muß stets unterliegen. / Nicht durch Freudenfeuer auf den Bergeshöhen- / Nur durch sie allein kann das Volk erstehen.“ An den Zeiger der Waage klammert sich ängstlich ein Vertreter der Kirche, daneben steht: „Pfaffe: Neigt sich diese, bleib ich hüben. / Neigt sich jene, bin ich drüben.“

Neben dem Altar zur Erinnerung an die Völkerschlacht steht der nachdenkliche Vertreter des monarchischen Systems (Metternich?), mit Orden und Degen, im Gebet: „Samiel hilf in diesen Tagen / uns das Volk in Ketten schlagen.“ Samiel (hebr.) ist der Teufel.

Vom Himmel her kräht der gallische Hahn und ein zuckender Blitz aus den Wolken trifft die Waagschale mit den Kronen der deutschen Regenten. Am unteren Bildrand ist als Drucknachweis angegeben: „Druck & Verlag der Expedition der Carricaturen in Mannheim“.

Die Bedrohung des pfälzischen Vernunftglaubens durch die Erlanger Theologie (s. Abb. 1)

Aus der im Bild als „Irrenanstalt“ bezeichneten Evangelisch-Theologischen Fakultät in Erlangen kommen die Vertreter einer an der Heiligen Schrift und den reformatorischen Bekenntnissen orientierten Erweckungstheologie in die Pfalz, um hier den Samen der Zwietracht auszustreuen: Jesuit und Mucker unter dem gleichen bayerischen Trachtenhut. Der aus Mußbach bei Neustadt gebürtige reformierte Erlanger Pfarrer und Theologieprofessor Isaac Rust wurde 1833 als leitender geistlicher Konsistorialrat nach Speyer versetzt, um der rationalistischen Theologie und ihren im Hambacher Fest von 1832 sich auswirkenden politischen Konsequenzen entgegenzutreten. Mit einer Lichtputzschere als Brille auf der Nase belehrt er ein biederes pfälzisches Ehepaar, das vor ihm auf den Knien liegt, aus den Symbolischen Büchern, den Bekenntnisschriften der Reformationszeit. Junge Pfarrer mit Eselsköpfen versuchen, die Vereinigungsurkunde vom Jahr 1818 zu zerschneiden und die „Freie Auslegung der heiligen Schrift“ abzuschaffen. Einer von ihnen ist damit beschäftigt, das über Christus leuchtende Licht auszublasen, sein Kopf ist ein Blasebalg. Aus Winzingen bei Neustadt, wo sich die freisinnigen Protestanten gerne versammelten, zuckt ein großer Blitz auf die theologischen Gegner herab. Sie halten einen aus revolutionskritischen Flugschriften zusammengesetzten „Lichtschirm“, um das von Christus ausgehende Licht zu verdunkeln.

Links im Bild der Ort Ingenheim bei Bergzabern, wo Pfarrer Friedrich Theodor Fantz amtiert, einer der führenden Köpfe des pfälzischen Rationalismus, der seit 1844 die Zeitschrift „Die Morgenröthe“ herausgab, das Sprachrohr der Vernunftgläubigen. Ein zweiter Blitz geht von Edenkoben aus, einem weiteren Versammlungsort der rationalistischen Gruppe, und trifft die in Erlangen ausgebildeten Theologen. Indem sie als gehörnte Teufel ins Bild gesetzt werden, wird den Vertretern der Erlanger Theologie geradezu das Christsein abgesprochen. Sie streuen Finsternis und Zwietracht aus. Der große Krebs, auf dem Rust und seine Schüler stehen, symbolisiert den Krebsgang, den Rückschritt, während der Rationalismus, damals auch als „Denkglaube“ bezeichnet, sich dem Fortschritt verpflichtet fühlt. Er will eine moderne Zivilreligion schaffen, die auf kirchliche Lehre verzichtet und sich auf eine praktisch gelebte Moral beschränkt.

Die wichtigsten Ideengeber für diese Ausrichtung protestantischer Theologie amtierten in Mannheim. Zu ihnen hatten die pfälzischen Rationalisten enge Verbindungen. Daher ist es kein Zufall, dass dort diese Karikatur entstanden ist.

1 Die Entstehungszeit der pfälzischen Unionskirche, Kaiserslautern 1918, S. 153.

2 Zur pfälzischen Kirchengeschichte des 19. Jahrhunderts. Theologischer Rationalismus und politischer Liberalismus im pfälzischen Vormärz, in: Blätter für Pfälzische Kirchengeschichte 32, 1965, S.146-175, Abb. S.175.

3 Bonkhoff, Bernhard H.: Bild-Atlas zur pfälzischen Kirchengeschichte, Speyer-Regensburg 2000, S. 428f.

4 Arnscheidt, Grit (Bearb.) u. a.: Mit Zorn und Eifer. Karikaturen aus der Revolution 1848/49, Mannheim 1998..

Hermann Wiegand

Eine Lobrede auf die Kurpfälzer von 1671 in lateinischer Sprache

Frau Arnscheidt in Dankbarkeit

I.

Das recht heterogene Volk der Kurpfälzer[1] erfuhr vor allem im 19. Jahrhundert klassische Würdigungen, so etwa durch Wilhelm Heinrich Riehl (1823-1897)[2] und August Becker (1828-1891)[3]. Beide Autoren versuchten, eine Art „Stammescharakteristik" der Pfälzer zu entwerfen. Dabei wurde zum Beispiel von Riehl die viel zitierte „Toleranz" als Wesensmerkmal des pfälzischen Volkscharakters beleuchtet – freilich keineswegs ohne kritische Untertöne, etwa was das Verhalten gegenüber den Juden betrifft.[4] Liebevolle, aber auch satirische Züge zeigt das Bild des pfälzischen Volkscharakters in der Gedichtsammlung „Fröhlich Palz, Gott erhalts!" von Karl Christian Gottfried Nadler (1809-1849), die zuerst 1847 erschien.[5] Nadler verstand seine Gedichtsammlung in Pfälzer Mundart auch als sprachlichen Beitrag zu einer Charakteristik der Kurpfälzer.

Fast zweihundert Jahre vor diesen Klassikern der pfälzischen Volkskunde trug der Heidelberger Universitätsprofessor, Erzieher und zuletzt leitende Minister des Kurprinzen Karl, des späteren Kurfürsten Karls II.,[6] Paul Hachenberg (1642-1680) in einer lateinischen Rede ein Lob der Kurpfalz am Rhein und ihrer Bewohner vor, in dem er eine interessante Charakteristik der Pfälzer bietet. Diese Rede, die Hachenberg offensichtlich vor dem Kurfürsten Karl Ludwig, seinem Sohn Karl und den Professoren der Universität Heidelberg vortrug, trägt den Titel „PAULI HACHENBERGI ORATIO DE LAUDIBUS ET PRAESTANTIA PALATINATUS AD RHENUM", also etwa „Rede Paul Hachenbergs über Ruhm und Vortrefflichkeit der Pfalz am Rhein".[7] Sie wurde erst über einhundert Jahre nach ihrem Vortrag gedruckt – ebenso eine französische Übersetzung, die von Johann Friedrich und Abraham Jakob Wilhelm Mieg in Mannheim 1769 publiziert wurde, sechs Jahre nach der lateinischen.[8] Gewidmet war sie Pfalzgräfin Maria Amalie Auguste von Zweibrücken-Birkenfeld-Bischweiler (*1752 in Mannheim; †1828 in Dresden) anlässlich ihrer Übersiedlung nach Sachsen, wo sie nach ihrer Hochzeit 1769 in Dresden mit Friedrich August I. von Sachsen Kurfürstin und erste Königin von Sachsen sowie Herzogin von Warschau wurde.

Der lateinische Originaldruck ist umfangreicher als die französische Fassung. Er enthält neben der Rede zum Lob der Kurpfalz und seiner Fürsten eine Geburtstagsekloge zum 50. Geburtstag Kurfürst Karl Ludwigs im Stil der vergilischen Hirtengedichte[9] mit dem Titel „DAPHNIS" sowie weitere lateinische Gedichte. Diese Beigaben fehlen in der französischen Fassung.

Die Herausgeber beider Editionen gehörten zu der bekannten kurpfälzischen reformierten Honoratiorenfamilie Mieg.[10] Sie war wohl die Erbin von Paul Hachenbergs Nachlass. Hachenberg war seit 1671 mit der Tochter Esther Catharina Mieg des Johannes Ludwig Mieg (1609-1671), des Kanzlers Kurfürst Karl Ludwigs, verheiratet.[11]

Paul Hachenberg,[12] Sohn eines reformierten Pfarrers, stammte aus Alpen bei Geldern am Niederrhein, wo auch Amalie von Brederode, die Gemahlin Kurfürst Friedrichs III. geboren worden war. Nach Studium und Erwerb des Magistergrades war er von 1668 bis 1680 Erzieher des Kurprinzen Karl und zugleich als Nachfolger Pufendorfs seit 1671 Professor der Historie und Rhetorik. 1674 und 1678 wurde er Dekan der Philosophischen Fakultät und 1675 Rektor der Universität.

Wohl als Antrittsrede zu dieser Professur 1671 war das Pfalzlob bestimmt,[13] von dem in diesem Beitrag die Rede ist. 1680 begleitete Hachenberg Kurprinz Karl nach England, um ihm danach, als er Kurfürst wurde, noch kurze Zeit als Geheimer Rat und leitender Minister zu dienen. Er übte einen nicht unerheblichen Einfluss auf seinen Zögling aus,[14] was unter anderem in einem Briefwechsel zum Ausdruck kommt, der bereits 1793 ediert wurde.[15] Bei der Abfassung von Karls geistlichem Emblembuch unter dem Pseudonym „Philotheus" war Hachenberg prominent beteiligt.[16] Als Historiker befasste er sich unter anderem mit der Sozialordnung der alten Germanen[17] und verfasste in lateinischer Sprache die erste umfangreiche Geschichte

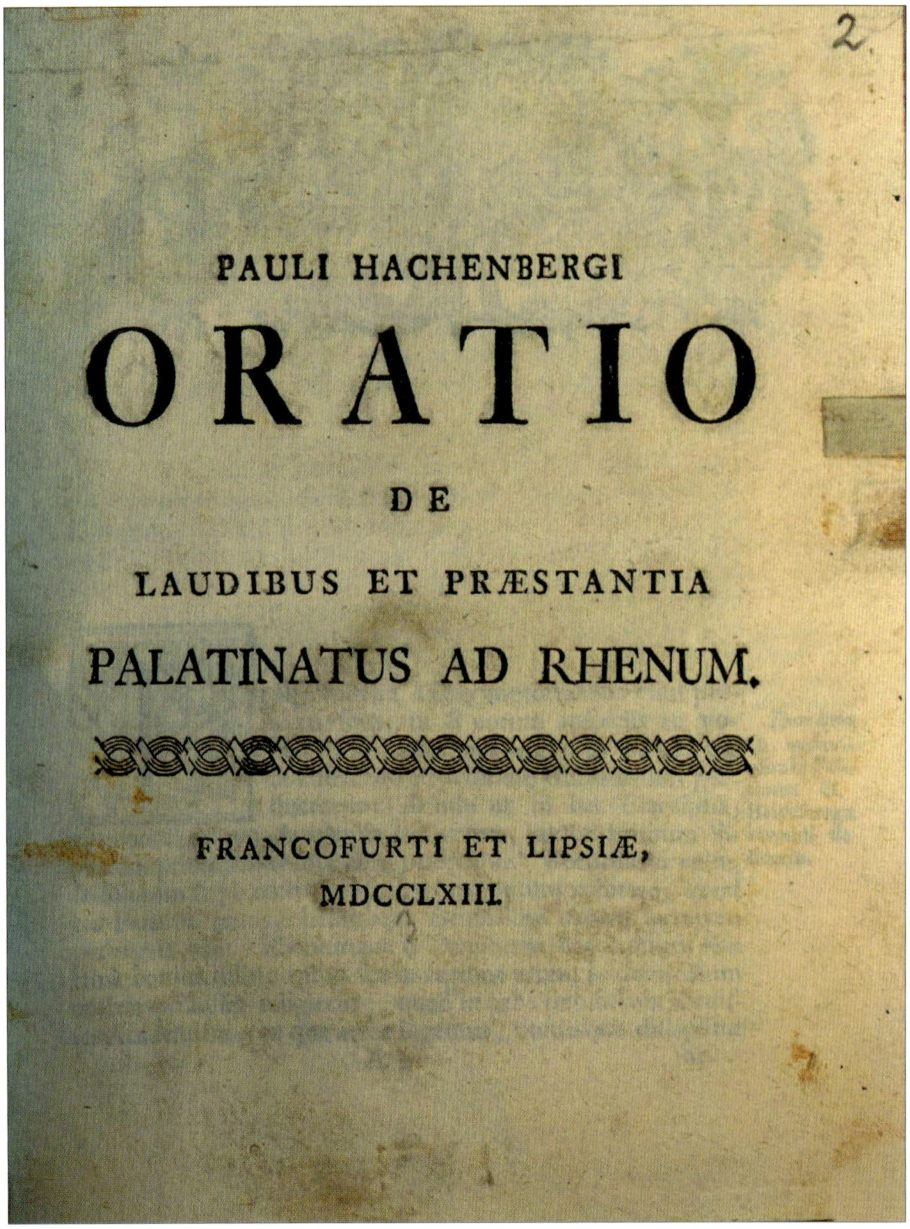

Titelblatt von Paulus Hachenbergs gedrucktem Pfalzlob
Frankfurt und Leipzig
1763
MDZ - Münchner Digitalisierungszentrum, Digitale Bibliothek
4 Germ.sp. 331#Beibd.2
urn:nbn:de:bvb:12-bsb10003415-7
VD18 14473852-001

Kurfürst Friedrichs des Siegreichen von der Pfalz.[18] Mehrere seiner Arbeiten blieben zu Lebzeiten des Autors ungedruckt, so auch die Rede über die Pfalz und die Pfälzer.

II.

Diese Lobrede fand noch 1790 großen Anklang bei dem Geschichtsschreiber der Heidelberger Universitätsrektoren Johannes Schwab.[19] Auf 34 Druckseiten entfaltet Hachenberg als geschuldeten Dank für seine Aufnahme in der Kurpfalz, die er heiß ersehnt hatte,[20] ein sehr anschauliches Bild der Kurpfalz und ihrer Bewohner. Damit steht er in einer langen Tradition von ethnographischen und topographischen Texten seit der griechisch-römischen Antike.[21] Im deutschen Humanismus fiel vor allem der „Germania" des römischen Historikers Tacitus[22] für die nationale Identitätsstiftung eine Schlüsselrolle zu. Der deutsche „Erzhumanist" Konrad Celtis (1459-1508) propagierte in Zustimmung und Ablehnung wesentliche Aspekte des Germanenbildes von Tacitus[23] und fand damit reiche Nachfolge.[24] Auch Hachenberg steht noch im Bann des Tacitus, wenn er die Deutschen ein indigenes und unvermischtes Volk sein lässt.[25] Lobreden auf Regionen finden sich im deutschen Humanismus ebenfalls, in unserer

Gegend etwa eine Lobrede auf den Kraichgau von David Chytraeus.[26]

Hachenberg baut seine in glänzendem Latein verfasste Rede nach den klassischen Gliederungsschemata der antiken Rhetorik auf: Auf die „propositio" (Themenstellung) mit der „captatio benevolentiae" folgt die ausführliche „confirmatio" (Begründung, Wahrheitsfeststellung mit der ausführlichen Beschreibung der Kurpfalz) und schließlich die „conclusio" (Ausgang der Rede, auch „peroratio") mit dem Lob der Männer, die in der Pfalz geboren sind und als Höhepunkt mit dem Lob des pfälzischen Hauses und der beiden Fürsten Karl Ludwig und Karl.

Zugleich erfüllt Hachenberg die Anforderungen der antiken und humanistischen Rhetorik für Städte- und Landschaftsbeschreibungen.[27]

In der „captatio benevolentiae" bittet Hachenberg Kurfürst Karl Ludwig darum, nicht nur sein Haus, ihn und seinen Sohn zum Gegenstand nehmen zu dürfen, sondern auch Land und Leute der Pfalz.

Die Pfälzer stammen nach Hachenberg von dem kriegerischen Germanenstamm der Sueben ab, der sich erfolgreich den Römern widersetzte. Sie wurden schließlich von den Franken unterworfen, zu denen Karl der Große gehört, der Ahnherr der Pfälzer Fürsten. Er verbreitete den pfälzischen Namen bis zu den Sternen und den Grenzen des Ozeans.

Nach der historischen Einordnung geht Hachenberg zur Rühmung der Landschaft über: Unübertroffen sind die Qualität des Bodens („solum") und seine Fruchtbarkeit – eine wahre Augenweide. Diese Passagen lesen sich wie eine Widerlegung der negativen Schilderung des Tacitus über die Landschaft Germaniens.[28] Natürlich wird der Wein hervorgehoben, besonders der von Baccharach. Gesegnete Landstriche sind das Neckarland und die Gegend um Neustadt. Die Pfalz hat zahlreiche Quellen und Wälder, unter denen der Odenwald alle übrigen deutschen Wälder übertrifft. Viele Flüsse wie Rhein, der den Po übertrifft, und Neckar durchziehen die Kurpfalz, dazu Tauber, Jagst und Lauter. Die Kurpfalz ist sehr reich an Bodenschätzen wie Erz- und Edelmetallgruben etwa bei Mosbach und großen und schönen Städten. Von Mannheim wird gerühmt, dass es sich aus den Ruinen wieder erhoben habe und sich durch seine Lage zwischen zwei Flüssen auszeichne, wodurch es alle Städte Deutschlands übertreffe. Heidelberg ist natürlich Residenzstadt und Sitz der Musen.

III.

Dann kommt Hachenberg ausführlich auf das zu sprechen, was den Titel für diesen Beitrag inspiriert hat. Er handelt ausführlich von den „mores" (Sitten) der Kurpfälzer und versucht eine Charakteristik des pfälzischen „Stammes" – lange vor Riehl und Becker. Solche Charakteristiken von Völkerschaften, die es auch schon in der Antike gab, waren im Barock beliebt. Ein sehr einflussreiches Beispiel, das bis in das 18. Jahrhundert gewirkt hat und als Schulbuch Verwendung fand, ist die „Icon Animorum" (1614) des bedeutenden schottischen neulateinischen Autors John Barclay (1582-1621), in der Barclay, Verfasser unter anderem der „Argenis" und des „Euphormio", Nationalcharakteristiken wichtiger europäischer Völker wie der Franzosen, Briten, Schotten, Iren, Deutschen, Niederländer, Italiener, Spanier , Ungarn, Polen und Russen, aber auch der Türken und Juden gibt.[29] Ganz der Beurteilung durch Ausländer, aber auch durchaus eigener Einschätzung deutscher Autoren folgend attestiert er zum Beispiel neben positiven Eigenschaften den Deutschen eine ausgesprochene Trunksucht. Dieses Motiv findet sich schon bei Tacitus.[30] Im Übermaß zu trinken gelte als Höflichkeit und Teil der Lebensordnung.[31]

Was sagt nun Hachenberg über die Kurpfälzer, die er selbst anspricht? Zunächst bescheinigt er ihnen „animi integritas" – „redliche Gesinnung":

„[...] primùm admirabor eximiam illam & illibatam animi vestri integritatem, quà in cultu Deorum sancti, in familia casti, in amicos candidi estis, & jus bonumque non legibus magis quàm naturâ curatis. Neque enim ulla unquam gens integritate vitae melior, bonis exemplis sanctior fuit; nulla melioribus modestiae & mansuetudinis facinoribus famam suam propagavit."[32]

(Zuerst will ich voller Bewunderung von einer ausnehmenden und ungeschmälerten redlichen Gesinnung sprechen, mit der ihr bei der Verehrung der Himmlischen fromm seid, gegenüber eueren Angehörigen züchtig, gegen euere Freunde aufrichtig und mit der ihr das Recht und das sittlich Gute nicht mehr durch Gesetze als von Natur aus achtet.[33] Kein Volk war je in der Redlichkeit der Lebensführung sittlich besser und durch gute

Beispiele tugendhafter, keines verbreitete seinen Ruhm durch bessere Taten, die von Bescheidenheit und Milde zeugen.)

Im Weiteren hebt Hachenberg die Freundlichkeit („comitas") und Kommunikationsfreudigkeit („facilitas") der Kurpfälzer hervor – Eigenschaften, die man ihnen ja heute noch nachsagt. Sie sind gastfreundlich („hospitales"), bereit, sich auf die Sitten Anderer einzustellen und diese durch ihre „humanitas" gegebenenfalls zu mildern:

„Hinc Palatinus ubivis terrarum peregrinatur, candore suo amabilis, lenitate morum pergratus, & animi iucunditate & modestiâ desiderandus; tum alii populi in solum Palatinum commeant, in quo non tàm lautum, quàm candidum, quàm amicum hospitium apud vos accipiant."[34]

(Deshalb reist der Kurpfälzer mit Glück auf der ganzen Welt herum, durch seine Lauterkeit liebenswürdig, durch die Sanftheit seiner Manieren höchst willkommen und durch seine Fröhlichkeit und Bescheidenheit begehrenswert. In Folge dessen kommen Angehörige anderer Völker gern in die Kurpfalz, um bei euch nicht so sehr eine üppige, als vielmehr eine reinliche und freundschaftliche Aufnahme zu finden.)[35]

Dies hängt – so Hachenberg – mit der sehr bescheidenen Lebensweise („frugalitas") der Kurpfälzer ungeachtet des Reichtums des Landes zusammen, und trotz der überall gebotenen Verlockungen der Gegend bewahren Männer und Frauen ihre Züchtigkeit („castitas") – auch dies ein Erbe ihrer (vorgeblichen) germanischen Ahnen.[36]

Dem Kurpfälzer Charakter ist weder Habgier noch Geiz bekannt, er verabscheut privaten Luxus und liebt öffentliche Pracht – eine Reminiszenz an die „gute alte Zeit" der Römer, wie sie der Historiker Sallust beschrieben hat.[37] Ausschweifende Gastmähler sind ihm ebenso fremd wie das Horten von Geld.

Wieder von Tacitus inspiriert, rühmt Hachenberg danach die Kriegstüchtigkeit der Pfälzer,[38] deren Fürsten wie Friedrich der Siegreiche, der nicht namentlich genannt wird,[39] die Pfälzer Sache tatkräftig verteidigten oder wie Kurfürst Friedrich II. vor Wien für den christlichen Glauben gegen Syleiman den Prächtigen stritten.

Damit leitet Hachenberg zu seinem letzten und bedeutendsten Lobgrund über, der Frömmigkeit der Kurpfälzer („Pietas Deique Cultus"). Kein anderes Volk kann sich an reinerer (reformierter) Gottesverehrung mit den Pfälzern messen, weshalb andere Völker die Unterweisung durch den „Heidelberger Katechismus" wünschen. Er wurde in alle Weltsprachen übersetzt und auf allen Kontinenten verbreitet. Hachenberg rühmt die religiöse Toleranz der Pfälzer und nimmt damit ein Kernstück der freilich ökonomisch motivierten „Peuplierungspolitik" Karl Ludwigs auf.[40] Diese auch später immer wieder beschworene Toleranz rechtfertigt Hachenberg gegen die Einwände von Kritikern damit, dass die Beständigkeit im Glauben und immerwährende Geltung der wahren (reformierten) Konfession („constantia" und „aeternitas") solche Verschiedenheit der Gottesverehrung zulasse. An diesen zentralen Passus schließt Hachenberg ein Lob der Pfälzer hohen Begabung und des pfälzischen Fleißes ein, den er an Persönlichkeiten wie Philipp Melanchthon aus Bretten und – um einen Zeitgenossen zu nennen – dem in Heidelberg geborenen Polyhistor Johann Gerhard Vossius (1577-1649)[41] festmacht, der von Niederländern, Engländern und Franzosen gleichermaßen Bewunderung erfahre. Um nicht nur männliche Gelehrte aus der Kurpfalz zu nennen, führt Hachenberg die Schwester Karl Ludwigs, Pfalzgräfin Elisabeth an, die spätere Äbtissin von Herborn,[42] die sehr gebildet und unter anderem wegen ihrer Kenntnisse in den Sprachen und Wissenschaften in der Nachfolge eines Descartes zu sehen sei.

Mit der Anführung einer Dame aus dem pfälzischen Hause leitet Hachenberg zu den historischen Verdiensten des Pfälzer Hauses und des regierenden Kurfürsten über, nicht zuletzt um die Wissenschaften und die Heidelberger Universität, Anziehungspunkt für Studenten aus aller Welt, ausführlich zu würdigen,[43] worüber an anderer Stelle zu berichten sein wird. Ein überschwängliches Lob Karl Ludwigs und seines Sohnes leitet über zur „conclusio" bzw. „peroratio" mit allen guten Wünschen für den Fürsten und die Landesbewohner.

Die Rede Hachenbergs, die eine Neuausgabe mit deutscher Übertragung verdient,[44] ist ein würdiger Vorläufer der Pfalzbücher aus dem 19. und 20. Jahrhundert, auch wenn genregemäß der Ruhm der Kurpfalz mitunter etwas dick aufgetragen scheint. Der Leser fragt sich unwillkürlich, ob denn die Kur-

Hermann Wiegand

pfalz 1671, wenige Jahrzehnte nach Ende des Dreißigjährigen Krieges, bereits wieder so in Blüte gestanden haben kann, wie Hachenberg suggeriert. Die Jubilarin möge sich gleichwohl an diesem Lob ihrer Wahlheimat, die ihr aus vortrefflichen eigenen Arbeiten wohl vertraut ist, erfreuen.

1 Vgl. dazu Wilhelm Kreutz: Regionale Identitätsbildung: Die Pfalz im langen 19. Jahrhundert, in: Räume und Grenzen am Oberrhein. Hrsg. von Brigitte Herrbach-Schmidt und Hansmartin Schwarzmaier, Ostfildern 2012, S. 221-238. (Oberrheinische Studien, hrsg. von der Arbeitsgemeinschaft für geschichtliche Landeskunde am Oberrhein e.V., Band 30).

2 Wilhelm Heinrich Riehl: Die Pfälzer. Ein rheinisches Volksbild. Stuttgart und Augsburg 1857 u. o. Zu ihm vgl. besonders Jasper von Altenbockum: Wilhelm Heinrich Riehl 1823–1897. Sozialwissenschaft zwischen Kulturgeschichte und Ethnographie. Köln u.a.: Böhlau 1994. (Münstersche Historische Forschungen; 6).

3 August Becker: Die Pfalz und die Pfälzer. Leipzig 1858 u. o. Zu Becker vgl. u. a. Gerd Fesser: August Becker. Institut für Pfälzische Geschichte und Volkskunde. Kaiserslautern 2005.

4 Riehl, wie Anm. 2, S. 379-388.

5 Vgl. die kritische und kommentierte Ausgabe von Hermann Wiegand und Walter Sauer (Hrsg.): Karl Gottfried Nadler: Fröhlich Palz, Gott erhalts! und andere Gedichte. Landau 1994 (= Pfalzbibliothek, Bd. 11), dort auch ausführliches Verzeichnis der Primär- und Sekundärliteratur.

6 Vgl. den Artikel von Peter Fuchs: Karl II. (Kurfürst von der Pfalz), in: Neue Deutsche Biographie (NDB). Band 11. Berlin 1977, S. 249f.

7 PAULI HACHENBERGI ORATIO DE LAUDIBUS ET PRAESTANTIA PALATINATUS AD RHENUM. FRANCOFORTIAE ET LIPSIAE, MDCCLXIII.

8 L'ELOGE DU PALATINAT OU DISCOURS PRONONCE EN LATIN L'AN 1671 A HEYDELBERG EN PRESENCE DES SERmes ELECTEURS PALATINS CHARLES LOUIS ET CHARLES DE GLORIEUSE memoire par PAUL HACHENBERG PROFESSEUR EN ELOQUENCE, PUIS MINISTRE D'ETAT IMPRIME A MANNHEIM EN LATIN 1763. EN FRANCOIS 1769. Dagmar Drüll: Heidelberger Gelehrtenlexikon 1652-1802. Berlin u. a. 1991, S. 52 kennt nur diese französische Übertragung.

9 HACHENBERGI ORATIO (Anm. 7), S. 37-45: EJUSDEM ECLOGA BUCOLICA In Natalem Serenissimi Electoris Palatini CAROLI LUDOVICI quum quinquagesimum primum annum ingrederetur.

10 Vgl. Carl Banshaf (Hrsg.): Die Miegs und ihr Geschlecht, ein Genealogie- und Chronikbuch: Endersbach 1925. Der in der französischen Übersetzung genannte Johann Friedrich Mieg ist wohl der Onkel des bekannten gleichnamigen Illuminaten.

11 Vgl. Drüll, wie Anm. 8, S. 51f.

12 Vgl. Drüll, wie Anm. 8, S. 51f. mit der älteren Literatur.

13 HACHENBERGI ORATIO, wie Anm. 7, S. 34.

14 Vgl. Ludwig Häusser: Geschichte der Rheinischen Pfalz nach ihren politischen, kirchlichen und literarischen Verhältnissen in zwei Bänden. Unveränderter Nachdruck der 2. Ausgabe 1856. Speyer 1978, S. 691-693; S. 695-698 u. ö.

15 Magazin für die Pfälzische Geschichte. Hrsg. von Daniel Ludwig Wundt und Johann Ludwig Christian Rheinwald. Bd. 1. Heidelberg 1793, S. 219-246.

16 Karl II.: Philothei (Pseudonym) Symbola Christiana Quibus Idea Hominis Christiani Exprimitur: Frankfurt/Main Zubrod 1677.

17 Paul Hachenberg: De generibus seu ordinibus veterum Germanorum. Heidelberg 1675.

18 Pauli Hachenbergii... Historia de Vita ac Rebus Gestis Friderici I. Electoris Palatini, vulgo dicti Gloriosi ex Optimis scriptoribus collecta et in octo libros digesta. Nunc primum ex MSS. edidit Io. Philippus Kuchenbecker. Jena und Leipzig 1739. Ein unvollständiges Verzeichnis von Hachenbergs zumeist historischen Arbeiten gibt Johannes Schwab: Quatuor Seculorum Syllabus Rectorum qui ab anno 1386 ad annum 1786 in alma et antiquissima Academia Heidelbergensi Magistratum Academicum gesserunt: Notis Historico-Literariis ac Biographicis Illustratus. Bd. 2. Heidelberg 1790, S. 64-67.

19 Vgl. Schwab, wie Anm. 18, S. 65.

20 HACHENBERGI ORATIO, wie Anm. 7, A2r.

21 Vgl. dazu die umfassende Arbeit von Klaus E. Müller: Geschichte der antiken Ethnographie und ethnologischen Theoriebildung. Von den Anfängen bis auf die byzantinischen Historiographen. 2 Bde. Wiesbaden 1972-1980 (Studien zur Kulturkunde Bde. 29 und 52).

22 Vgl. dazu Klaus E. Müller, wie Anm. 21, Bd. 2, S. 80-106.

23 Vgl. besonders Gernot Michael Müller: Die „Germania generalis" des Conrad Celtis. Studien mit Edition, Übersetzung und Kommentar. Tübingen 2001 (Frühe Neuzeit, Bd. 67); ders.: „Quod si Chunradi Celtis „Illustrata Germania" nobis obtingere potuisset, fuisset profecto susceptus iste labor et certior et facilior." Johannes Cochlaeus' Brevis Germaniae descriptio und die Bedeutung des Conrad Celtis für die humanistische Landeskunde in Deutschland, in: Pirckheimer Jahrbuch für Renaissance- und Humanismusforschung 19 (2004), S. 140-181. Christopher B. Krebs: Negotiatio Germaniae : Tacitus' Germania und Enea Silvio Piccolomini, Giannantonio Campano, Conrad Celtis und Heinrich Bebel: Göttingen 2005; ders.: Ein gefährliches Buch: Die „Germania" des Tacitus und die Erfindung der Deutschen. München 2013; speziell zu ethnographischen Fragen: Hermann Wiegand: Volkskunde und Ethnographie bei Konrad Celtis, in: Pirck heimer Jahrbuch 2004 (erschienen 2005), S. 51-73.

24 Zu den deutschen Topographien der Frühen Neuzeit vgl. etwa Gerald Strauss: Sixteenth-Century Germany. Its Topography and Topographers. Madison (Wisconsin) 1959.

25 HACHENBREGI ORATIO, wie Anm. 7, S. 5: Nos Germani sumus, populus indigena sumus, quem nulla alia gens contaminavit affinitatibus, nulla advenarum colluvies hospitiis secum miscuit; sed sicut vetustissimi Majores nostri carminibus suis celebrabant, genus ex ipsa terra nostra hausimus, atque propria, & sincera, & nostri tantùm similis gens existimus. Vgl. Tacitus Germania 2 und 4.

26 Vgl. David Chytraeus: De Creichgoia. Kraichgau. Faksimile der Ausgabe von 1561. Übersetzt und kommentiert von Reinhard Düchting und Boris Körkel. Ubstadt-Weiher 2000 (Sonderveröffentlichung 21 Heimatverein Kraichgau e.V.).

27 Lobgedichte auf Städte sind ein sehr beliebtes Genre der lateinischen Dichtung der Neuzeit. Sehr viele Städte erfuhren von humanistischen Dichtern poetische Aufmerksamkeit. Vgl. dazu grundlegend Franciscus Petrus Thomas Slits: Het Latijnse Stedegedicht: Oorsprong en Ontwikkeling tot in de Zeventiende Eeuw. Nijmegen, Kath. Univ., Diss., 1990 mit einem Städtekatalog, ferner u. a. zusammenfassend: Nikolaus Thurn: Deutsche neulateinische Städtelobgedichte: Ein Vergleich ausgewählter Beispiele des 16. Jahrhunderts, in: Neulateinisches Jahrbuch 4, 2002, S. 253-270. Zahlreiche Studien widmen sich einzelnen Städtelobgedichten, die hier nicht aufgeführt werden können. Zum südwestdeutschen Städtelob der Frühen Neuzeit vgl. vor allem Walther Ludwig: Die Darstellung südwestdeutscher Städte in der lateinischen Literatur des 15. – 17. Jahrhunderts. Jetzt in: Ders.: Miscella Neolatina. Ausgewählte Aufsätze 1989-2003. Vol. 2. Edenda curavit Astrid Stein-Weber. Hildesheim 2004 (Noctes Neolatinae Bd. 2.2), S. 425-469 mit reichen Literaturangaben zum Städtelob.

28 Tacitus, Germania 5.

29 Vgl. die Ausgabe von Mark Riley (Hrsg.): John Barclay: Icon Animorum or the Mirror of Minds. Translated by Thomas May (1631). Leuven 2013 (lateinisch-englisch), dort S. 13-26 über Barclays Vorgänger seit der Antike.

30 Tacitus, Germania 23.

31 Riley wie Anm. 29, S. 132: Immensa cupiditas potus, iam confesso vitio ideoque magis libero, illam gentem infestat. Nec ad voluptatem tantum haec Thracica libido est, sed in parte comitatis et disciplinae.

32 HACHENBERGI ORATIO, wie Anm. 7, S. 13.

33 Auch diesen Gedanken übernimmt Hachenberg von Tacitus. Vgl. Tacitus; Germania 19: plusque ibi boni mores valent quam alibi bonae leges.

34 HACHENBERGI ORATIO, wie Anm. 7, S. 14.

35 Die Gastfreundschaft der Kurpfälzer entspricht der der Germanen bei Tacitus, vgl. Tacitus; Germania 21f.

36 Vgl. Tacitus, Germania 18f.

37 Sallust, Coniuratio Catilinae 12,3f.: Operae pretium est, cum domos atque villas cognoveris in urbium modum exaedificatas, visere templa deorum, quae nostri maiores, religiosissumi mortales, fecere. Verum illi delubra deorum pietate, domos suas gloria decorabant neque victis quicquam praeter iniuriae licentiam eripiebant. Sallust ist auch sonst sprachlich und mit einigen Motiven in Hachenbergs Rede präsent.

38 Vgl. Tacitus, Germania 14.

39 Angespielt wird aber auf die Schlacht bei Seckenheim und die Gefangennahme der drei Fürsten von Baden, Metz und Württemberg.

40 Vgl. ausführlich Karl Hauck: Karl Ludwig Kurfürst von der Pfalz (1617-1680). Leipzig 1903 (Forschungen zur Geschichte Mannheims und der Pfalz. Hrsg. vom Mannheimer Alterthumsverein IV), S. 184-210.

41 Vgl. Hans-Josef Krey: Artikel Vossius, Gerhardus Johannes, in: Biographisch-Bibliographisches Kirchenlexikon (BBKL). Band 13. Herzberg 1998, Sp. 98-100 mit weiterer Literatur.

42 Vgl. Helge Bei der Wieden (Hrsg.): Elisabeth von der Pfalz Äbtissin von Herford, 1618-1680. Eine Biographie in Einzeldarstellungen. Hannover 2008 (Herforder Forschungen. Bd. 23).

43 HACHENBERGI ORATIO, wie Anm. 7, S. 32.

44 Eine solche gehört zu den weiteren Arbeitsvorhaben des Verfassers.

Michael Plumpe

Der Kurpfälzische Hofkanzler Jacob Tillmann von Hallberg*

Abb. 1
Das Wappen Jacob Tillmann von Hallbergs an der Kanzel der Barockkapelle von 1740 in Fußgönheim
Foto: Heimat- und Kulturkreis Fußgönheim, Karl Freidel

Der Kurpfälzische Hofkanzler Jacob Tillmann von Hallberg (1681-1744; Abb. 1) war ein treuer und willensstarker, aber auch ein streng eigennütziger, hoher Beamter unter Kurfürst Carl Philipp (1661-1742). Er trat 1708 in den kurfürstlichen Dienst ein und stieg Anfang der 1730er Jahre bis zum Hofkanzler auf. Er war damit einer von nur sechs Ministern der Kurpfalz, die unmittelbar hinter dem Kurfürsten standen und die Geschicke des Landes in einer rauen Zeit mitbestimmten.

Der Artikel gibt einen chronologischen Einblick in das Leben Hallbergs, in seinen systematischen Erwerb von zahlreichen Pfälzer Ländereien, seinen Schlossbau in Fußgönheim (Abb. 2) und in seine Rolle innerhalb der Kurpfälzer Politik. Es wird versucht, seine Vernetzung bei Hofe und die Zusammenarbeit mit den anderen fünf Ministern herauszuarbeiten. Auch wird eine tabellarische Zusammenstellung aller sechs kurpfälzischen Minister präsentiert.

Hallbergs Zeit am Düsseldorfer Hof (1708-1716)
Jacob Tillmann von Hallberg wird 1681 in Mülheim am Rhein geboren. Sein Vater Johann Hermann Hallberg ist wohlhabender Bürgermeister zu Mülheim. Später wird der Vater auch als fürstlich-jülichscher Schultheiß zu Aldenhoven und als jülich-bergischer Rat erwähnt. 1708 kauft der Vater für jeden seiner insgesamt drei Söhne eine Amtsstelle am Düsseldorfer Hof unter Kurfürst Johann Wilhelm, dem älteren Bruder des nachfolgenden Kurfürsten Carl Philipp. Der fähigste der drei Söhne ist der spätere Hofkanzler Jacob Tillmann von Hallberg. Bereits 1712 wird er als Staatssekretär erwähnt und 1716 ist er Kabinettssekretär und Geheimer Rat am Düsseldorfer Hof.

Zu dieser Zeit heiratet Hallberg noch in Düsseldorf die niederrheinische Freifrau Anna Maria von Francken (1694-1739). Sie ist eine Frau höheren Standes, selbstbewusst und anpackend. Ihr Vater ist der Freiherr Johann Bernhard von Francken (1668?-1744?), kurpfälzischer Geheimer Rat und Gesandter in Wien sowie am Reichstag zu Regensburg. Sein Schwiegervater ist ein willkommener Netzwerker und ein diplomatischer Lehrer für den jungen, aufstrebenden Hallberg.

Hallbergs große Stunde schlägt 1716, als Kurfürst Johann Wilhelm stirbt und Hallberg zusammen mit seinem Vorgesetzten, dem neuen kurpfälzischen Kriegsminister Graf von Hatzfeld, von Düsseldorf aus zu Carl Philipp nach Innsbruck geschickt wird (Carl Philipp ist zu diesem Zeitpunkt Statthalter von Tirol). Im Gepäck hat Hallberg neben der Ernennungsurkunde Carl Philipps zum Kurfürsten auch 50.000 Gulden in Gold. Das Geld stammt weitgehend von Hallbergs wohlhabendem Vater und soll Carl Phi-

Abb. 2
Das Hallberg-Schloss in Fußgönheim, links die erhaltene Barockkapelle von 1740
Foto: Heimat- und Kulturkreis Fußgönheim, Karl Freidel

lipps Schulden in Tirol begleichen. Dies ist für Hallberg ein glänzender Einstieg beim neuen Kurfürsten, Carl Philipp ernennt ihn daraufhin sofort zu seinem persönlichen Sekretär. Ihm steht nun eine glänzende Karriere an der Seite des Kurfürsten bevor.

Hallbergs frühe Zeit am Mannheimer Hof (1720-1730)

Carl Philipp entscheidet sich zunächst für Heidelberg als kurfürstlichen Sitz. Schon 1720 siedelt er aufgrund von Konfessionsstreitigkeiten nach Mannheim über. Hallberg folgt ihm. Während des Schlossbaus wohnt der Kurfürst zunächst im Oppenheimer Palais am Mannheimer Marktplatz, Hallberg keine 500 Meter entfernt in einer Villa in der Nähe des Rheintores. Hier lebt er mit seiner Frau und den ersten von insgesamt sieben Kindern.

1721 stirbt Hallbergs Vater, kurz nachdem der Kaiser dessen drei Söhne in den erblichen Adelsstand erhoben hat (hierfür fließt vermutlich letztmals Geld vom Vater). Jacob Tillmann darf sich nun „von Hallberg" nennen. Angeleitet von seinem Schwiegervater von Francken und vom eigenen Ehrgeiz macht sich „von Hallberg" nun immer unentbehrlicher am Mannheimer Hof.

Hallbergs Erwerb von Ländereien ab 1728

Zwischen 1728 und 1737 erwirbt Hallberg systematisch ganz Fußgönheim und Ruchheim sowie zahlreiche Ländereien in dieser Gegend. Er schafft es so

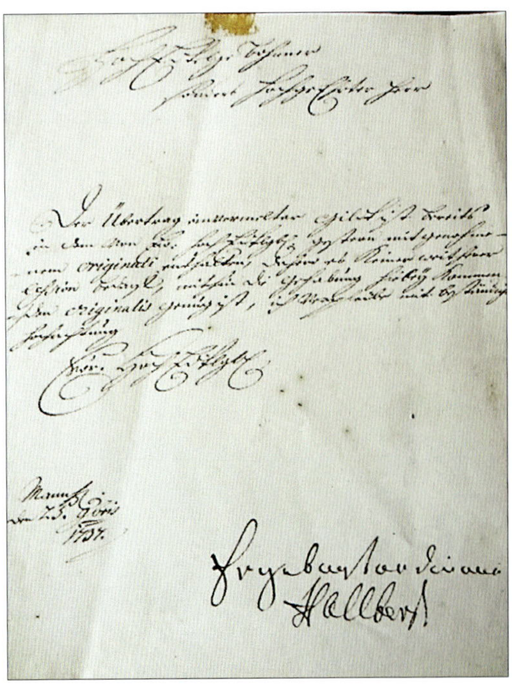

Abb. 3
Der originale Brief aus der Hofkanzlei von 1737 mit der Unterschrift Hallbergs
Foto: Heimat- und Kulturkreis Fußgönheim, Michael Plumpe

innerhalb kurzer Zeit, ein größeres zusammenhängendes Gebiet in Besitz zu haben. Zuständig für Kauf und Tausch von Ländereien ist die sogenannte „Kurpfälzisch Geistliche Administration" in Heidelberg.

Im Brief (Abb. 3) geht es um einen privaten Landtausch Hallbergs unter Vermittlung der „Kurpfälzisch Geistlichen Administration" (= Behörde zur Verwaltung der kurpfälzischen Ländereien). Gebiete bei Friedelsheim werden gegen Fußgönheimer Gebiete getauscht.

Hallberg unterschreibt unterwürfig mit „Ergebenster Diener". Der Adressat ist der dortige Präsident Sigismund Freiherr von Bevern (1685-1754), er wird als „Hochedelgeborener" betitelt. Von Bevern gilt als eitel, genusssüchtig und bestechlich. Hallberg versteht ihm zu schmeicheln. Nachweislich sind auch Schmiergelder geflossen. Hallberg gehört zum neuen Pfälzer Adel. Er weiß, dass er vom alten Adel nur akzeptiert wird, wenn er über Land und Leute gebietet. Aus seinen Ländereien wird so schließlich ein sogenanntes „Reichsunmittelbares Gebiet". Nachdem der Kurfürst bereits 1729 seine Rechte in diesem Gebiet an Hallberg abgetreten hat, beauftragt er ihn, das Gebiet zu „Re-Katholisieren". Hallberg herrscht dort jetzt „absolut" und untersteht auf seinem Besitz nur noch dem Kaiser (Abb. 4). Er vollzieht hier im Kleinen, was der Kurfürst landesweit vorlebt.

Die „Reichsunmittelbare Herrschaft" existiert von 1737 bis 1793. Hallberg beginnt 1730 mit dem Bau des Schlosses in Fußgönheim, bereits 1740 ist es weitgehend fertig. Die Re-Katholisierung Fußgönheims geht er energisch an. Widerspenstige Fußgönheimer (überwiegend Protestanten) werden ausgewiesen. Er stellt ab 1741 seine Schlosskapelle für katholische Gottesdienste zur Verfügung. 1744 baut er eine katholische Schule in Fußgönheim.

Als Beamter des 18. Jahrhunderts ist er habsüchtig und streng eigennützig, devot gegenüber Vorgesetzten und tyrannisch zu Untergebenen. Das barocke Gesetz der Zeit ist das uneingeschränkte Recht des Stärkeren. Hallberg kann seine Kosten – wie der Kurfürst – nur durch Frondienste, Abgaben, Ämter- und Fiskalhandel decken. Für die bisher fronfreien, überwiegend protestantischen Fußgönheimer ist Hallberg ein steter Grund für Widerstand und bis heute eine zu verachtende Unperson. Auf der anderen Seite hat Hallberg aber auch Verdienste als pfälzischer Minister für die Innen- und auch für die Außenpolitik.

Preußens König in Mannheim 1730

Im August 1730 besucht der preußische König Friedrich Wilhelm I. (1688-1740) überraschend die Pfalz (Abb. 5). Es ist ein kurzer, steifer Besuch von nur zwei Tagen am Hofe Carl Philipps. Obwohl unliebsame Themen offiziell nicht zur Sprache kommen, ist dem Kurfürsten bewusst: Der polternde Soldatenkönig beansprucht die zwei niederrheinischen Provinzen der Pfalz mit der Hauptstadt Düsseldorf. Der Grund: Carl Philipp hat keinen männlichen Nachfolger!

Für ihn sind die niederrheinischen Provinzen Jülich und Berg aber nicht verhandelbar. Sein Vater und sein Bruder haben jahrzehntelang die Pfalz von Düsseldorf aus regiert. Carl Philipp verbringt schlaflose Nächte. Er braucht die Hilfe einer Großmacht. Österreich ist dazu nicht bereit. Einzig Frankreich garantiert ihm Beistand gegenüber dem starken Preußen. Für diese essentielle Sache ist er bereit, sich vom österreichischen Kaiser zu lösen und mit Frankreich zu paktieren. Sein Mann für diese schwierige Aufgabe ist Jacob Tillmann von Hallberg, denn dieser kommt vom Niederrhein. Er hat ein Eigeninteresse an „seinen" niederrheinischen Heimatprovinzen und die fachliche Eignung. Möglichst schnell wird Carl Philipp ihn nun zum Hofkanzler ernennen.

Abb. 4
Das Gebiet der „Reichsunmittelbaren Hallbergschen Herrschaft" („Hallberg" wird hier mit dem Wormser Adelsgeschlecht „Dalberg" verwechselt.)
Ausschnitt aus einer historischen Karte von 1750; Kartograph unbekannt

Abb. 5 (links)
Der Soldatenkönig mit Langen Kerls
Druck von Carl Roehling (1849-1922)
Um 1900

Hallbergs privates Siegel

Hallberg benutzt – noch in Fußgönheim – für private Briefe ein älteres, patriotisches Siegel (Abb. 6), ein Zeugnis seiner heimatlichen Verbundenheit mit den niederrheinischen Provinzen. Es zeigt neben den beiden Löwen für Jülich und Berg unter dem Ritterhelm das sternförmige Wappen Kleves und einen Ravensberger Sparren. Hallberg unterstreicht so den Anspruch auf seine bereits 1614 an Preußen gefallenen Heimatprovinzen Kleve und Ravensberg.

Hallberg hat ein hohes Eigeninteresse, dass Jülich und Berg nicht auch noch an Preußen fallen. Carl Philipp hat mit ihm als Hofkanzler also die richtige Wahl getroffen, um Preußen Paroli zu bieten. Der Kampf kann beginnen. Hallberg kämpft zehn Jahre rein diplomatisch. Am Ende wird er mit Mut, Willenskraft, der Hilfe Frankreichs und glücklicher Fügung gewinnen.

Abb. 6
Hallbergs privates Siegel
Foto: Heimat- und Kulturkreis Fußgönheim, Michael Müller

Hallberg als Hofkanzler 1731-1744

1731 ernennt der Kaiser Hallberg zum Freiherrn. Kurz darauf ernennt ihn Carl Philipp zum Hofkanzler. Er ist nun ganz oben angekommen. Wie aus dem Mannheimer Hofkalender von 1734 hervorgeht, besteht die kurpfälzische Führungsriege Anfang der 1730er Jahre aus nur sechs Ministern unmittelbar unter dem Kurfürsten („Chur-Pfälzische Geheime Conferentz"). Hallberg (Abb. 7) ist nun ein festes Mitglied dieser Führungsriege (Abb. 8).

Der Kurpfälzische Hofkanzler Jacob Tillmann von Hallberg

Im Zeitalter des Absolutismus herrscht im Beamtentum Cliquen- und Günstlingswirtschaft. Alle Beamten sind bestechlich und wirtschaften zum Großteil in die eigene Tasche. Die einfachen Bürger und insbesondere die Bauern werden mit immer höheren Abgaben belastet. Viele wandern frustriert aus.

Die fünf weiteren Minister neben Hallberg

Franz Edmund Graf von Hatzfeld (1674-1757)

Er kommt aus dem hessischen Hochadel, hat

Titel, Name und Herkunft	Tätigkeit	Dienstzeit	Lebenszeit	Wohnort	Landbesitz
Graf von Hatzfeld Hessen	Kriegsminister	26 Jahre 1716-1742	83 Jahre 1674-1757	B 3-Quadrat Mannheim	Niederrhein
Freiherr von Sickingen Pfalz	Finanzminister	26 Jahre 1716-1742	83 Jahre 1674-1757	Sickinger Hof Heidelberg	Westpfalz
Freiherr von Kageneck Oberrhein	Staatsminister	19 Jahre 1723-1742	76 Jahre 1668-1744	Mühlauer Schloss Mannheim	Breisgau
Graf von Hillesheim Niederrhein	Justizminister	16 Jahre 1726-1742	75 Jahre 1673-1748	Hillesheim Palais Mannheim	Ahrtal
Freiherr von Hallberg Niederrhein	Kanzler	13 Jahre 1731-1744	63 Jahre 1681-1744	Hallberg Schloss Fußgönheim	Vorderpfalz
Professor von Busch Eichsfeld	Vizekanzler	8 Jahre 1731-1739	59 Jahre 1680-1739	Von-Busch-Hof Freinsheim	keinen

Abb. 7 (oben)
Das wohl einzige und dazu schemenhafte Abbild Hallbergs: Das Gesicht in der Mitte hinter König Salomon auf dem Altarbild in der Fußgönheimer Schlosskapelle von 1740
Foto: Heimat- und Kulturkreis Fußgönheim, Michael Plumpe

Abb. 8 (Mitte)
Die sechs Minister der Kurpfalz:, geordnet nach Dienstzeit gemäß dem Hofkalender von 1734
Tabelle: Michael Plumpe

Abb. 9 (rechts)
Vizekanzler Busch
Ölgemälde eines unbekannten Künstlers
Um 1735
Restaurant von-Busch-Hof, Freinsheim
Foto: Wikipedia unter „Johann Bartholomäus von Busch"

umfangreichen Besitz am Niederrhein und ist schon in Düsseldorf unter Kurfürst Johann Wilhelm tätig. 1716 wird er von Carl Philipp zum „Kriegsminister" ernannt. Er ist zuständig für das kurpfälzische Militärwesen und wohnt in Mannheim.

Heinrich Wilhelm Freiherr von Sickingen (1674-1757)

Er ist ab 1716 der einzige Pfälzer in der Regierung und hat große Besitzungen in der Westpfalz bei Landstuhl. Als „Finanzminister" mit fast 100 Beamten ist er zwar mächtig, aber hinterhältig und fachlich Hallberg unterlegen. Sickingen ist gebürtiger Mainzer, lebt in Mannheim und Heidelberg (Sickinger Hof).

Heinrich Hermann Freiherr von Kageneck (1668-1744)

Er kommt aus dem oberrheinischen Adel und ist ab 1723 „Staatsminister". Auch Statthalter von Neuburg, der Heimatprovinz von Kurfürst Carl Philipp. In Mannheim besitzt er das damalige Mühlauer Schloss direkt am Rhein im heutigen Handelshafen, damals außerhalb der Stadtmauern.

Franz Caspar Graf von Hillesheim (1673-1748)

Er ist der Sohn eines Freiherrn aus Sinzig am Niederrhein. Bereits seit 1696 im kurfürstlichen Dienst in Düsseldorf, wird er aufgrund seiner Verdienste 1712 in den Grafenstand erhoben. Als Oberpräsident aller kurfürstlichen Gerichte ist er ab 1726 „Justizminister". Er wohnt in Mannheim im Oppenheimer Palais (jetzt Palais Hillesheim), der besten Adresse nach dem Schloss. Zeitweilig vertritt er sogar den Kurfürsten.

Bartholomäus von Busch (1680-1739; Abb. 9)

Er kommt als einziger nicht aus dem Adel, sondern ist ab 1710 Rechtsprofessor in Heidelberg. 1730 wird er vom Kurfürsten in den Adelstand erhoben. Ab 1731 ist er „Vizekanzler". Aufgrund seiner Rechtskenntnisse vertritt er nicht nur Hallberg, sondern auch Hillesheim. Den heute noch existierenden „Von-Busch-Hof" in Freinsheim kauft er 1737. Als einziger Minister hat er keinen größeren Landbesitz. Erst unmittelbar vor seinem Tod 1739 wird er vom Kaiser in den „Reichs Adelstandt" erhoben.

Hallbergs Vernetzung bei Hofe

Maria Violanta Theresia Gräfin von Thurn und Taxis (1683-1734; Abb. 10) ist seit 1728 die dritte Frau Carl Philipps. Sie ist die Hofdame seiner einzigen Tochter. Hallberg hat in seiner Zeit als Hofkanzler ein besonders gutes Verhältnis zur Gräfin Violante und zum katholischen Beichtvater des Kurfürsten. Er nutzt dies für seine innenpolitischen Aktivitäten.

Außenpolitisch ist er über seinen Schwiegervater Johann Bernhard Freiherr von Francken immer gut informiert. Von Francken verkehrt am Reichstag zu Regensburg und hat Kontakte zu Österreich und Frankreich.

Auch zum obersten kurpfälzischen Richter Franz Caspar Graf von Hillesheim hat er ein gutes Verhältnis. Sie kennen sich aus Düsseldorf und betreiben zusammen den lukrativen Fiskalhandel, der beiden Kollegen satte Gewinne beschert.

Über militärische Angelegenheiten wird er durch seinen altbekannten Gönner Franz Edmund Graf von Hatzfeld auf dem Laufenden gehalten, seinen ehemaligen Vorgesetzten in Düsseldorf. Beide arbeiten seitdem vertrauensvoll zusammen.

Zum Vizekanzler von Busch hat Hallberg seit seiner Heidelberger Zeit ein fast familiäres Verhältnis, er wird 1742 Taufpate von Buschs Enkelkind.

Heinrich Freiherr von Sickingen ist mächtiger Hofkämmerer und Gesandter in Österreich. Er ist der einzige Pfälzer in der Regierung und Hallbergs Gegenspieler. Beide sind oft gegensätzlicher Meinung und buhlen um die Gunst des Kurfürsten.

Abb. 10
Jan Frans van Douven (1656-1727)
Porträt der Gräfin Violanta Maria Theresa von Thurn und Taxis (1683-1734)
1724
Foto: Kunsthandel

Sickingen ist es ein Dorn im Auge, dass Hallberg sich Frankreich annähert.

Diplomatie im Schloss

1732 empfängt Hallberg den zukünftigen Hofkanzler Österreichs Johann Ferdinand Graf von Kuefstein (1688-1755) zweimal auf Schloss Fußgönheim (Abb. 11). Kuefstein verlangt von Hallberg die Zusicherung der pfälzischen Kurstimme bei der Wahl der Kaisertochter Maria Theresia zur Kaiserin. Hallberg bleibt freundlich, wird ihm die Kurstimme aber verweigern, weil Österreich nach wie vor nicht bereit ist, gegenüber Preußen die pfälzisch niederrheinischen Provinzen zu garantieren.

Graf Kuefstein versucht daraufhin, Hallberg durch Intrigen aus dem Amt zu entfernen. Als dies nicht gelingt, versucht er ihn zu bestechen, ebenfalls ohne Erfolg. Hallberg setzt sich am Mannheimer Hof gegen die starke „Österreichische Fraktion“ durch. Dies gelingt, da er den Kurfürsten und Gräfin Violante auf seiner Seite hat. Die Ablehnung der sogenannten „Pragmatischen Sanktion“ durch Hallberg ist die Voraussetzung für die spätere Wahl eines Bayern zum Kaiser.

Franzosen in der Pfalz

1734 kommt es zum Krieg zwischen Österreich und Frankreich, dem Polnischen Erbfolgekrieg nach dem Tod August des Starken, der auch König von Polen war. Hallberg ist Mitglied der „Militar Commission“, und es gelingt ihm, mit den Franzosen ein geheimes Bündnis zu schließen. Die sogenannte pfälzische „Militar Commission“ besteht aus drei Personen:

1. Sickingen untersteht die Kooperation mit den kaiserlichen Truppen auf der rechtsrheinischen Seite bei Heidelberg. Er ist in Zivil der Chef der kurfürstlichen Kämmerei mit knapp 100 Beamten.

2. Hatzfeld ist zuständig für die „Festung“ Mannheim, die ausschließlich von kurpfälzischen Soldaten bewacht wird. In Zivil hat er den gleichen Posten, da er für das kurpfälzische Militär zuständig ist.

3. Hallberg führt die Verhandlungen mit den Franzosen auf der linksrheinischen Seite bei Fußgönheim. In Zivil hat er als Hofkanzler etwa 20 Beamte unter sich. Es ist erstaunlich und spricht für Hallberg, dass der Kurfürst ihm diesen hohen Posten im Krieg zuweist.

Abb. 11
Graf von Kuefstein (1688-1755)
Ölgemälde in Greillenstein/Österreich
Wiederabdruck aus der Österreichischen Kunsttopographie Bd. V in der Familiengeschichte, Teil 4, von Karl Graf Kuefstein von 1908; S.54

Sickingen und Hallberg sind in Zivil oft gegensätzlicher Meinung. Im Kriegsfall dürften sie aber zum Wohl des Landes zusammen gearbeitet haben, jeder auf seiner Seite mit Wissen des Kurfürsten, denn nur so ist der Erfolg zu erklären.

Gegenüber dem Kaiser spricht Hallberg von Neutralität und bewahrt die Pfalz so auch vor dessen Rache. Durch den geheimen Pakt mit den Franzosen verhindert Hallberg eine Plünderung der Pfalz durch die einziehenden Truppen. Sie kampieren mit bis zu 70 Einheiten im Dreieck Dürkheim/Lambsheim/Fußgönheim. Auch bei Rheingönheim wird kampiert. Es wird weder das Schloss noch irgendein Haus in Fußgönheim oder andernorts geschleift. Auch Mannheim und Heidelberg bleiben verschont. Der erboste Kaiser hat das „gar unvergnügliche Betragen [der Pfälzer] auf das liebreichste abgemahnet". Carl Philipp verteidigt sich schriftlich: Die Pfalz wäre sonst „auf das eußerste würcklich verheeret, völlig zu Boden gerichtet, und ich mit meinen armen Unterthanen daraus vertrieben". Aus dem kurfürstlichen Schreiben an den Kaiser sprechen die Worte Hallbergs, ihm gelingt dieser risikoreiche, diplomatische „Eiertanz".

Unmittelbar am Dorfrand von Fußgönheim sieht man drei kleine Quartiere der Franzosen (Abb. 12). Dies sind die Offiziersquartiere. Hallberg hat die Offiziere unmittelbar vor seiner Haustür kampieren lassen, so kann er die Herrschaften direkt im Schloss empfangen (Abb. 13) und auch bewirten. Bei solchen Gelegenheiten werden weitere Details der geheimen Zusammenarbeit besprochen. Natürlich ist die unmittelbare Nähe der Lager auch eine beeindruckende Machtdemonstration der Franzosen.

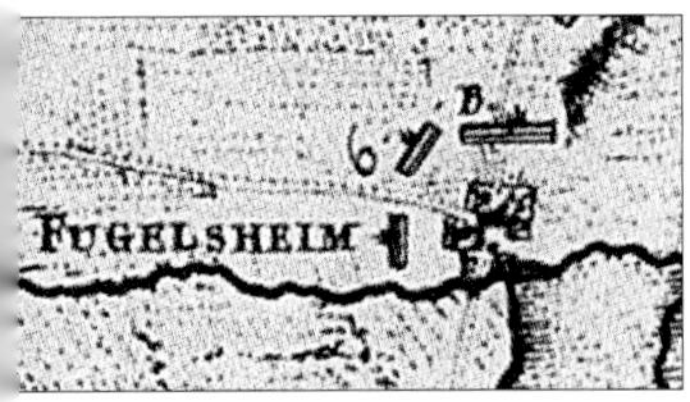

Abb. 12
Detail des „Camp de Fugelsheim"
Ausschnitt aus einer historischen Karte von 1741
Kartograph unbekannt

Die Pfälzer stellen den Franzosen eine große Anzahl Pferde, Heu und Stroh zur Verfügung, wofür sie angemessen zahlen werden. Auch über die Rheinquerung wird gesprochen. Die Pfälzer werden aktiv dabei helfen. Dies erregt den besonderen Zorn des Kaisers, denn die Rheinquerung gilt immer schon als Beginn der „heißen" Kriegsphase.

Abb. 13
Empfang im Fußgönheimer Schloss
Zeichnung von Bernhard Schneider
1983
Aus: Jubiläumsfestschrift „1100 Jahre Fußgönheim"
1993, S. 18

Carl Philipp hat wegen seiner Untreue gegenüber dem Kaiser enorme Angst vor einer Reichsacht. Immer wieder mahnt er Hallberg: „Alles kränkende gegen den Kaiser zu lassen." Ein Teil der französischen Offiziere wird sogar in Mannheim von Carl Philipp empfangen. Ab Ende 1734 hält sich außerdem ein ständiger französischer Gesandter in Mannheim auf.

Rheinquerung der Franzosen

Die Rheinquerung der Franzosen erfolgt 1734 mehrmals an gleicher Stelle im Schutz des Waldes zwischen Rheingönheim und Altrip (Abb. 14). Die Details werden auch mit Hallberg besprochen. Mit Hilfe einer mobilen Schiffsbrücke ziehen 2.500 Franzosen über Neckarau bis nach Philippsburg. Hier liegen die feindlichen kaiserlichen Truppen. Als diese später über die reguläre Schiffsbrücke bei Mannheim in die Vorderpfalz einrücken wollen, lässt Carl Philipp die Brücke trotz Protestes abbrechen und die Kaisertruppen nicht passieren, denn die kaiserlichen Truppen hätten sonst die geheimen linksrheinischen Lager der Franzosen entdeckt und dann die Vorderpfalz verwüstet. Die Folge für Carl Philipp wären die Reichsacht und der Verlust der Kurwürde gewesen. Hallberg hätte um seinen Kopf bangen müssen.

1741 kommt es nochmals zum Krieg zwischen Österreich und Frankreich. Hallberg wird mit den Franzosen wieder erfolgreich zusammen arbeiten.

Der Tod des Kaisers 1740

Im Oktober 1740 stirbt Kaiser Carl VI. Der bayrische Kurfürst Carl Albrecht (1697-1745) und Carl Philipp üben für mehr als ein Jahr die kaiserliche Stellvertretung aus. Sie organisieren die sehr umstrittene Neuwahl. Die dazu erforderlichen Formalitäten sind in der Goldenen Bulle von 1356 enthalten. Jeder Kurfürst hat eine Abschrift davon. Am pfälzischen Hof ist es Hallberg, der in der Lage ist, in dem fast 400 Jahre alten lateinischen Dokument die wichtigen Punkte zu erkennen. Hallberg weist nach, dass für die Wahl die einfache Mehrheit ausreicht, und dass der Kurfürst von Mainz oder Trier die Wahl eröffnen darf. Dies ist wichtig, da diese beiden Kurfürsten den von der Pfalz favorisierten Kurfürsten Carl Albrecht von Bayern wählen werden.

Michael Plumpe

Die Pfalz hat zusätzliches Glück, denn nach dem Tod des Kaisers verzichtet der neue preußische König, Friedrich der Große, endgültig auf die niederrheinischen Provinzen der Pfalz. Er marschiert stattdessen in Schlesien ein und beginnt einen langen Krieg gegen Österreich.

Die Kaiserliche Stellvertretung ab 20. Oktober 1740

Als der österreichische Kaiser Carl VI. stirbt, übernehmen Carl Philipp und der bayerische Kurfürst Carl Albert gemeinsam die kaiserliche Stellvertretung (Abb. 15). Carl Philipp hat dieses prestigeträchtige Amt im hohen Alter mit großem Stolz ausgeübt.

Da die Neuwahl des Kaisers umstritten ist, ergibt sich eine lange Stellvertretung, vom 20. Oktober 1740 bis zum 24. Januar 1742. Durch taktische Manöver zögert Hallberg die Wahl hinaus. Nur so kann eine Mehrheit für den pfälzisch, bayrischen Kandidaten Carl Albrecht gegen Österreich organisiert werden. Das heikle Manöver gelingt auch mit der militärischen Hilfe der Franzosen. Carl Philipp kann ab dem 24. Januar 1742 mit großer Genugtuung sein Familienmitglied Carl Albrecht als neuen Kaiser Carl VII. begrüßen. Carl VII. hält sich zu diesem Zeitpunkt in Mannheim auf, denn der pfälzische Kurprinz Carl Theodor feiert opulent seine Hochzeit.

Die Doppelhochzeit am 17. Januar 1742

Abgebildet sind der erst 17-jährige Kurprinz Carl Theodor (1724-1799) und seine 21-jährige Frau Elisabeth Auguste (Abb. 16), sie ist die älteste der drei Enkelinnen Carl Philipps und spätere Kurfürstin von der Pfalz. Ebenfalls am 17. Januar 1742 verheiratet Carl Philipp seine zweite Enkelin mit dem bayerischen Kurprinzen. Die Trauungen übernimmt der Kölner Fürstbischof und Kurfürst Clemens August (1700-1761). Diese bis heute größte Feier in der Mannheimer Stadtgeschichte regelt die Nachfolge des stammhalterlosen Kurfürsten Carl Philipp. Die dritte Enkelin wird an diesem Tag verlobt. Genial und perfekt versteht es Carl Philipp, seine drei Enkelinnen in der Familie so zu verheiraten, dass die Erbfolge optimal abgesichert ist. Das Feiern in Mannheim nimmt kein Ende, denn nur sieben Tage später wird das Familienmitglied Carl Albrecht in Frankfurt zum Kaiser gewählt.

Abb. 18
Medaille zum Tod Carl Philipps
1742

Carl Philipp erlebt damit seine „Goldenen Tage" erst ganz zum Schluss, im hohen Alter von 80 Jahren.

Die Kaiserwahl am 24. Januar 1742

Anwesend bei der Wahl (Abb. 17) ist neben dem 17-jährigen Carl Theodor auch der französische Marschall Belle-Isle, ein Verhandlungspartner Hallbergs. Dieser hat mit militärischem Druck dafür gesorgt, dass die Kurfürsten von Mainz und Trier ihre Stimme Carl Albrecht geben. Die Stimme des Kurfürsten von Köln ist sicher. Er ist der Bruder des neuen Kaisers und übernimmt dessen Krönung am 12. Februar in Frankfurt. Auch die Kaiserin wird vom Kölner Kurfürsten Clemens August am 8. März 1742 gekrönt.

Kaiser Carl VII. wird schon im Januar 1745 sterben. Seine Amtszeit bleibt eine kurze Episode in der Geschichte. Maria Theresia setzt sich durch und mit ihrem Mann wird wieder ein Österreicher Kaiser. Diese große Enttäuschung werden Carl Philipp und Jacob Tillmann von Hallberg beide nicht mehr erleben.

Der Tod Carl Philipps am 31. Dezember 1742

Carl Philipp stirbt am 31. Dezember 1742 im Alter von 81 Jahren an einer starken Erkältung, die er sich während einer Opernaufführung sechs Wochen zuvor in seiner unbeheizten Loge zugezogen hat. In Mannheim gibt es dreitägige Trauerfeierlichkeiten. Medaillen mit dem Altersbild des Kurfürsten (Abb. 18) werden an alle Beamten verteilt. Carl Philipp wird in der Schlosskirche neben seiner dritten Frau Violante beigesetzt. Er stirbt hochbetagt mit der Genugtu-

Abb. 17
Wurfmünze zur Kaiserwahl Carl VII.
1742

Abb. 14
Die Schiffsbrücke der Franzosen über den Rhein (rot unterlegt)
Ausschnitt aus einer historischen Karte
1735

Abb. 15
Carl Philipp, Kurfürst von der Pfalz, mit Carl Albrecht von Bayern
Vikariatstaler von 1740
Silber
Münzstätte Mannheim

Abb. 16
Wurfmünze zur Hochzeit Carl Theodors
1742

Foto16-18: Heimat- und Kulturkreis Fußgönheim, Michael Müller

ung, am Ende seines Lebens alles richtig gemacht zu haben.

Der Tod Hallbergs am 25. September 1744

Die Verdienste Hallbergs zeigen sich auch daran, dass der neue Kurfürst Carl Theodor ihn ab 1. Januar 1743 in seinem Amt bestätigt und sein Jahresgehalt von 4.000 Gulden beibehält. Alle weiteren Minister werden sofort entlassen.

Für Carl Theodor arbeitet Hallberg krankheitsbedingt nur noch etwas mehr als ein Jahr. Er stirbt 1744 nach 37 Jahren im kurfürstlichen Dienst im Alter von 63 Jahren. Nach seinem Tod wird das Hofkanzler-Amt auf zwei Personen aufgeteilt.

Die Herrschaft Fußgönheim übernimmt sein ältester Sohn Johann Bernhard. Dieser erreicht nie das Format des Vaters. Er spielt keine Rolle in der Pfälzer Politik und stirbt 1787 kinderlos.

Jacob Tillmann von Hallberg wird neben seiner geliebten Frau in der dann 1780 abgebrochenen Mannheimer Garnisonskirche begraben (sie stand auf dem Toulonplatz vor dem Zeughaus). Im Jahr 1979 werden die Gebeine der Eheleute beim Bau der Tiefgarage C 5 geborgen und 2004 nach Fußgönheim zurückgeführt. Sie ruhen jetzt in der Gruft unter dem Altar des Schlosses (Abb. 19). Auf Hallbergs Grabplatte steht:

Er lebte als einer, der sich nicht fürchtete vor dem Sterben, er starb als einer, den das Leben nicht gereut hat.

Hallbergs Lebensleistung besteht darin, dass er unter Kurfürst Carl Philipp zusammen mit fünf weiteren Ministern durch hinhaltende Taktik und vorbildliche Diplomatie die Grundlagen für die kulturelle Blüte Mannheims und für eine 80-jährige Friedensphase in der Pfalz gelegt hat.

Abb. 19
Die Hallberggruft im Schloss Fußgönheim
Foto: Heimat- und Kulturkreis Fußgönheim, Karl Freidel

* Diese Ausarbeitung erfolgte 2016 für die Ausstellung „300 Jahre Kurfürst Carl Philipp und Hofkanzler Hallberg" in der Fußgönheimer Schloss-Galerie. Der Verfasser bedankt sich für die Bereitstellung der finanziellen Mittel beim Heimat- und Kulturkreis Fußgönheim. Dank gilt auch dem Ehrenvorsitzenden des HKK Herrn Karl Freidel und dem Vereinsmitglied Michael Müller für die Bereitstellung von Fotos sowie dem MAV-Vorsitzenden Prof. Dr. Wiegand für das Interesse an der Materie.

Die Quellen

Zu Hofkanzler von Hallberg existiert praktisch keine Literatur. Einzig im Standardwerk von Hans Schmidt finden sich brauchbare Angaben, etwas mehr in der Literatur zur Dorfgeschichte Fußgönheims. Hier hat sich der Fußgönheimer Heimatforscher Emil Hettich verdient gemacht, bei dem sich der Verfasser für die brauchbare und akribische Vorarbeit bedankt, ohne die dieser Artikel nicht so möglich gewesen wäre. Über Hallbergs Tätigkeit als pfälzischer Minister gibt es nur bruchstückhafte Angaben in schwer zu findenden Sekundärquellen.

Literatur

Görtz, Hans-Helmut: Der kurpfälzische Vizekanzler Johann Bartholomäus von Busch (1680-1739) und seine Familie. Freinsheim 2005

Emil Hettich: Porträt der Familie Hallberg mit besonderer Berücksichtlgung der „Herrschaft Fußgönheim", in: Ortsgeschichte der Gemeinde Fußgönheim. Bd. 2. Speyer 2001, S. 36-74

Hellmut G. Haasis: Joseph Süß Oppenheimer, genannt Jud Süß. Reinbek 1998

Karl Graf Kuefstein: Studien zur Familiengeschichte. IV. Teil. Wien und Leipzig 1908

Ernst Merk: Ortsgeschichte von Fußgönheim. Ludwigshafen 1925

Hans Schmidt: Kurfürst Karl Philipp von der Pfalz als Reichsfürst. Mannheim 1963

Hermann Wiegand: 1716-1742. Auf dem Weg zur Residenz unter Kurfürst Karl Philipp, in: Ulrich Nieß/Michael Caroli (Hrsg.): Geschichte der Stadt Mannheim. Bd. I, 1607-1801. Ubstadt-Weiher 2007, S. 332-371

Wilhelm Kreutz

Ein Hochzeitsgedicht für Johann Heinrich Jung-Stilling und Maria Selma (Salome) von St. George

15 (Kaisers)Lauterer Studenten gratulieren ihrem Professor zur Heirat[1]

Jung-Stilling – eine biographische Skizze

Vor zweihundert Jahren starb in Karlsruhe Johann Heinrich Jung, der sich in seiner verschlüsselten Autobiographie Heinrich Stilling nannte,[2] und als Jung-Stilling in die Annalen der (Literatur-) Geschichte einging (Abb. 1).[3] Sein durch zahlreiche private wie berufliche Wendungen geprägter Lebensweg, der den Siegerländer nach Dörpe, Straßburg, Remscheid, Elberfeld, Kaiserslautern, Heidelberg, Marburg und Karlsruhe führte, spiegelt wie kaum ein anderer die sozialen und geistigen Verhältnisse der Sattelzeit zwischen ausgehendem 18. und beginnendem 19. Jahrhundert wider. Geboren wurde Jung-Stilling am 12. September 1740 in Grund im Fürstentum Nassau-Siegen als Sohn des Schneiders, Landmessers und Lehrers Johann Helmann Jung (1716-1802) und dessen Ehefrau, der Pfarrerstochter Johanna Dorothea Katharina, geb. Fischer (1717-1742). Nach dem frühen Tod der Mutter lag seine Erziehung in den Händen seines streng calvinistisch-pietistischen Vaters. Bereits ab seinem 15. Lebensjahr und nach dem Besuch sowohl der Dorf- als auch der Lateinschule unterrichtete er selbst in benachbarten Dorfschulen und arbeitete in der häuslichen Schneiderei. 1763 verließ er sein Vaterhaus und trat in dem heute in der Wuppertalsperre versunkenen Dörpe als Hauslehrer und Kaufmannsgehilfe in die Dienste des begüterten Hammerwerksbesitzers und Fernhandelskaufmanns Peter Johannes Flender.

Nach sieben Jahren, in denen er – weitgehend autodidaktisch – nicht nur Französisch, Griechisch und Hebräisch lernte, sondern sich auch mit der Augenarztkunde beschäftigte, brach er im August 1770 nach Straßburg auf, um seinen langgehegten Wunsch, Medizin zu studieren, in die Tat umzusetzen. Hier fand er schnell Zugang zum Freundeskreis der Stürmer-und-Dränger um Johann Gottfried Herder, Johann Wolfgang Goethe, Jakob Michael Reinhold Lenz oder Johann Daniel Salzmann. Bereits nach zwei Jahren schloss er seine breit gefächerten naturwissenschaftlichen Studien mit der Promotion zum Doktor der Medizin ab und ließ sich 1772 in Elberfeld als praktischer Arzt nieder. Aber trotz seiner Erfolge als „Starauszieher" – er soll im Laufe seines Lebens rund 3.000 am Grauen Star Erkrankte operiert haben[4] – verleideten ihm seine wachsende finanzielle Misere und die nach vermeintlichen Behandlungsfehlern geweckten Ressentiments seiner Arztkollegen wie der Elberfelder Bürger den selbst gewählten Beruf. Einzige Lichtblicke waren am 22. Juli 1774 das Treffen mit Johann Wolfgang Goethe, Friedrich Heinrich Jacobi, Samuel Collenbusch, Johann Gerhard Hasenkamp und Johann Caspar Lavater, die am 5. Januar 1775 gegründete „Lesegesellschaft"[5] sowie der von Goethe veranlasste Druck des ersten Teils seiner Lebensbeschreibung „Heinrich Stillings Jugend", der 1777 erschien und ihn rasch bekannt machte. Die große Schuldenlast, die ihn in jenen Jahren drückte, war keineswegs allein auf allzu sorgloses Haushalten zurückzuführen, sondern unterstreicht die trostlose finanzielle Lage der Landärzte, die damals nur über wenige zahlungsfähige Patienten verfügten und wie Jung-Stilling häufig auf ihr Honorar verzichten mussten: Sein gesellschaftlicher Aufstieg vom Dorf- bzw. Hauslehrer und Handlungsgehilfen zum Doktor der Medizin ‚zahlte' sich pekuniär nicht aus.

Einen Ausweg aus dieser Notlage bot 1778 das Angebot des Mediziners und Botanikers Johann Casimir Medicus und des pfälzischen Kurfürsten Carl Theodor, an der neugegründeten Kameral Hohen Schule zu (Kaisers)Lautern (Abb. 2) eine Professur für Landwirtschaft, Technologie, Fabriken- und Handelskunde sowie Viehkunde zu übernehmen.[6] Jung-Stilling, der zuvor bereits einschlägige Aufsätze publiziert hatte, zog in die Westpfalz und errang bald pädagogische und publizistische Erfolge (Abb. 3). Das von ihm und seinen Kollegen entwickelte „Lautrer System" stieß zunächst in ganz Europa auf positive Resonanz. Da aber Jung-Stilling zudem für das Versuchsgut Siegelsbach zuständig war und die dortige landwirtschaftliche Produktion auf eigene Kosten zu steigern versuchte, stürzte ihn der Fehlschlag des Unternehmens erneut in Schul-

Abb. 1
Heinrich Jung-Stilling (1740-1817)
Stadtarchiv Karlsruhe, Bestand 8/PBS III/o0340

Abb. 2 (oben)
Historische Ansicht von Kaiserslautern
Stahlstich von J. Poppel nach einem Gemälde von R. Häfle von 1856
Privatbesitz WK

Abb. 3 (Mitte)
Titelseite des Drucks der Antrittsvorlesung Jung-Stillings in Kaiserslautern
1778
Universitätsbibliothek Heidelberg

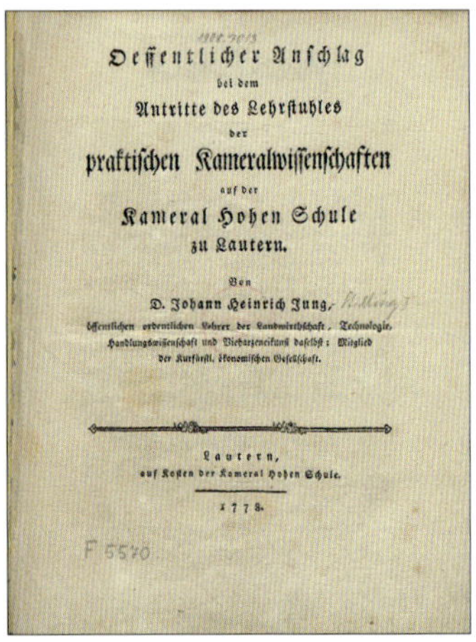

Oeffentlicher Anschlag
bei dem
Antritte des Lehrstuhles
der
praktischen Kameralwissenschaften
auf der
Kameral Hohen Schule
zu Lautern.

Von
D. Johann Heinrich Jung,
öffentlichen ordentlichen Lehrer der Landwirthschaft, Technologie, Handlungswissenschaft und Vieharzeneikunst daselbst: Mitglied der Kurfürstl. ökonomischen Gesellschaft.

Lautern,
auf Kosten der Kameral Hohen Schule.

1778.

Abb. 4 (rechts)
Karl Friedrich, der erste Großherzog von Baden (1728-1811)
Gemälde von Ludwig Kisling
1803
Mannheimer Altertumsverein

den. Dies beeinträchtigte das Renommee des Lautrer Professors, der sich allmählich auch mit den Ideen der Aufklärung und der Freimaurerei, die er zuvor heftig attackiert hatte, anfreundete.[7] Nachdem die Hohe Kameral Schule 1784 mit der Heidelberger Universität vereinigt worden war, übertrug man 1786 ausgerechnet ihm – dem Vertreter eines erst jüngst eingerichteten Fachs, dem Autodidakten und akademischen „homo novus", dem sozialen Aufsteiger sowie nicht zuletzt dem Protestanten – die ehrenvolle Aufgabe, anlässlich des 400. Geburtstags der Alma Mater die Festrede zu halten.[8] Ein Jahr später folgte der zum pfälzischen Hofrat Ernannte und zum Dr. phil. h. c. Promovierte dennoch dem Ruf auf eine Professur für ökonomische Wissenschaften an die Universität Marburg, die er bis 1803 innehatte, wenngleich die von ihm seit 1798 herausgegebene missionarische Volkszeitschrift „Der Graue Mann" und weitere religiöse Traktate bald das Misstrauen seiner Vorgesetzten erregten. Dessen ungeachtet fanden seine „Erbauungsschriften der Erweckung" in den Jahren der Revolutionskriege zahlreiche Leser,[9] allen voran den badischen Kurfürsten respektive Großherzog (Abb. 4), auf dessen Wunsch hin Jung-Stilling nach einem dreijährigen Intermezzo in Heidelberg (1803-1806) in das Schloss zu Karlsruhe umzog und bis zum Tod Karl Friedrich (1811) als dessen geistlicher Berater zur Seite stand.[10] Seinen weiteren gesellschaftlichen Aufstieg dokumentierte seine Ernennung zum Geheimen Großherzoglichen Hofrat, wohingegen sein großer Freundeskreis und seine wachsende Lesergemeinde seinen Erfolg als Schriftsteller der „Erweckung" unterstrichen. Am 2. April 1817 verstarb er in der badischen Residenz und wurde auf dem Alten Friedhof „im Lohfeld" begraben.

Von Rückschlägen gekennzeichnet war – trotz seines sozialen Aufstiegs – nicht nur sein beruflicher Werdegang, sondern auch sein Familienleben. Seine erste Ehefrau, Christine Catharine Heyder (1751-1781), die Tochter des Fabrikanten Johann Peter Heyder, starb drei Jahre nach der Übersiedlung des Ehepaares nach Kaiserslautern. Die beiden Kinder, Johanna Magdalena Margaretha (1773-1826) und Jakob (1774-1846) – ein drittes Kind war im Säuglingsalter verstorben – gab Jung-Stilling in Pflege und versuchte nach der angemessenen Trauerzeit, eine vermögende Gattin zu finden, die ihm aus seiner finanziellen Misere heraushelfen würde. Doch seine Bemühungen blieben ohne Erfolg, sodass sein pfälzischer Freundeskreis, allen voran die in Speyer lebende Schriftstellerin Sophie von La Roche, sich der Sache annahm. Sie teilte Jung-Stilling mit, dass die 1760 in Wiesbaden als Tochter des öttingen-wallersteinischen Kammerdirektors Johann Wilhelm von St. George geborene und zeitweise bei ihrem Bruder in Speyer lebende Maria Salome (genannt Selma) von St. George die geeignete Ehekandidatin sei. Die Vermittlung war erfolgreich, aber auch dieser Ehe war keine lange Dauer beschieden: Maria

Wilhelm Kreutz

Salome, die sechs Kinder gebar, von denen nur eines das Erwachsenenalter erreichte,[11] starb am 23. Mai 1790. Noch im gleichen Jahr heiratete Jung-Stilling Elisabeth Coing (1756-1817), die Tochter des Marburger Theologieprofessors Johann Franz Coing (1725-1792) aus Siegen. Dieser Ehe entstammten vier Kinder: Neben der früh verstorbenen Lubecke (1791-1794), der Sohn Christian Ludwig (1795-1853) und die Töchter Christine (1799-1869) sowie Amalie Elisabeth Sophie (1796-1860), die spätere Erzieherin der Töchter von Großherzogin Stephanie sowie Leiterin des Höheren Töchterinstituts in Mannheim. Bis zu seinem Tod am 2. April 1817 stand Jung-Stilling an den Gräbern von sieben seiner 13 Kinder und seiner drei Ehefrauen; seine letzte Gattin überlebte er um ganze elf Tage.

Jung-Stillings Heirat mit Maria Salome von St. George

Im Gegensatz zu den beiden anderen Eheschließungen sind wir über Jung-Stillings zweite Heirat, über deren bereits skizzierte Anbahnung und deren Zeremonie nicht allein nur durch ihn informiert. Die Hochzeit fand am 14. August 1782 in Kreuznach im Haus einer Tante der Braut statt. Die Predigt hielt der Heidelberger Theologieprofessor Daniel Ludwig Wundt[12] und bei der Rückreise nach Kaiserslautern überreichten 15 Studenten der dortigen Hochschule den frisch Vermählten ein Hochzeitsgedicht (Abb. 5), dessen Pathos im Stil Klopstocks den Zeitgeschmack trefflich widerspiegelt: „Dem / wohlgebohrnen Herrn / Herrn [sic!] D. Johann Heinrich / Jung / Ordentlichen öffentlichen Lehrer der Landwirthschaft, / Technologie, Handlung und Vieharzneikunde etc. etc. / auf der Kameral Hohen Schule zu Lautern / und dem / Wohlgebohrnen Fräulein / Maria Selma / von St. George / widmen dieses bei Ihrer am 16ten Erndemonat 1782 / vollzogenen Eheverbindung / nachstehende / Burger der Kameral Hohen Schule [...], Mannheim, gedruckt in der kurfürstl[ichen] Hof- und Akademiedruckerey [1782]:

Umkränzet Gespielen! Das Haupt mit Blumenkränzen der Flur
Singet vereint, beim blinkenden Kelchglas, den Reigengesang.
Dem Wonnetrunkenen Bräutigam,
Und der Schönsten unserer Bräute!

Willkommen festlicher Morgen, willkommen glänzende Sonn!
Eile, ström Wonne und Entzückung aus auf unsern Edlen,
Lang weiltest du vielleicht schon Ihm, eil
Und führ Ihn in die Arme Selma's!

Siehe, schon weckt zärtliche Liebe Sie aus leisem Schlummer,
Wo sanfte Träume Sie umschwebten; dem Lager kaum entschlüpft,
Stehet Sie da im Brautgewandte,
Wie die junge Rose des Maien.

Nun sitzt Sie einsam, in der Röthe des Morgens, mit Thränen
Der Freude im Aug, an der Stelle, wo der Geliebteste
Einst, in seelige Wonn versunken,
Das erstemal Ihr am Herzen lag;

Mit glühender Wange, und bebendem Busen, wartet Sie
Ihres Treuesten, mit welchem Sie nun bald, vor Jehovens
Heiligstem Altar, soll durch einen
Ewigen Bund vereinigt werden.

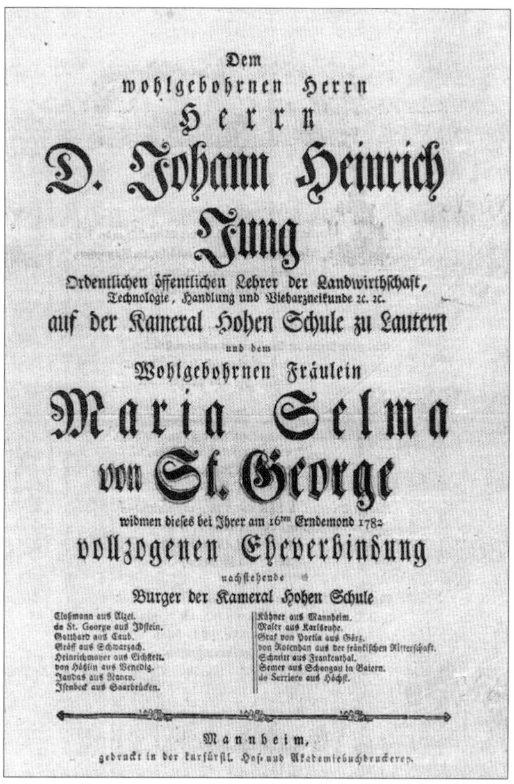
Dem
wohlgebohrnen Herrn
Herrn
D. Johann Heinrich
Jung
Ordentlichen öffentlichen Lehrer der Landwirthschaft,
Technologie, Handlung und Vieharzneikunde ꝛc. ꝛc.
auf der Kameral Hohen Schule zu Lautern
und dem
Wohlgebohrnen Fräulein
Maria Selma
von St. George
widmen dieses bei Ihrer am 16ten Erndemond 1782
vollzogenen Eheverbindung
nachstehende
Burger der Kameral Hohen Schule

Closmann aus Alzei.	Kühner aus Mannheim.
de St. George aus Idstein.	Maler aus Karlsruhe.
Gotthard aus Caub.	Graf von Portia aus Görz.
Gröff aus Schwarzach.	von Rotenhan aus der fränkischen Ritterschaft.
Heinrichmayer aus Eichstett.	Schmitt aus Frankenthal.
von Häßlin aus Venedig.	Semer aus Schongau in Baiern.
Jaudas aus Nancy.	de Serriere aus Höchst.
Isenbeck aus Saarbrücken.	

Mannheim,
gedruckt in der kurfürstl. Hof- und Akademiebuchdruckerey.

Abb. 5
Titelblatt des Hochzeitsgedichtes
Universitätsbibliothek Tübingen

Still! Sie athmet leis; welch Geräusch dringt zum lauschenden Ohr?
Schwer zittert empor Ihr jugendlicher Busen: Ach! Er kommt,
Schon hallet von Ihm in dem Gemach,
Der theure süse Name Selma!

Mit geflügelten Tritten eilt Er hin an Ihre Brust,
Drückt feurige Küsse auf den rosigen süßen Mund,
Und mit trunkenem stammelndem Laut
Nennt Er Sie wieder Seine Selma!

Der, welcher Ihre Seelen, in Edenischen Gefilden
Dort, so ähnlich erschuf, Sie mit seegnendem Hauch zur Liebe
Weihte, vereinigt sie hier wieder,
Und führt Sie vor seinen Altar.

Umwindet Gespielen! Das Haupt mit Blumenkränzen der Flur;
Stimmt an, mit erhöhter jauchzender Stimme, den Reigengesang,
Dem wonnetrunkenen Bräutigam,
Und der Schönsten unserer Bräute!

Sehet, die Liebenden eilen zu uns durch bunte Thäler,
Wohnten dann bei uns in den Hütten der Liebe, und im Arme
Der Freundschaft: Auf! Ihnen entgegen,
Empfangt Sie mit seegnenden Wünschen!

Willkommen, glückliches seeliges Paar, im frohen Kreise
Zärtlicher Freunde, die hier vereint, sich freuen Eures Glücks
Und Eurer tugendhaften Liebe.
Willkommen in friedlichen Thälern!

Ruhe lächle Euch stets auf Euren Wegen; auf jedem Pfad
Den Ihr durch dieses Leben hier wandelt, begleite Euch Glück,
Frieden der Seele, mit Bewußtseyn
Innern Werths, das eitlen Schimmer haßt,

Jedes gütige Morgenlicht erneure Eurer Liebe
Festlichen Bund, schenkt Euch Wonn im Genuß häuslicher Freuden,
Im Zirkel vertraulicher Freunde,
Und im Kreis' liebreizvoller Kinder.

Dann lehrest auch Du uns Edelster, mit Freude im Busen,
Weisheit und Tugend, zeigst uns die Bahn die wir laufen sollen,
Um nach dem Ziele zu gelangen
Mit Thätigkeit und Vaterliebe. –

Auf nun Gespielen! Kehrt zurück in die Wohnung der Freude
Feiert den festlichen Tag und die noch festlichere Nacht!
Rauschende Saitenspiele tönen
Schon unserm Ohr, und locken zum Tanz.

Sehet, schon blinkt in Osten Cynthia, und leuchtet uns zur Freude;
Bald winkt auch Hesperus den Liebenden zum Brautfeste,
Und uns Aurora vom Tanz zur Ruh
„Doch Göttin, laß es späte tagen!"

Das Epithalamium ist streng aufgebaut: Seine 16 asklepiadeischen Strophen setzen sich aus jeweils zwei 15-silbigen und zwei neunsilbigen Versen zusammen, bleiben aber reimlos, wie in den klassischen, so auch in den späteren Formen der Ode üblich. Der pathetische Stil ist ebenso epigonal und konventionell wie die Bilder und Metaphern des Hochzeitsgedichts, das in zwei achtstrophige Hälften gegliedert ist: Drei Verse der ersten und der achten Strophe sind nahezu identisch. Dabei thematisieren die Strophen zwei bis sieben das Erwachen der Brautleute am „festlichen Morgen" vor der Hochzeit und die Strophen neun bis 16 die Zeit nach der Trauzeremonie, das sich anschließende Fest und nicht zuletzt die Brautnacht. Dass der Autor (die Autoren) dabei auf die in Hochzeitsgedichten oft festzustellenden Anzüglichkeiten verzichtet (verzichten), überrascht angesichts des Adressaten nicht. Die letzte Strophe macht dies mit ihren Bezügen zur griechisch-römischen Götterwelt deutlich: Den Abend „[be] leuchtet" die Mondsichel der „im Osten [blinkenden] Cynthia", das „Brautfeste" der Liebenden beleuchtet der Abendstern „Hesperus", wohingegen die Morgenröte, „Aurora", das – hoffentlich späte – Ende des Tanz- und Freudenfests ankündigt. Der letzte Vers – „Doch Göttin, laß es späte tagen!" – ist ein nicht ganz wörtliches Zitat aus Ewald Christian von Kleists „An die Morgenröthe",[13] ‚entschärft' aber bemerkenswerterweise dessen Aussage: Bittet bei Kleist der Mann, „wann Chloe bei mir ruht", die Morgenröte, den Tag „später" beginnen zu lassen, so sind es im vorliegenden Gedicht die Feiernden, die – durchaus auch im Interesse der Eheleute – um eine Verlängerung der Nacht bitten.

Auffällig, aber wenig überraschend, ist zudem, dass die Charakterisierung der „Schönsten der Bräute" nicht über Allgemeinplätze hinauskommt, der Bräutigam hingegen deutlichere Kontur gewinnt. Ob der fast 42-jährige Witwer allerdings in Anbetracht seines Alters, seiner leidvollen Ehe mit einer unter epileptischen Anfällen leidenden Ehefrau oder der keineswegs romantischen Eheanbahnung tatsächlich „wonnetrunken" war, ist zu bezweifeln. Aber Formulierungen wie diese waren dem Genre und dem empfindsamen Pathos der Zeit geschuldet. Kein Zufall ist hingegen in Vers 14 die Verbindung von häuslichem Glück und freudiger akademischer Lehre: „Dann lehrest auch Du uns Edelster, mit Freude im Busen, / Weisheit und Tugend, zeigst uns die Bahn, die wir laufen sollen, / Um nach dem Ziele zu gelangen / Mit Thätigkeit und Vaterliebe. – " Ebenso wenig zufällig sind im zweiten Vers mit „Weisheit" und „Tugend" zwei Ideale der Freimaurerei genannt, wie es – um nur ein Beispiel zu nennen – in einem 1776 gedichteten Freimaurerlied heißt: „Der ist's, den unser Orden liebt, / Der Weisheit, Kunst und Tugend übt".[14] Denn der Hochzeitstermin lag nur wenige Wochen vor der Errichtung der Kaiserlauterer Bauhütte. Am 1. Oktober 1792 gründete das Mannheimer Kapitel der Loge „Karl zur Eintracht" dort ihre „Deputationsloge Karl August zu den drei Flammen", der Jung-Stilling und mit Franz Xaver Heinrichmayr, Johann Jakob Kühner, Reichsfreiherr zu Rotenhan und Engelbert Martin Semer mindestens vier seiner Studenten beitraten,[15] die ein Jahr später auch der Kaiserslauterer Niederlassung des Illuminatenbunds angehörten.[16]

Die (Kaisers)Lauterer Studenten

Wer aber waren die 15 „Burger" der Kaiserslauterer Hochschule, die Jung-Stilling und seiner Ehefrau das Epithalamium widmeten und was wurde aus ihnen? Die Arbeiten Oskar Pollers und Alexandra Plettenbergs geben hierüber mehr oder minder genauen Aufschluss.[17]

1. „Cloßmann aus Alzei" – C. Philipp Ludwig Cloßmann; er wurde am 9. Oktober 1753 in Mannheim als Sohn des Hofkammerrats und Kellers Johann Georg Cloßmann aus Alzey geboren. Nach seinem Studium trat der junge Kameralist in den Dienst Carl Theodors und wurde als Wirklicher Regierungsrat in Amberg am 25. Mai 1790 vom Kurfürsten in den Adelsstand erhoben. Er starb am 5. März 1832 als Königlich Bayerischer Hofgerichtsrat in Ansbach.[18]

2. „[D]e St. George aus Idstein" = Franz Georg Ludwig von St. George; er wurde 1760 in Wiesbaden als Sohn des Nassauisch-Saarbrückener Archivrats Friedrich Ferdinand von St. George geboren. Er war ein Cousin der zweiten Ehefrau Jung-Stillings und avancierte nach seinem Studium zuerst zum Kabinettssekretär und danach zum Kabinettskanzlei- und Hofmarschallamtsdirektor des Fürsten Friedrich Wilhelm zu Nassau-Weilburg. Er starb als Hofrat 1843 in Kirchheimbolanden.[19]

3. „Gotthard aus Caub" = Georg Wilhelm Gotthard; er stammte aus dem kurpfälzischen Kaub am Rhein, wo sein Vater Kommerzienrat und geistlicher Administrationskollektor war.[20]

4. „Gräff aus Schwarzach" = Karl Ludwig Graf; er wurde am 10. Februar 1760 als Sohn des ersten Kammerdieners des Fürsten von Hohenlohe-Neuenstein und Adjunkt der Kellerei Schwarzach in Eberbach geboren.[21]

5. „Heinrichmayer aus Eichstett" = Franz Xaver Heinrichmayr; er wurde 1754 in Kronheim/Eichstätt als Sohn eines Land- und Gastwirts geboren. Nach seinem Studium wurde er 1785 Fürstbischöflicher Hofrat in Eichstätt und avancierte nach dem Anschluss an Bayern zum Finanzrat.[22]

6. „[V]on Hößlin aus Venedig" = Sebastian Andreas Balthasar von Hößlin; er wurde am 28. Oktober 1759 in Augsburg als Sohn des dortigen Patriziers und Handelsmann in Venedig Balthasar von Hößlin geboren. Nach seinem Studium war er Königlich Bayerischer Baudirektor in Augsburg.[23]

7. „Jaudas aus Nancy" = Felix Jaudas; er wurde am 14. September 1755 in Saarburg als Sohn des gleichnamigen Forstmeisters geboren und arbeitete bereits als geistlicher Administrationsschaffner. Er besuchte das Institut in Kaiserslautern, um sich fortzubilden.[24]

8. „Isenbeck aus Saarbrücken" = Karl Daniel Isenbeck; er wurde am 18. Januar 1763 in Saarbrücken als Sohn des Hofrats und Stiftsamtmanns in St. Arnual bei Saarbrücken geboren. Nach seinem Studium trat er die Nachfolge seines Vaters an.[25]

9. „Kühner aus Mannheim" = Johann Jakob Kühner; er wurde am 12. April 1759 in Mannheim als Sohn des Predigers Johann Caspar Kühner geboren und studierte neben Ökonomie außerdem in Heidelberg Jura.[26]

10. „Maler aus Karlsruhe" = Ernst Ludwig Maler; er wurde am 12. August 1762 in Karlsruhe als Sohn des Kirchenrats und Rektors des Karlsruher Gymnasiums Jakob Friedrich Maler geboren, der bereits 1764 verstarb. Nach seinem Studium trat Ernst Ludwig in den badischen Staatsdienst ein und übernahm 1788 die Rüppurer-Kammer-Guts-Administration.[27]

11. „Graf von Portia aus Görz" = Alfons Gabriel von Portia; er wurde am 19. Januar 1761 als Sohn des Kaiserlich-Königlichen Kammerherrn und Politischen Rats Graf Alfons Anton Ambros von Portia aus Görz geboren und war Kammerknabe Carl Theodors. Später avancierte er zum Kurpfalz-Bayerischen Kammerherrn, zum Kaiserlich-Königlichen Gubernialrath und Ständischen Verordneten in Friaul. Er starb am 20. April 1835 in Görz.[28]

12. „[V]on Rotenhan aus der fränkischen Ritterschaft" = Reichsfreiherr Sigmund Johann Christoph Friedrich von Rotenhan; er wurde am 31. März 1761 in Rentweinsdorf als Sohn des Kurfürstlich Mainzischen Rats, Kammerherrn und Ritterhauptmanns des Kantons Baunach in Franken Johann Friedrich von Rotenhan geboren und hatte vor seinem Studium die Stuttgarter Karlsschule besucht. Nach Abschluss seiner Studien wurde er Königlich Preußischer, Königlich Bayerischer und Großherzoglich Hessischer Kammerherr sowie Kurbrandenburgischer Erbunterkämmerer des Fürstentums Bamberg.[29]

13. „Schmitt aus Frankenthal" = Johann Peter Schmitt; er wurde 1760 als Sohn des Kaufmanns Franz Schmitt in Frankenthal geboren.[30]

14. „Semer aus Schongau in Baiern" = Engelbert Martin Semer; er wurde am 8. November 1759 als Sohn des Weingastwirts Ulrich Semer im bayerischen Schongau geboren. 1786 avancierte er zum Extraordinarius, 1790 zum Ordinarius der Staatswirtschaft der inzwischen nach Heidelberg verlegten Hohen Schule.[31]

15. „[D]e Serriere aus Höchst" = Franz Gottfried Josef de Serriere; er wurde am 30. Juni 1757 in Höchstädt an der Donau als Sohn des Hauptmanns im Kurpfälzisch Harscampischen Regiment zu Fuß Andreas de Serriere geboren.[32]

Das Tableau der das Ehepaar Jung-Stilling beschenkenden Studenten spiegelt den Erfolg der Kameral-Hohen-Schule wider, die Studierende aus ganz Süddeutschland anzog. Nur fünf Studenten stammten aus den kurpfälzischen Orten Alzey, Frankenthal, Höchstädt (vormals Pfalz-Neuburg), Kaub und Mannheim, die restlichen zehn aus benachbarten Territorien wie der Markgrafschaft Baden, den Grafschaften Nassau-Saarbücken und Hohenlohe-Neuenstein bzw. Hohenlohe-Öhringen, dem fränkischen Ritterkanton Baunach, der Reichsstadt Augsburg, dem Kurfürstentum Bayern, dem Fürstbistum Eichstätt sowie dem Bistum Nancy-Toul. Zudem erreichten alle, deren weiterer Lebensweg bekannt ist, in ihren jeweiligen Territorien vergleichsweise hohe Verwaltungspositionen, sodass das ursprüngliche Ziel der Kaiserslauterer Hochschulgründung, für die unterschiedlichen Administrationen fähige Beamte auszubilden, durchaus erreicht wurde. Dies aber wird die nach ihrer Zusammenkunft mit dem Hochzeitspaar Feiernden wohl kaum interessiert haben.

1 Aus Universitätsbibliothek Tübingen DkXI5 fol. 097/0001.

2 Johann Heinrich Jung-Stilling: Lebensgeschichte. Vollständige Ausgabe, mit Anmerkungen hrsg. von G. A. Benrath, 3. durchges. u. verb. Aufl., Darmstadt 1992.

3 Zur Biographie Jung-Stillings vgl. zuletzt: O. W. Hahn: Johann Heinrich Jung-Stilling, Wuppertal 1990; M. Völkel: Jung-Stilling. Ein Heimweh muß doch eine Heimat haben. Annäherungen an Leben und Werk 1740-1817, Nordhausen 2008; G. Schwinge: Johann Heinrich Jung-Stilling (1740–1817), „Patriarch der Erweckung". Beiträge aus 26 Jahren Jung-Stilling-Forschung, Heidelberg u.a. 2014; G. Merk:

Jung-Stilling. Ein Umriss seines Lebens, 4. verb. Aufl., Siegen 2015. Auf Belege zu Jung-Stillings Lebensweg wird im Folgenden aus Platzgründen verzichtet; siehe hierzu die „Lebensgeschichte", wie Anm. 2, und die hier genannten Publikationen.

4 Johann Heinrich Jung-Stilling: Geschichte meiner Staar Curen und Heylung anderer Augenkrankheiten, hrsg. von G. Berneaud-Kölz, Siegen 1992.

5 E. Illner: Bürgerliche Organisierung in Elberfeld 1785–1850, Neustadt/Aisch 1982, S. 32ff.

6 Vgl. O. Poller: Kameral-Hohe-Schule zu Lautern 1774-1784. Staatswirtschafts-Hohe-Schule zu Heidelberg 1784-1804, Ludwigshafen 1979, S. 30ff.; A. Plettenberg: Die Hohe-Kameral-Schule zu Lautern 1774-1784, Diss. Masch. München 1983, S. 128ff.

7 Vgl. R. Vincke: Jung-Stilling und die Aufklärung. Die polemischen Schriften Johann Heinrich Jung-Stillings gegen Friedrich Nicolai (1775/76), Stuttgart 1987; O. W. Hahn: Jung-Stilling zwischen Pietismus und Aufklärung. Sein Leben und literarisches Werk, Frankfurt u.a. 1988; Jung-Stilling: Arzt – Kameralist – Schriftsteller zwischen Aufklärung und Erweckung. Eine Ausstellung der Badischen Landesbibliothek in Zusammenarbeit mit der Stadt Siegen, Siegerlandmuseum und in Verbindung mit dem Generallandesarchiv Karlsruhe. Ausstellungskatalog, Karlsruhe 1990.

8 Vgl. Heinrich Jung-Stilling: Über den Geist der Staatswirtschaft. Nachwort v. R. Düchting, Heidelberg 1990.

9 Vgl. G. Schwinge: Jung-Stilling als Erbauungsschriftsteller der Erweckung. Eine literatur- und frömmigkeitsgeschichtliche Untersuchung seiner periodischen Schriften 1795-1816 und ihres Umfelds, Göttingen 1994.

10 Vgl. G. Schwinge: Jung-Stillings letzte Lebensjahre in Karlsruhe, 1806–1817, in: Badische Heimat 97 (2017), S. 185-194.

11 Das Erwachsenenalter erreichte Caroline (1787-1821); 1802 starb die Tochter Elisabeth, genannt Lisette, die nach dem Tod der Mutter im Haus des mit Jung-Stilling befreundeten Kirchenrats, Aufklärers, Freimaurers und Illuminaten Johann Friedrich Mieg aufwuchs.

12 Daniel Ludwig Wund: Vierzehnte Predigt. Das Glück der ehelichen Freundschaft. Bey der Trauung des Herrn Heinrich Jung, Professors an der Kameral=Hochschule zu Lautern, mit Jungfer Marie Salome von St. George, in: Sammlung einiger Predigten, gröstentheils bei besonderen Gelegenheiten gehalten, Heidelberg 1784, S. 282-292.

13 An die Morgenröte: Aurora, fahr herauf auf deinem goldnen Wagen, / Da ich vor Lieb und Schmerz nicht schlafen kann! / Wann Chloe bei mir ruht, dann halt die Zügel an, / Dann, Göttin, laß es später tagen.

14 Zitiert nach F. Maurer: Vollständiges Gesangbuch für Freimaurer. Zum Gebrauch der großen National=Mutter=Loge zu den drei Weltkugeln in Berlin und aller mit ihr vereinigten Logen in Deutschland, Berlin 1801, S. 131.

15 Die Dokumente der ersten Kaiserslauterer Loge galten bereits im 19. Jahrhundert als verloren oder verschollen; wenige Hinweise enthält W. Schwarz: Geschichte der gerechten und vollkommenen St. Johannes-Loge „Karl zur Eintracht" in Mannheim. [...], Mannheim 1896, S. 47f.

16 Vgl. H. Schüttler: Die Mitglieder des Illuminatenordens 1776-1787/93, München 1991; W. Kreutz: Die Illuminaten des rheinisch-pfälzischen Raums und anderer außerbayerischer Territorien. Eine ‚wiederentdeckte' Quelle zur Ausbreitung des radikal aufklärerischen Geheimordens in den Jahren 1781 und 1782, in: Francia 18/2 (1991), S.115-149; Wiederabdruck in: Der Illuminatenorden (1776-1785/87), hrsg. von H. Reinalter (= Schriftenreihe der Internationalen Forschungsstelle „Demokratische Bewegungen in Mitteleuropa 1770-1850", Bd. 24), Frankfurt am Main-Berlin-Bern-New York-Paris-Wien 1997, S.79-124. Jetzt auch bei: www.francia-online.net.

17 Siehe Poller; wie Anm. 6, und Plettenberg, wie Anm. 6.

18 Poller, wie Anm. 6, S. 81f. u. Plettenberg, wie Anm. 6, S. 213f.

19 Poller, wie Anm. 6, S. 254f. u. Plettenberg, wie Anm. 6, S. 211.

20 Poller, wie Anm. 6, S.119 u. Plattenberg, wie Anm. 6, S. 214.

21 Poller, wie Anm. 6, S. 120 u. Plettenberg, wie Anm. 6, S. 209; sie gibt an, Graf sei 1759 in Eberbach geboren.

22 Poller, wie Anm. 6, S. 147 u. Plettenberg, wie Anm. 6, S.215; das hier angegebene Geburtsdatum (1782) ist falsch.

23 Poller, wie Anm. 6, S. 157 u. Plettenberg, wie Anm. 6, S. 209f.

24 Poller, wie Anm. 6, S. 164 u. Plettenberg, wie Anm. 6, S. 215.

25 Poller, wie Anm. 6, S. 162.

26 Poller, wie Anm. 6, S. 186.

27 Poller, wie Anm. 6, S. 198 u. Plettenberg, wie Anm. 6, S. 210.

28 Poller, wie Anm. 6, S. 229.

29 Poller, wie Anm. 6, S. 250f. u. Plettenberg, wie Anm. 6, S. 215ff.

30 Poller, wie Anm. 6, S. 263 u. Plettenberg, wie Anm. 6, S. 212.

31 Poller, wie Anm. 6, S. 52f. u. S. 272.

32 Poller, wie Anm. 6, S. 272 u. Plettenberg, wie Anm. 6, S. 207.

Jörg Kreutz

Zu Collinis Berufung an den Mannheimer Hof

Drei unbekannte Dokumente (Abb. 1)[1]

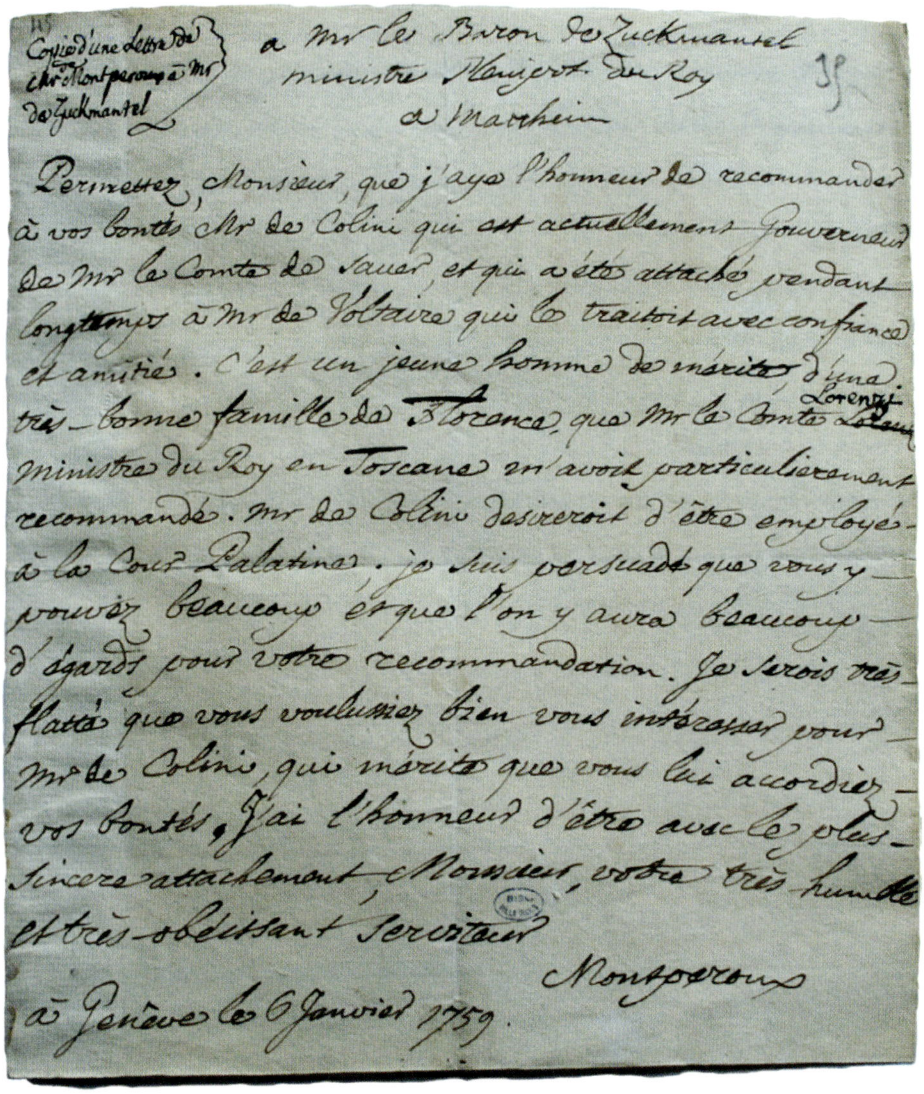

Copie d'une Lettre de Mr de Montperoux à Mr de Zuckmantel

a Mr le Baron de Zuckmantel
ministre Plenipot. du Roy
a Manheim

35

Permettez, Monsieur, que j'aye l'honneur de recommander à vos bontés Mr de Colini qui est actuellement Gouverneur de Mr le Comte de Sauer, et qui a été attaché pendant longtemps à Mr de Voltaire qui le traitoit avec confiance et amitié. C'est un jeune homme de mérite d'une très bonne famille de Florence, que Mr le Comte Lorenzi ministre du Roy en Toscane m'avoit particulierement recommandé. Mr de Colini desireroit d'être employé à la Cour Palatine. je suis persuadé que vous y pouvez beaucoup et que l'on y aura beaucoup d'égards pour votre recommandation. Je serois très flatté que vous voulussiez bien vous intéresser pour Mr de Colini, qui mérite que vous lui accordiez vos bontés. J'ai l'honneur d'être avec le plus sincere attachement, Monsieur, votre très humble et très obéissant Serviteur

Montperoux

à Genève le 6 Janvier 1759.

Abb. 1
Brief 1: BHVP, Ms. Res. 57, Nr. 35
Jean Etienne de Montpéroux an Franz Anton von Zuckmantel
Genf, 6. Januar 1759
Bibliothèque Historique de la Ville de Paris

Die „Bibliothèque Historique de la Ville de Paris" verwahrt in ihrer Handschriftensammlung ein Konvolut von 128 Briefen und Dokumenten,[2] die aus dem Nachlass des einstigen Sekretärs von Voltaire und lange in Mannheim wirkenden Gelehrten Cosimo Alessandro Collini (1727-1806; Abb. 2) stammen.[3] Unter diesen mit handschriftlichen Anmerkungen Collinis versehenen Dokumenten und Korrespondenzen, die in großen Teilen bereits in der 1807 postum veröffentlichten Autobiographie „Mon séjour auprès de Voltaire et lettres inédites que m'écrivit cet homme célèbre jusqu'à la dernière année de sa vie"[4] veröffentlicht und (fast vollständig) in der von Theodore Besterman seit dem Ende der 1960er Jahre herausgegebenen „definitive edition" der „Correspondence and related documents" der „Oeuvres complètes de Voltaire" ediert worden sind,[5] finden sich überraschenderweise auch drei Schriftstücke zur Biographie Collinis aus dem Jahr 1759 (Abb. 2), die keine Aufnahme in Bestermans Ausgabe gefunden haben.[6] Die Gründe, warum dies unterblieb, lassen sich nicht mehr klären. Zu vermuten ist, dass man diesen Quellen, die bislang nicht in den Fokus der Forschung gelangt sind, für die Biographie Voltaires offenbar keine Bedeutung beigemessen hat. Gleichwohl sind sie aber für die Collini-

Forschung von Wichtigkeit, bieten sie doch wertvolle Einblicke in die Umstände seiner Berufung an den kurpfälzischen Hof im Jahre 1759. Im Nachfolgenden werden diese Dokumente, die im Anhang vollständig ediert werden, deshalb näher analysiert und in den biographischen Kontext eingeordnet.

Spätestens im Sommer 1758 – nach Voltaires zweitem Aufenthalt am Mannheimer Hof – konkretisierten sich die Pläne Collinis, in der Kurpfalz eine Anstellung zu suchen.[7] Hierfür benötigte er die Unterstützung des Dichters. Voltaire wandte sich deshalb im Anschluss an ihr zweites Treffen in Straßburg im August an Carl Theodors Kammerdiener Nikolaus (von) Pierron. Am 2. September 1758 teilte Voltaire seinem Schützling, der sich seit 1756 in der elsässischen Universitätsstadt Straßburg als Hofmeister im Hause des steirischen Grafen von Sauer verdingen musste, mit, dass der pfälzische Kurfürst ihm die Anwartschaft auf die nächste freie Stelle bei Hofe zugesagt habe.[8] Gleichwohl gestaltete sich die Angelegenheit äußerst schwierig und zog sich mehr als ein Jahr in die Länge. Erst nachdem sich Collini Ende Oktober bzw. Anfang November 1759 persönlich bei Carl Theodor vorgestellt hatte und diesen von seinen besonderen Qualitäten hatte überzeugen können, sollte sich sein Wunsch erfüllen. Im Dezember 1759 konnte er endlich Straßburg in Richtung Mannheim verlassen.

In diesen ungewissen Monaten baute Collini neben der Unterstützung Voltaires und dessen Mannheimer Gewährsmann Pierron auf weitere Helfer und Vermittler, wie die im Anhang publizierten Briefe belegen. Zu diesen zählte der französische Gesandte in Genf, Jean Etienne de Montpéroux,[9] den er seit seinem „séjour auprès de Voltaire“ kannte, und der Straßburger Freundeskreis von Voltaire um dessen langjährige Vertraute, die Comtesse Marie Ursule de Lutzelbourg.[10]

Trotz der im September 1758 in Aussicht gestellten ersten freien Stelle hatte sich bis zum Ende des Jahres allerdings nichts Konkretes für Collini in der Kurpfalz ergeben. Ungeduldig wartete er in Straßburg auf eine Entscheidung, wie seine Korrespondenz mit Voltaire zeigt, der ihn immer wieder vertrösten musste.[11] Voltaires Nichte Madame Denis brachte sogar am 5. Januar 1759 kurzfristig ein Engagement am Hof der Herzogin von Sachsen-Gotha ins Gespräch.[12] Montpéroux, den er im Sommer wohl als Ersten überhaupt in seine Mannheim-Pläne eingeweiht und der ihn bestärkt hatte, die Unterstützung Voltaires in Anspruch zu nehmen,[13] startete zum Beginn des Jahres 1759 – offenbar in Abstimmung mit Madame Denis und Collini – eine neue Initiative. Am 7. Januar 1759 verfasste er ein Empfehlungsschreiben für Collini an den französischen Gesandten in Mannheim, Baron Franz Anton von Zuckmantel,[14] und empfahl diesem nachdrücklich den jungen Italiener aus noblem Haus, den er als „Monsieur de Colini“ titulierte.[15] Zugleich bat er Zuckmantel, sich für Collini bei Hofe zu verwenden. Dabei verwies er nicht nur auf dessen mehrjähriges Engagement bei Voltaire, sondern auch auf dessen vornehme Herkunft, wie ihm wiederum der französische Gesandte in Florenz, Conte Luigi Lorenzi,[16] ausdrücklich bestätigt habe.

Die Bedeutung des ‚offiziellen' Empfehlungsschreibens von Montpéroux, das in Abschrift überliefert ist, darf keinesfalls gering geschätzt werden, stellte es doch – von dritter Seite – dem jungen Florentiner Patriziersohn ein überaus positives Zeugnis aus, das durch die Rückversicherung Lorenzis noch verstärkt wurde. Dass Lorenzi sich erneut für Collini einsetzte, überrascht freilich. Denn schon zu Beginn der 1750er Jahre hatte Lorenzi, der zu den Korrespondenzpartnern Voltaire gehörte, bereits für den damals in Berlin vergeblich auf eine Anstellung wartenden Collini ein Empfehlungsschreiben verfasst, das letztlich mitverantwortlich dafür war, dem Toskaner im April 1752 eine Anstellung als Kopist und Vorleser bei Voltaire zu ermöglichen. Und dies, obwohl er in seiner Heimat in einen Gesellschaftsskandal verwickelt war.[17] Das Schreiben lässt indessen offen, ob Montpéroux überhaupt mit Lorenzi persönlich in Kontakt stand und ob dieser tatsächlich ein erneutes Empfehlungsschreiben für Collini ausgestellt hatte, wie der Brief suggeriert. Eindeutige Quellenbelege fehlen hierfür. Viel wahrscheinlicher ist demgegenüber die Vermutung, dass man Lorenzis früheres Empfehlungsschreiben, das auch Madame Denis bekannt gewesen sein musste, für diesen Zweck noch einmal ‚bemühte'. Immerhin war Montpéroux als Gesandter glaubwürdig und niemand wäre auf die Idee gekommen, seine Darstellung in Zweifel zu ziehen.

Der neuerliche Vorstoß von Montpéroux unterstreicht, wie wichtig die gesellschaftlichen Kon-

Abb. 2
Cosimo Alessandro Collini
Elfenbeinminiatur
Ehemals im Familenbesitz
Fotografie von Wilhelm Pöllot
rem

takte Voltaires für Collini waren. Dies gilt insbesondere für Voltaires Straßburger Freundeskreis, in den Collini bestens integriert war. Denn das Empfehlungsschreiben von Montpéroux an Zuckmantel sollte über dessen Schwester in Straßburg, Barbe Wilhelmine Charlotte von Zuckmantel-Brumath,[18] die dem Konvent der Chorfrauen von Notre-Dame an St. Barbara angehörte, an diesen direkt weitergeleitet werden. Madame Brumath kannte Collini wiederum über ihre enge Freundin, die langjährige Straßburger Korrespondenzpartnerin Voltaires, Comtesse Marie Ursule de Lutzelbourg, die der Dichter 1725 anlässlich der Hochzeit Ludwigs XV. mit Maria Leszczinska in Fontainebleau kennengelernt hatte, und auf deren Landsitz auf der Ile-Jard, unweit von Straßburg, er wiederholt auf seinen Reisen logierte. Collini kannte seit 1753, seit seinem gemeinsamen Aufenthalt in Straßburg mit Voltaire, die Comtesse, die er ab 1756 als Hofmeister im Hause Sauer wiederholt auf ihrem Landgut besuchte, wo er die Bekanntschaft von Madame Brumath machte.[19]

Auch Madame Brumath setzte sich tatkräftig für den jungen Italiener ein, wie ihr Brief vom 17. Februar dokumentiert.[20] Weil sich ihr Bruder, der im März 1759 aus der Kurpfalz abberufen werden und ein königliches Regiment übernehmen sollte, jedoch Anfang des Jahres nicht mehr in Mannheim, sondern zu diesem Zeitpunkt bereits in Paris aufhielt, konnte sie Montpéroux' Brief nicht an diesen weiterleiten, sondern sie musste erst dessen aktuelle Adresse in Erfahrung bringen. Ungeachtet dieses Problems hatte sie, wie sie Collini versicherte, am Vortag aber direkt an den französischen Geschäftsträger in Mannheim und langjährigen Legationssekretär ihres Bruders, Conrad Alexandre Gerard,[21] geschrieben und diesen gebeten, vor Ort die Lage in der Angelegenheit Collinis zu sondieren und den ‚Erfolg zu beschleunigen'. Ihr Brief vom 17. Januar, verfasst im Hause ihrer Freundin Lutzelbourg, macht die freundschaftliche Vertrautheit im Umgang mit Collini offenbar, dem es gelungen war, die beiden einflussreichen Damen der Straßburger Gesellschaft für sich zu gewinnen. Im Postscriptum trug sie Collini für den kommenden Tag auf, sie nach Osthoffen zu ihrer Schwägerin, Anne Françoise Charlotte von Zuckmantel,[22] zu begleiten, der sie das Empfehlungsschreiben von Montpéroux überbringen wolle und die sie bitten wolle, ein entsprechendes Begleitschreiben an ihren Ehemann auszustellen.[23] Da Madame Lutzelbourg ein Pferd verloren habe, wie sie anmerkte, müssten sie sich zu Fuß auf den Weg in das wenige Kilometer vor Straßburg liegende Osthoffen machen, wo die Familie Zuckmantel in einem ehemaligen Wasserschloss residierte.

Über die näheren Umstände dieses vermeintlich wichtigen Besuchs im Hause Zuckmantel am 18. Januar liegen keine Berichte vor. Unklar bleibt deshalb, zu welchem Zeitpunkt und auf welche Weise Zuckmantel das Empfehlungsschreiben seines Genfer Kollegen erhielt. Gleichwohl brachte Madame Brumaths Initiative – vor allem ihr Brief an Gerard vom 16. Januar[24] – Bewegung in die Angelegenheit. Am 6. Februar meldete sie sich bei Collini und ließ ihn für den nächsten Vormittag in den Konvent von Notre-Dame an St. Barbara einbestellen, um ihm die Neuigkeiten von Gerard, der sich zwischenzeitlich aus Mannheim gemeldet hatte, mitzuteilen und die von ihm vorgeschlagenen Maßnahmen zu beraten.[25] Das knapp gefasste Schreiben liefert jedoch keine weiteren Anhaltspunkte über den Stand der Dinge im Februar 1759 und Collinis Erfolgsaussichten.

Mit der kurz darauf erfolgten Abberufung Zuckmantels aus Mannheim am 19. März 1759[26] und dem Weggang des Geschäftsträgers Gerard im Mai 1759[27], dem sich als Diplomat in der Folge im Dienste der Krone eine große Karriere eröffnete, büßte Collini jedoch im Frühjahr 1759 die wichtigen Kontakte auf diplomatischer Ebene wieder ein, und die vagen Hoffnungen, die er mit dem Engagement des Genfer Gesandten und der Straßburger Freunde verband, zerstoben in kurzer Zeit. Dies belegt auch das Schreiben von Madame Denis an Collini vom 30. März, in dem sie ebenso enttäuscht Zuckmantels Demission kommentierte, die nun ein weiteres Schreiben an Madame Brumath überflüssig mache.[28]

Collinis Chancen, in Mannheim zu reüssieren, schienen damit am Nullpunkt angelangt zu sein. Als alleinige Kontaktpersonen des Mannheimer Hofes blieben ihm von nun an nur noch Voltaire und Pierron, auf die er seine Hoffnungen alleine gründen musste. Sie waren es letztendlich, die ihm schließlich im Spätsommer den Weg nach Mannheim ebnen sollten.

Jörg Kreutz

Anhang

Editionsgrundsätze: Die Transkription der bislang unveröffentlichten, hier erstmals publizierten Briefe aus der „Bibliothèque Historique de la Ville de Paris (= BHVP)" orientiert sich ausschließlich am Original. Sowohl die Orthographie und die (teilweise fehlende) Interpunktion als auch die Groß- und Kleinschreibung des Originals werden unverändert übernommen. Alle Abkürzungen werden in eckiger Klammer aufgelöst.

Brief 1: BHVP, Ms. Res. 57, Nr. 35

Jean Etienne de Montpéroux an Franz Anton von Zuckmantel; Genf, 1759-Jan-06

Copie[a)] d'une lettre de M[onsieu]r de Montperoux à M[onsieu]r de Zuckmantel[a)]

A M[onsieu]r le Baron de Zuckmantel Ministre Plenipot[entiaire] du Roy a Manheim

Permettez, Monsieur, que j'aye l'honneur de recommander à vos bontés M[onsieu]r de Colini qui est actuellement Gouverneur de M[onsieu]r le Comte de Sauer, et qui a été attaché pendant longtemps à M[onsieu]r de Voltaire qui le traitoit avec confiance et amitié. C'est un jeune homme de mérite, d'une très bonne famille de Florence, que M[onsieu]r le Comte Lorenzi[b)] Ministre du Roy en Toscane m'avoit particulierement recommandé. M[onsieu]r de Colini desireroit d'être employé à la Cour Palatine; je suis persuadé que vous y pouviez beaucoup et que l'on y aura beaucoup d'égards pour votre recommendation, Je serois très flatté que vous voulussiez bien vous intéresser pour M[onsieu]r de Colini, qui mérite que vous lui accordiez vos bontés. J'ai l'honneur d'être avec les plus sincere attachement, Monsieur, votre très humble et très obéissant serviteur Montperoux

à Genêve le 6 Janvier 1759

a)-a) Von Collinis Hand; b) Von Collinis Hand über der Zeile verbessert.

Brief 2: BHVP, Ms. Res. 57, Nr. 37

Barbe Wilhelmine Charlotte von Zuckmantel-Brumath (= Mme Brumath) an Cosimo Alessandro Collini; Straßburg / Ile-Jard; 1759-Jan-17

Mad[ame][a)] de Brumath étoit soeur de M[onsieu]r de Zuckmantel.[a)]

Votre lettre est excellente Monsieur. Elle remplit parfaitement mes idées j'aurai soin denvoyer a Mon frere celle de M[onsieur] de Monperoux mais je veux auparavant scavoir son adresse a Paris en attendant jai ecrit hier M[onsieur] Gerard je Lui demande des nouvelles de votre affaire et Le prie den accelerer Le succés autant quil est en Lui et que Les circonstances Le Lui permettent jai tourné cela de façon que vous ne scauriés etre dans Le cas de Lui en faire seulement La révérence. vous me dites trop de belles chous Monsieur pour un si Leger service. je mestimerois tres heureux de pouvoir vous en rendre daussi reels que de tout Les sentimens de la parfaite estime avec Laquelle jai l'honneur d'etre Monsieur Votre tres humble et tres obeisante servante Zuckmantel de Brumath

A Lisle jard 17 Janvier 1759

j'irai demain chés Ma soeur Lui porter votre Lettre et Lui faire ecrire celle d'accompagnement. Si par hazard vous sortiés dans La matinée vous feriés plaisir de venir me prendre vers dix heures car nous sommes a pied. Mad[ame] de Lutzelbourg a perdu un cheval, elle vous fait mille complimens.

A Monsieur de Colini

Gouverneur de M[onsieu]r Le Comte

De Sauer A Strasbourg

a)-a) Von Collinis Hand.

Brief 3: BHVP, Ms. Res. 57, Nr. 39

Barbe Wilhelmine Charlotte von Zuckmantel-Brumath (= Mme Brumath) an Cosimo Alessandro Collini; Straßburg / Ile-Jard; 1759-Feb-06

Mardy 6 fevrier a Lisle jard

Mad[ame] de Brumath a recue ce matin une Lettre de M[onsieur] Gerard quelle desire fort communiquer a M[onsieur] de Colini afin quil prenne promptement Les mesures quelle indique.

Si M[onsieur] Colini peut venir demain a 9 heures du matin il fera dautant plus de plaisir a Mad[ame] de Brumath quelle compte aller au couvent ou elle à des affaires.

1 Die Jubilarin hat die Recherchen zu meiner Collini-Monographie stets mit Rat und wohlwollender Unterstützung begleitet. Deshalb sei ihr dieser Beitrag zu ihrem Geburtstag, verbunden mit allen guten Wünschen und herzlichem Dank, gewidmet.

2 Vgl. Bibliothèque Historique de la Ville de Paris (= BHVP): Ms. Res. 57 (Correspondance Voltaire-Collini).

3 Vgl. zur Biographie Collinis und nachfolgend grundlegend: J. Kreutz: Cosimo Alessandro Collini (1727–1806). Ein europäischer Aufklärer am kurpfälzischen Hof, Ubstadt-Weiher – Heidelberg – Neustadt a. d. W. – Basel 2009 (Mannheimer historische Schriften, Bd. 3).

4 Vgl. C. A. Collini: Mon séjour auprès de Voltaire et lettres inédites que m'écrivit cet homme célèbre jusqu'à la dernière année de sa vie, Paris 1807. Offenbar um seine immensen Schulden zu bezahlen, hatte Collinis Sohn Karl Theodor, der als badischer Legationsse-

kretär in Paris akkreditiert war, wo er 1809 starb, nach dem Tod des Vaters diese Briefe und Dokumente verkauft. Vgl. ausführlich zur Druckgeschichte von „Mon séjour [...]“ Kreutz, Collini, wie Anm. 3, S. 28f.

5 Vgl. Voltaire: Correspondence and related documents. Definitive edition, hrsg. von T. Besterman, 51 Bde., Genf – Toronto – Banbury – Oxford 1968–1977 (= Les Oeuvres complètes, Bd. 84–135). Bestermans Edition „D“ verzeichnet insgesamt 21.221 Briefe von und an Voltaire bzw. verwandte Dokumente zu Voltaire aus dem Zeitraum zwischen 1704 und 1778.

6 Erst nach dem Erscheinen meiner Collini-Monographie, die auf der grundlegenden wissenschaftlichen Edition Bestermans basiert, stieß ich bei Recherchen für eine andere Studie bei der Durchsicht des Konvoluts eher zufällig auf diese Dokumente. Es handelt sich um die (nachträglich) mit Bleistift nummerierten Dokumente 35, 37 und 39.

7 Vgl. nachfolgend mit allen entsprechenden Quellen- und Literaturverweisen den Abschnitt „Aussöhnung mit Voltaire und der Traum von Mannheim“, in: Kreutz, Collini, wie Anm. 3, S. 189-206.

8 Es bleibt dennoch zu fragen, ob diese doch eher vage Zusage wirklich als ernsthaftes Versprechen oder möglicherweise nur als Gefälligkeitsdienst Carl Theodors gegenüber Voltaire anzusehen ist. Vgl. zum Verhältnis zwischen Carl Theodor und Voltaire zuletzt: J. Kreutz: Die Korrespondenz Voltaires mit Kurfürst Carl Theodor und anderen Repräsentanten des kurpfälzischen Hofes, in: Zeitschrift für Geschichte des Oberrheins 160 (2012), S. 371-410.

9 Zu Montpéroux vgl. Repertorium der diplomatischen Vertreter aller Länder seit dem Westfälischen Frieden (1648), hrsg. unter der Leitung von L. Santifaller u. a., Bd. 2 (1716-1763), Zürich 1950, S. 128 u. Bd. 3 (1764-1815), Zürich 1965, S. 138.

10 Vgl. C. Wolff: (Art.) Klinglin de, Marie Ursule, Madame de Lutzelborg, in: Nouveau dictionnaire de biographie alsacienne, (Lieferung) Nr. 21 (Kie-Koe), Straßburg 1993, S. 2007 u. Kreutz, Collini, wie Anm. 3, S. 201f.

11 Vgl. Kreutz, Collini, wie Anm. 3, S. 194-196. Vor dem Hintergrund des wechselnden Kriegsverlaufs während des Siebenjährigen Krieges beschäftigte Voltaire in diesen Wochen aber vor allem die Frage der Restitution seiner zu Unrecht beschlagnahmten Reisegelder durch die Reichsstadt Frankfurt, wo er 1753 nach seiner Abreise aus Preußen vorübergehend inhaftiert worden war. Er prüfte ernsthaft die Möglichkeit einer Klage gegen die Stadt und wollte dafür unbedingt seinen ehemaligen Sekretär Collini gewinnen.

12 Vgl. Kreutz, Collini, wie Anm. 3, S. 196.

13 Vgl. ebenda, S. 192.

14 Zu Zuckmantel vgl. Repertorium, wie Anm. 9, Bd. 2, S. 120 u. Bd. 3, S. 134 u. 143. Vgl. auch: C. Wolff: (Art.) Zuckmantel, François Antoine Pacifique, in: Nouveau dictionnaire de biographie alsacienne, (Lieferung) Nr. 42 (Zo-Zy), Straßburg 2003, S. 4418f. u. Kreutz, Collini, wie Anm. 3, S. 200-202.

15 Vgl. Anhang, Brief 1 (BHVP, Ms. Res. 57 Nr. 35).

16 Zu Lorenzi vgl. Repertorium, wie Anm. 9, Bd. 2, S. 131 u. Bd. 3, S. 141.

17 Vgl. Kreutz, Collini, wie Anm. 3, S. 88f. u. S. 587. Dieses frühere Empfehlungsschreiben von Lorenzi hatte Collini dank der Beziehungen seines Churer Förderers Hieronymus von Salis 1751 in Florenz erwirken können.

18 Vgl. L. Schlaefli: (Art.) Zuckmantel, Barbe Wilhemine Charlotte de, in: Nouveau dictionnaire de biographie alsacienne, (Lieferung) Nr. 42 (Zo-Zy), Straßburg 2003, S. 4418f.

19 Vgl. Kreutz, Collini, wie Anm. 3, S. 200-202. Voltaire kannte aus seiner Straßburger Zeit sowohl Madame Brumath als auch ihren Bruder.

20 Vgl. Anhang, Brief 2 (BHVP, Ms. Res. 57, Nr. 37).

21 Gerard war seit Jahresbeginn in Mannheim; am 5. Januar 1759 ist sein erster Bericht nach Paris dokumentiert. Vgl. Repertorium, wie Anm. 9, Bd. 2, S. 120 u. Bd. 3, S. 109, 113 u. 144. Vgl. auch: G. Livet: (Art.) Gerard, Conrad Alexandre, in: Nouveau dictionnaire de biographie alsacienne, (Lieferung) Nr. 12 (Fr-Ge), Straßburg 1988, S. 1149f.

22 Vgl. Anhang, Brief 2 (BHVP, Ms. Res. 57, Nr. 37). Auch wenn sie hier von ihrer „soeur“ spricht, so kann sie nur ihre Schwägerin Anne Françoise Charlotte de Cléron, Comtesse d'Haussonville, meinen (vgl. hierzu: C. Wolff: (Art.) Zuckmantel, François Antoine Pacifique, in: Nouveau dictionnaire de biographie alsacienne, (Lieferung) Nr. 42, S. 4418f.). Denn ihre jüngere Schwester Louise Béatrix, die 1736 in Nancy dem Orden von der Heimsuchung Mariens beigetreten war, war zu diesem Zeitpunkt Ordensfrau der Visantantinnen in Wien (vgl. hierzu: L. Schlaefli: (Art.) Zuckmantel, Louise Béatrix de, in: Nouveau dictionnaire de biographie alsacienne, (Lieferung) Nr. 42, S. 4419).

23 Vgl. Anhang, Brief 2 (BHVP, Ms. Res. 57, Nr. 37).

24 Dieser Brief ist nicht mehr überliefert.

25 Vgl. Anhang, Brief 3 (BHVP, Ms. Res. 57, Nr. 39).

26 Vgl. Anm. 14.

27 Vgl. Anm. 21.

28 Vgl. Kreutz, Collini, wie Anm. 3, S. 200.

Gereon Becht-Jördens

Ein unbekanntes Kondolenzschreiben Hans Carossas an Ida Dehmel zum Tode des im Schweizer Exil verstorbenen jüdisch-deutschen Dichters aus Heidelberg Alfred Mombert

Im Jahr 1942, vor nunmehr 75 Jahren, starben im Abstand weniger Monate der Heidelberger Dichter Alfred Mombert (*6. Februar 1872, † 8. April 1942)[1] und die in Hamburg lebende, ihm zeitlebens freundschaftlich verbundene Frauenrechtlerin, Essayistin, Feuilletonistin, Editorin, Gelegenheitslyrikerin und Kunstförderin Ida Dehmel, geb. Coblenz (*14. Januar 1870, † 29. September 1942), die zweite Ehefrau des mit Mombert eng befreundeten Dichters Richard Dehmel (*18. November 1863, † 8. Februar 1920) – beide als Opfer der rassistischen Verfolgung durch die NS-Diktatur. Er erlag kaum ein halbes Jahr nach seiner Entlassung aus dem Konzentrationslager Gurs, in das der jüdisch-deutsche Bevölkerungsteil Badens und der Saarpfalz am 21. und 22. Oktober 1940 im Rahmen der Wagner-Bürckel-Aktion deportiert worden war,[2] am 8. April im Schweizer Exil in Winterthur den gesundheitlichen Folgen der Haftbedingungen, sie schied wenige Monate später am 29. September 1942 in ihrer Wahlheimat Hamburg aus dem Leben, als das NS-Regime mit der systematischen Deportation der Hamburger Juden ins Ghetto Litzmannstadt (Łódź) im von Truppen der deutschen Wehrmacht und des SD (Sicherheitsdienst des Reichsführers SS) besetzten Polen begann.

Der aus Karlsruhe stammende Mombert (Abb. 1 und 2), der zu den sogenannten Kosmikern zählt, hatte sich 1899 in Heidelberg niedergelassen und sich nach frühzeitiger Beendigung seiner Anwaltstätigkeit ab 1906 ganz der Dichtkunst gewidmet. Er erreichte auch zu seiner Zeit nur ein kleines, aber hochrangiges Publikum von Kollegen und Kennern, die seine zunächst bei verschiedenen kleineren Verlagen (Hörning, Heidelberg; Friedrich, Leipzig; Bruns, Minden i. W.), seit 1905 dann bei dem avantgardistischen Schuster & Loeffler Verlag, und seit 1914 im Inselverlag (Leipzig) publizierten mythischen Dichtungen und Dramen als visionär erschaute Offenbarungen uralter Weisheit und metaphysischer Wahrheit schätzten. Heute ist Mombert weitgehend vergessen, und seine Hoffnung, eine spätere, durchgeistigtere Epoche werde in ferner Zukunft sein Werk zu verstehen und wertzuschätzen lernen, scheint weniger denn je Aussicht auf Erfüllung zu haben.

Zu Ida Dehmel stand er auch nach der mit Rücksicht auf den verehrten älteren Freund Richard Dehmel erfolgten Beendigung einer kurzzeitigen Liebesbeziehung in lebenslangem Briefkontakt.[3] Dieser 1956 von Hans Wolffheim edierte Briefwechsel enthält auch den Abschiedsbrief des todkranken Mombert an seine Freundin. Nach seiner auf Betreiben Hans Carossas und der Schweizer Unternehmerfamilie Reinhart, vor allem des befreundeten Dichters Hans Reinhart (*18. August 1880, † 4. August 1963), sowie unter tätiger Mithilfe der als Kurier eingesetzten Sängerin Else Domberger erwirkten Entlassung und der Erlangung der Einreisegenehmigung in die Schweiz[4] beantwortete er am 15. Februar 1942 – schon den Tod vor Augen

Abb. 1
Alfred Mombert
(1872-1942)
1909
Karlsruhe, Badische Landesbibliothek, Mo130, A1, 14

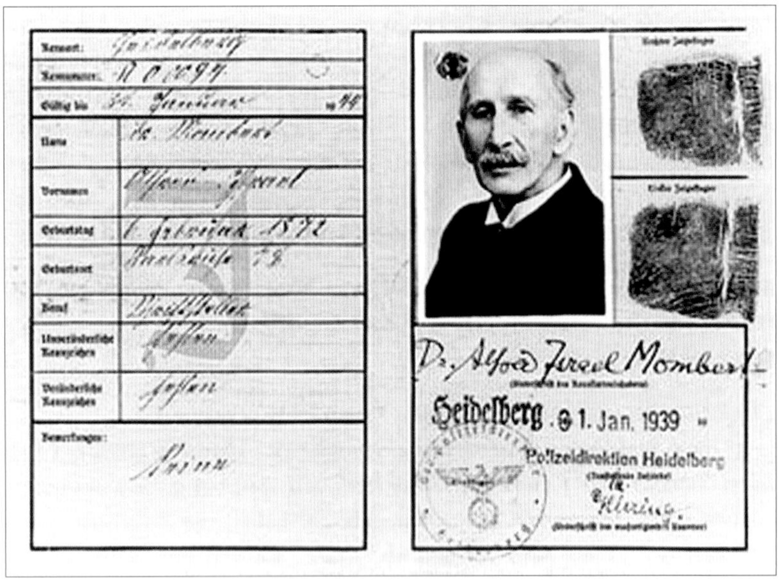

Abb. 2 (oben)
Kennkarte von Alfred Mombert von 1939 mit dem allen männlichen jüdischen Bürgern aufgezwungenen Namen „Israel" im Namenszug
Karlsruhe, Badische Landesbibliothek, Mo130, A",6

Abb. 3 (rechts)
Richard Dehmel (1863-1920)
1902
Fotografie von Jacob Hilsdorf
Landesmuseum Mainz
Aus: Nicola Perscheid, Theodor und Jacob Hilsdorf, August Sander. Der rheinland-pfälzische Beitrag zur Geschichte der Photographie. Katalog Landesmuseum Mainz 1989, S. 21

– vom Schweizer Exil in Winterthur (dem Wohnort der Familie Reinhart) aus einen (wohl vom Empfänger vernichteten) Geburtstagsbrief der alten Freundin, mit der er anders als mit den meisten anderen seiner Korrespondenten noch bis Anfang 1940 den Briefverkehr aufrecht erhalten hatte:

Mein liebes Z(ettelepeuche)![5]
Das blaubunte Papier, das Deinen Geburtstags-Brief mir zutrug, erinnerte mich an Deine farbfrohen – einst so heiß empfangenen – Briefe in rot und gelb und blau aus dem letzten Dezennium des vorigen Jahrhunderts. Wie lange! lange! lange! ist das her. Doch meine ich, es war gestern, da das Alles geschah. Manchmal meine ich: daß es in naher Zukunft geschehen wird ...

»Es war gestern! war in äonischer Zeit!« – so heißt es mehrfach in Sfaira d(em) Alten II Teil[6] (S. 64, Dichtungen [wie Anm. 1], Bd. 2, S. 581), der in diesen Tagen (durch hiesige Buchhandlung) die Ausreise zu Dir antreten soll. – Wenn ich die Zeiten überdenke, das viele Leben; und daß es einer 50jährigen Vorbereitung bedurfte, um dieses, wie ich denke, freudige Finale zu erreichen! Daß mir das noch möglich war, erscheint mir heute als Wunder. Du wirst gleich sehen: es ist ein opus ultimum. Ich bin schon lange in die Sage-Gestalt hinübergegangen; mir selber zur Sage geworden. Das liegt fast jenseits aller Dichtung.

»Es fließt Alles von mir ab wie großer Regen«
(Der Denker[7], S. 159)

Auch meine körperliche Natur heißt mich jetzt gebieterisch: abzuschließen; geistig ist's längst geschehen.

Meine Hoffnung ist, bald bald Dehmel [Abb. 3] am anderen Ende jener großen Traum-Brücke auf mich harrend zu erblicken.

(„Nimm, vernimm, und frag' nicht viel"
‹Dehmel, Erlösungen, Ges. Werke,[8] Bd. 1, S. 99›)

Deine beiden Bände Dehmel (die »Hundert«[9] und »die schöne wilde Welt«[10]) haben mich wieder erreicht. Die »Auswahl«[11] führte mir so viele stärkste Erlebnisse meiner Jugend zurück. Jedes einzelne Gedicht – wie wurde es empfangen!
– Wie wundervoll hast Du dann Dehmels Werk durch so viele Jahre betreut! Es schmerzt mich, daß ich den »Briefwechsel«[12] nicht mehr lesen werde; auch nicht Dein Werk.[13] Mein eigenes Werk ist im vollsten Sinne in den Abgrund der Zeit gestürzt; ich selber bin ins Geister-Reich gerettet. (Vielleicht wird das einmal als mein schönstes Gedicht gelten!
– Der Weltgeist hat da heftig an mir gedichtet!)

– Nun sei von Herzen gegrüßt
von Deinem Alf(red)

Du hast ganz recht: es giebt kein Buch von Dehmel, in dem der Umkreis der Erschütterungen so weite, alle Horizonte erreichte, wie in der
»schönen wilden Welt«! –"

Am 8. April verschied der Dichter Alfred Mombert im Schweizer Exil und wurde auch dort im Garten der Villa Kareol seines Freundes Hans Reinhart bestattet.[14] Unter dem Eindruck der Todesnachricht schrieb Ida Dehmel (Abb. 4) an Hans Carossa:[15]

„[...] heute bin ich verzweifelt, und Sie sind der einzige Mensch auf der Welt vor dem ich um Mombert klagen kann. [...] Alle muß ich überleben, den Sohn, den Mann, den Seelenbruder! Niemand ist um mich, der das Große, das Allergrößte fassen kann. Ich kann nur zu Ihnen sprechen – und weinen. Lesen Sie seinen letzten Brief an mich, schicken Sie ihn mir zurück – Sie dürfen schweigen.

Frau Isi

Erst Ende August 1942, kaum drei Wochen vor ihrem eigenen selbstgesetzten Ende, erreichte Ida Dehmel ein bisher unbekannter Kondolenzbrief Hans Carossas (das Original befindet sich im Besitz des Verfassers).[16] Da Momberts Abschiedsbrief an Ida Dehmel von Carossa (Abb. 5) wie erbeten zurückgesandt wurde, dürfte es sich beim vorliegenden Brief um das zugehörige Begleitschreiben handeln. Die Sendung wird durch einen Kurier, vielleicht die im Brief erwähnte Hanna Roehr, überbracht worden sein und müsste demnach Ida Dehmel noch kurz vor ihrem Tod erreicht haben. Wie Carossas Brief aus dem Dehmel-Archiv in Privatbesitz gelangte, ist einstweilen nicht zu ermitteln:

Abb. 5
Hans Carossa
(1878-1956)
Fotografie in Familienbesitz
Pasquay; https://de.wikipedia.org/wiki/Datei:Hans_carossa.jpg

Abb. 4
Ida Dehmel
(1870-1942)
Dehmel-Archiv
Staats- und Universitätsbibliothek Hamburg

Rittsteig bei Passau, den 25. August 1942

Liebe, herzlich verehrte Frau Isi,
während ich meinen Koffer packe, um endlich die längst geplante Reise nach Süd-Italien anzutreten, erhalte ich von Fräulein Hanna Roehr die Nachricht, daß Sie krank sind. Wie oft waren meine Gedanken bei ihnen, seit ich im April Ihren ergreifenden Brief empfing, und wie oft hab ich im Geist an Sie geschrieben und mit Ihnen gesprochen! Aber in diesem Jahr ist die äußere Welt mit so vielen Ansprüchen und Zumutungen an mich herangetreten, daß der dauernde Abwehrkampf oft eine bedenkliche Müdigkeit hinterließ, und in ermüdeter Verfassung wollte ich nicht auf Ihren erschütternden Zuruf antworten; so schwieg ich lieber und sandte nur durch Else Domberger, die Sängerin, einen Gruß. Sie ist ein starker, hilfreicher Geist; ohne ihre liebevolle Energie wäre Mombert schwerlich nach Winterthur gekommen, wo ihm wenigstens noch einige Monate menschenwürdigen Daseins, ohne Kränkungen, beschieden waren. Aber er war ja längst über irdische Qual erhaben. Die letzten Briefe, der an Sie, auch der an mich, atmen tiefen Frieden des reinen, wahrhaft vollendeten Geistes.

Welcher Art Ihre Krankheit ist, weiß ich nicht; Fr(äu)l(ein). H(anna) R(oehr) hat nur ein paar Zeilen geschrieben; wie es auch sei, tun sie doch, bitte, alles, um wieder gesund zu werden! Niemand weiß, wozu er noch berufen ist; ich denke, Sie sind ungefähr in meinen Jahren, da ist es schon noch sehr der Mühe wert, durchzuhalten, den Menschen, die einen lieb haben, mit allen Seelenkräften beizustehen und auf bessere Tage zu hoffen.

Das Hauptziel meiner Reise ist Ischia; wenn es mir vergönnt ist, dorthin zu gelangen, will ich auf dem Monte Epomeo, wo auch Mombert eine glückliche Zeit verbracht hat, Ihrer gedenken.

mit innigen Genesungswünschen grüßt

Sie, Frau Isi,

Ihr

Hans Carossa

Abb. 6
Gedenktafel für Alfred Mombert am nach dem Dichter benannten Platz in Heidelberg, Emmertsgrund
Autor: ChJ95; https://commons.wikimedia.org/wiki/File: Mombertplatz_Heidelberg.jpg

In Heidelberg erinnert, wenngleich an entlegenem Ort, eine Gedenktafel an Alfred Mombert (Abb. 6), im Innenhof der Wohnanlage an dem nach ihm benannten Platz im Randzonenstadtteil Emmertsgrund.[17] Auch am Geburtsort Karlsruhe gibt es in der Oststadt eine Mombertstraße. Das Grabmal mit der von Arthur Zweiniger (1879-1947) geschaffenen Bronzebüste (Abb. 7) wurde nach dem Tode Hans Reinharts aus Winterthur in die Badische Landesbibliothek zu Karlsruhe überführt, wo auch die Totenmaske aufbewahrt wird.[18] An dem Haus in der Heidelberger Klingenteichstraße 6, Momberts letzter Heidelberger Wohnung, ist zu seinem Gedenken eine schlichte Bronzetafel mit Inschrift angebracht, die neben den Lebensdaten und der Dauer des Wohnaufenthalts das Verbrechen der Deportation vom 22. Oktober 1940 festhält.[19] Davor befinden sich Stolpersteine, welche die Erinnerung an ihn und seine Schwester Ella Gutmann, geb. Mombert, und an das ihnen zugefügte Unrecht wachhalten sollen. Dem Umstand, dass heute an der Fassade des Hauses die Restaurant-Inschrift eines italienischen Speiselokals mit dem Namen »Piccolo Mondo« prangt, hätte Mombert, dem sein Heidelberger Domizil von 1922 bis 1940 die »Kleine Welt« gewesen war, von der er, sei es als Wanderer zu seinen Reisen nach Italien und in die »Weite Welt«, sei es zu seinen Höhenflügen als geistig Schauender in die »Höheren Welten« sich emporschwingend aufbrach, um doch immer wieder in seine »aeonische Halle« zurückzukehren,[20] wohl durchaus etwas abgewinnen können:[21]

Abb. 7
Hans Reinhart im Garten seines Hauses in Winterthur am Grabmal von Alfred Mombert mit der von Arthur Zweiniger geschaffenen Büste
Foto: Eva Simon, Brüssel (das Pseudonym der im belgischen Exil lebenden Fotografin Erna Adler-Rabus)

„Wann nach fernen Geist-Forscherreisen zu »Welten im Entstehen, noch tief im Schatten« – das rollende Rad an einem duftenden Abend mich wieder absetzt in die quelldurchklungene Stille eines alten Hauses unter dem Heidelberger Schlosse; unter den dunkelgrünen Efeu-Mauern, die für viel älter gelten, als ich bin, und doch so viel jünger sind als Ich: Dann raste ich. Dann bin ich in einer Heimat: auf einem meiner geliebten irdischen Schlachtfelder, auf dem ich Menschen-Jahre um ein Geisterreich, um ein Welt-Glück, und um meinen Mythos gekämpft habe; oder wahrer erkannt: auf dem um die Vollendung meiner Sage gekämpft wurde von starken Gewalten."

Noch in »Sfaira der Alte II«, seinem letzten Werk, an dem er in der »Baracken-Winter-Finsternis« des Konzentrationslagers weitergearbeitet hatte und das zu vollenden ihm nach seiner Entlassung noch vergönnt war,[22] hat Alfred Mombert trotz allem seinem Vaterland, seiner Heimatstadt und seinem dortigen Domizil ein literarisches Denkmal gesetzt:[23]

Sfaira der Alte tritt noch in seinen Garten.
Holder Pappel lehnt er träumend an.
Eben entschwang sich ein Elster-Paar in die Lüfte.
Unter dem Stein voräugt alte Kröte.
Siehe: Abend ward.
Auf Heidelberg-Rosen, späten
Sfairas Traumblick ruht.
Der alte Nußbaum! – du schöne Kastanie!
Tanne, Birke sich vor ihm neigen.
Durch die herbstlich hohen Wild-Gräser,
in der Eiche Wipfel raunet Sage.
– »Niemehr?« – »Niemehr?« –
– » ›Das geschah niemehr – niemehr –‹ «

1 Das Werk ist ediert von Elisabeth Herberg (Hrsg.): Alfred Mombert. Dichtungen, Bd. 1-3, München, 1963, vgl. die Einleitung der Herausgeberin ebd. Bd. 3, S. 11-45. Für Momberts Briefe sind folgende Editionen heranzuziehen: Marek Fiałek (Hrsg.): Briefe an Alfred Mombert aus den Jahren 1896 – 1940, Berlin 2010; Paul Kersten (Hrsg.): Alfred Mombert. Briefe an Friedrich Kurt Benndorf aus den Jahren 1900 – 1940, Heidelberg 1975; Benjamin Morse (Hrsg.): Alfred Mombert. Briefe an Vasanta 1922 – 1937, Heidelberg 1965; ders. (Hrsg.): Alfred Mombert. Briefe 1893 – 1942, Heidelberg Darmstadt 1961. Hans Wolffheim (Hrsg.): Alfred Mombert. Briefe an Richard und Ida Dehmel, Wiesbaden 1956. Vgl. die hervorragende Einleitung von Hans Wolffheim und S. 187-191 das informative Nachwort von Elsbeth Wolffheim, in: Paul Kersten (Hrsg.): Alfred Mombert (wie oben), S. 13-18; Neuerdings wurde eine Anthologie herausgegeben von Bernd Jentzsch (Hrsg.): Verbotenes Projekt, Nr. 4 Alfred Mombert, Flamersheim 2012. Zwei Ausstellungen erinnerten an Mombert. Susanne Himmelheber (Hrsg.): Alfred Mombert (1872 - 1942). Eine Ausstellung des Deutsch-Amerikanischen Instituts in Zusammenarbeit mit der Stadt Heidelberg, Alte Universität Heidelberg vom 27. Juni bis 31. Juli 1993, Heidelberg 1993; Ulrich Weber: Alfred Mombert. Ausstellung zum 25. Todestag. 10. April bis 8. Juli 1967 [Badische Landesbibliothek], Karlsruhe 1967. Vgl. Jan Bürger: Der Neckar. Eine literarische Reise, München 2013; Andreas B. Kilcher: „Mombert, Alfred", in: Lexikon deutsch-jüdischer Autoren, Bd. 17, Berlin u. a. 2009, S. 113-123 (mit ausführlicher Bibliographie); Hanna Delf von Wolzogen: Alfred Mombert, in: Andreas B. Kilcher. (Hrsg.): Deutsch-jüdische Literatur. 120 Porträts, Heidelberg Berlin 2016, S. 180-181; Marek Fiałek: Alfred Mombert und die Musik der Welt. Mit zahlreichen Dokumenten aus dem Staatsarchiv Moskau, Berlin 2010; ders.: Dehmel, Przybyszewski, Mombert. Drei Vergessene der deutschen Literatur. Mit bisher unveröffentlichten Dokumenten aus dem Moskauer Staatsarchiv, Berlin 2009; ders.: Ein Kosmiker in Heidelberg. Alfred Mombert. Mit bisher unveröffentlichten Texten aus dem Staatsarchiv Moskau, in: Heidelberg. Jahrbuch zur Geschichte der Stadt 13, 2009, S. 165-171; Raymond Furness: Zarathustra's Children. A Study of a Lost Generation of German Writers, Suffolk Rochester, NY, 2000, S. 49-73; Michael Buselmeier, Frank Grüner: Zu Alfred Momberts Nachlass im Moskauer Sonderarchiv, in: Heidelberg. Jahrbuch zur Geschichte der Stadt 4, 1999, S. 249-254; Peter Blum (Hrsg.): Geschichte der Juden in Heidelberg (Buchreihe der Stadt Hei delberg 6), Heidelberg 1996, S. 404-406; S. 533f.; Robert Gillet: 'Panmusik' und 'Musik der Welt'. Loerke und sein Zeitgenosse Mombert, in: Reinhard Tgahrt (Hrsg.): Zeitgenosse vieler Zeiten. Zweites Marburger Loerke-Kolloquium 1987. Mainz 1989, S. 55-96; Hilde Domin: Dank an Heidelberg, in: Heidelberger Jahrbücher 28, 1984, S. 91-95. Am besten verstanden fühlte sich Mombert von Friedrich Kurt Benndorf, vgl. ders.: Mombert, Geist und Werk, Dresden 1932; ders.: Ein Vorspruch zum Werke Momberts am 50. Geburtstage des Dichters, 6. Februar 1922, in: Das Inselschiff. Eine Zweimonatsschrift für die Freunde des Insel-Verlages 3, Februar 1922 Alfred Mombert zum 50. Geburtstage, 6. Februar [mit Beiträgen von F. K. Benndorf, R. Pannwitz, H. v. Hofmannsthal, F. Bergemann, H. Carossa, A. Schurig], S. 97-104; ders.: Der Aeon-Mythos von Mombert, Dresden 1917; ders.: Alfred Mombert, der Dichter und Mystiker, Leipzig 1910, sowie die Korrepondenz, in: Mombert, Briefe (wie oben) 1975, bes. Nr. 32, S. 38f.; Nr.107f., S. 95-98.

2 Vgl. Erhard Roy Wiehn (Hrsg.): Camp de Gurs 1940. Zur Deportation der Juden aus Südwestdeutschland 1940, erweiterte Neuaufl. Konstanz 2010; Volker Steck (Hrsg.): Geschichte und Erinnerungskultur. 22. Oktober 1940. Die Deportation der badischen und saarpfälzischen Juden in das Lager Gurs, Karlsruhe 2010; Claude Laharie: Gurs 1939-1945. Ein Internierungslager in Südwestfrankreich, Biarritz 2007; Gerhard J. Teschner: Die Deportation der badischen und saarpfälzischen Juden am 22. Oktober 1940. Vorgeschichte und Durch führung der Deportation und das weitere Schicksal der Deportierten bis zum Kriegsende im Kontext der deutschen und französischen Judenpolitik, Frankfurt am Main 2002; Peter Blum (Hrsg.): Geschichte, wie Anm. 1, S. 440-555, bes. S. 527-540; Norbert Giovannini:

Deportation 1940, in: Himmelheber, Alfred Mombert, wie Anm. 1, S. 113-130; Johannes Obst: Gurs. Deportation und Schicksal der badischen und pfälzischen Juden 1940-1945, Mannheim 1985.

3 Vgl. Therese Chromik: Ida Dehmel. Ein Leben für die Kunst, Husum 2015, S. 69-76; Matthias Wegner: Aber die Liebe. Der Lebenstraum der Ida Dehmel, München 2002, S. 174-176; S. 194f.; S. 229; S. 336; S. 361f.; S. 379; S. 389f.; Mombert, Briefe, wie Anm. 1, 1956, Nr. 1-18, S. 79-85; Nr. 1-2, S. 135f.

4 Vgl. Hans Carossa: Ungleiche Welten, Wiesbaden 1951, S. 93-98 sowie den Bericht von Domberger in: Mombert, Briefe, wie Anm. 1, 1961, S. 255f.; Carossa an diverse Empfänger, in: Eva Kampmann-Carossa (Hrsg.): Hans Carossa. Briefe, Bd. 1-3, Frankfurt am Main 1978 (Bd. 1 in 2. Aufl.)-1981, hier Bd. 3 Briefe 1937-1956, Frankfurt am Main 1981, Nr. 105; Nr. 106; Nr. 107; Nr. 109; Nr. 113; Nr. 117; Nr. 118; Nr. 137; Nr. 150; Nr. 153; Nr. 221; Nr. 235; an Mombert ebd. Nr. 115; Nr. 125; Nr. 139; an Ida Dehmel ebd. Nr. 140; Mombert, Briefe, wie Anm. 1, 1961, Nr. 210-260.

5 Mombert an Ida Dehmel, in: Mombert, Briefe, wie Anm. 1, 1956, Nr. 112, S. 112f. Zur Auflösung der Abkürzung des Kosenamens vgl. Mombert an Ida Demel, in: Mombert, Briefe, wie Anm. 1, 1956, Nr. 9; 10; 14; 16-18, zur Erklärung, ein zur Unterhaltung ihres Sohnes von Ida Dehmel erfundenes rhythmisches ABC-Gedicht, das mit dem Nonsenswort Zettelpeu endete, vgl. die Anm. des Herausgebers zu Brief 30 an Richard Demel in: Mombert, Briefe, wie Anm. 1, 1956, S. 153.

6 Alfred Mombert: Sfaira der Alte II, Privatdruck Winterthur 1942, auch in: Dichtungen, wie Anm. 1, S. 581.

7 Alfred Mombert: Der Denker. Gedichtwerk, (Bruns) Minden i. W. 1901, auch in: Dichtungen, wie Anm. 1, Bd. 1, S. 295. Vgl. Sfaira II, wie Anm. 6, S. 104f., auch in: Dichtungen, wie Anm. 1, Bd. 2, S. 545.

8 Richard Dehmel: Gesammelte Werke in drei Bänden, Berlin 1913, vgl. ders. Gesammelte Werke in zehn Bänden, Berlin 1906-1909, hier Bd. 1, 1906, S. 139.

9 Ders.: Hundert ausgewählte Gedichte, Berlin 1908.

10 Ders.: Schöne wilde Welt. Neue Gedichte und Sprüche, Berlin 1913.

11 Ida Dehmel (Hrsg.): Richard Dehmel. Eine Wahl aus seinem Werke, Berlin 1929.

12 Richard Dehmel: Ausgewählte Briefe aus den Jahren 1883 bis 1902, Berlin 1922. [Hrsg. Ida Dehmel]; ders.: Ausgewählte Briefe aus den Jahren 1902-1920, Berlin 1923 [Hrsg. Ida Dehmel]. Vgl. Paul Johannes Schindler (Hrsg.): Richard Dehmel. Dichtungen, Briefe, Dokumente, Hamburg 1963.

13 Die Autobiographie »Daja« (unveröffentlichtes Manuskript im Dehmelhaus, Hamburg).

14 Vgl. Himmelheber: Alfred Mombert, wie Anm. 1, S. 137; Weber, Alfred Mombert, wie Anm. 1, S. 119f.

15 Diesen Abschnitt des im ganzen unedierten Briefes vom 13. April 1942 zitiert Eva Kampmann-Carossa, in: Carossa Briefe, wie Anm. 4, Bd. 3, S. 615.

16 Es handelt sich um ein doppelseitig mit schwarzer Tinte von Carossas Hand beschriebenes, zweimal gefaltetes Einzelblatt eines beigefarbenen Briefpapiers im Format 18 x 24 cm, das vor kurzem im Antiquariatshandel angeboten wurde, ohne dass die Empfängerin identifiziert worden war. Informationen zur Provenienz liegen nicht vor. Der Umschlag ist nicht erhalten.

17 [https://de.wikipedia.org/wiki/Alfred_Mombert#/media/File:Mombertplatz_Heidelberg.jpg]. Vgl. Blum (Hrsg.): Geschichte der Juden (Lit. II 6), Anm. 47, S. 569.

18 Vgl. Himmelheber: Alfred Mombert, wie Anm. 1, S. 137 mit Abb.; Weber: Alfred Mombert, wie Anm. 1, S. 198 mit Abb.; S. 207 mit Abb. Vgl. [https://www.winterthur-glossar.ch/upload/images/2011/04/13/3206.jpg]; S. 206 mit Abb.; Mombert: Briefe, wie Anm. 1, 1956, S. 27 mit Abb.

19 [http://www.s197410804.online.de/BILDER/MombertKTS6.JPG].

20 Vgl. Mombert: Sfaira der Alte II, wie Anm. 6, c. III Die aeonische Halle, auch in Dichtungen, wie Anm. 1, Bd. 2, S. 527.

21 [http://images.worldsoft-cms.info/wcms/ftp/p/piccolomondo-hd.de/siteimages/2200.jpg]. Ein Photo des Hauses von ca. 1980 noch ohne die Gedenktafel und die Restaurant-Inschrift, aber bereits mit dem Schriftzug »Piccolo Mondo« auf dem Baldachin über dem Eingang, in: Himmelheber (Hrsg.): Alfred Mombert, wie Anm. 1, S. 64, vgl. ebd. S. 59f.; S. 64f. Zur Verwüstung des Anwesens durch eine Investorin in den 70er-Jahren und zur Kritik an der Denkmalbehörde vgl. Michael Buselmeier: Literarische Führungen durch Heidelberg. Eine Kulturgeschichte im Gehen, Heidelberg 1991, S. 32. Vgl. Mombert: Geschichte meines Lebens, in: ders.: Dichtungen, wie Anm. 1, Bd. 2, S. 604-606, hier S. 605, bezogen allerdings auf seine frühere Wohnung im ehemaligen Karmelitenkloster, Am Friesenberg 1b, in der er von 1911-1922 lebte. Zum Umzug in die Klingenteichstr. vgl. Mombert: Briefe, wie Anm. 1, 1975, Nr. 49f., S. 51f.; ders.: Briefe, wie Anm. 1, 1961, Nr. 73, NB, S. 56; Nr. 74, S. 56. Zu Momberts Heidelberger Adressen vgl. Ulrich Weber, in: Himmelheber: Alfred Mombert, wie Anm. 1, S. 152-155 (zu 1899, 1909, 1911 und 1922) nach Weber: Alfred Mombert, wie Anm. 1, S. 172-175.

22 Sfaira der Alte II, wie Anm. 6. Das Zitat aus Sfaira der Alte II, wie Anm. 6, c. IV In der Finsternis, Überschrift vor Vers 12 u. öfter; ebd. Vers 24, auch in: Dichtungen, wie Anm. 1, Bd. 2, S. 555ff. Vgl. Michael Buselmeier: Zur Geschichte des deutschen Geistes, in: Elmar Mittler (Hrsg.): Heidelberg. Geschichte und Gestalt, Heidelberg 1996, S. 242-267, hier S. 265.

23 Sfaira der Alte II, wie Anm. 6, c. III 646-558, auch in: Dichtungen, wie Anm. 1, Bd. 2, S. 549.

Harald Stockert

„Die bedeutendste Sehenswürdigkeit der Stadt“

Die vergessene Großherzogliche Gemäldegalerie im Mannheimer Schloss

„Unter so mancherlei versteckteren Sammelorten in unserem Deutschland nimmt, was die Heimlichkeit, das Stillleben aschenbrödelhaften Charakters anbelangt, die Mannheimer Gemäldegalerie eine um so eigenthümlichere Stellung ein, als ihre Bescheidenheit jenen Stempel der Vornehmheit auf der Stirne trägt, der im Bewußtsein alter Gediegenheit es verschmäht, mit jüngeren und seichteren Kollegen in trommelrührender Geltendmachung Schritt zu halten.“[1]

Mit diesen Zeilen beginnt ein Artikel im Mannheimer Generalanzeiger aus dem Jahr 1889, der sich mit der Großherzoglichen Gemäldegalerie (Abb. 1) im Mannheimer Schloss beschäftigt. Ausführlich geht der Autor dabei auf die Bestände der Sammlung ein, der er überregionale Bedeutung beimisst. Er schwärmt von ihrem Gesamteindruck, der für ihn „ein selten-einheitlicher, ein fortlaufender Akkord“ ist, mehr noch, eine „Poesie einer in sich gelehrten Phantasie“. Eine Poesie freilich, die kaum vom Publikum gehört bzw. besucht wurde.

Damit stellte die Mannheimer Gemäldegalerie wenige Jahre vor der Jahrhundertwende eine Besonderheit dar – in einer Zeit, in der im Deutschen Reich um die Wette gesammelt und ausgestellt wurde, in der immer mehr Museen entstanden, die Kunstschätze präsentierten. Waren es zunächst vor allem die Landesfürsten gewesen, die aus eigenem ästhetischen Interesse sowie der Repräsentation halber um die Gunst der Öffentlichkeit wetteiferten, so betraten im Laufe des 19. Jahrhunderts Kunstvereine, individuelle Stifter und nicht zuletzt die Kommunen das museale Spielfeld. So entstanden etwa in München oder Dresden auf Initiative der jeweiligen Könige die Pinakotheken bzw. Gemäldegalerien, während in Hamburg der Kunstverein die Kunsthalle begründete oder in Frankfurt das Städelsche Institut aus der Stiftung eines Privatmanns hervorging.[2]

Abb. 1
Ein Blickfang in der Großherzoglichen Gemäldegalerie:
Der verlorene Sohn
Gemälde von David II. Teniers
Um 1675/80
Reiss-Engelhorn-Museen, Dauerleihgabe des Landes Baden-Württemberg
Foto: rem, Jean Christen

Auch das Großherzogtum Baden zeigte sich von dieser Entwicklung nicht unbeeinflusst. Hier setzten die Großherzöge mit Galerien in Karlsruhe und Mannheim zunächst ältere landesherrliche Traditionen fort, wobei der Fokus immer auf der Landeshauptstadt blieb. Dies manifestierte sich im 1846 fertig gestellten Neubau der Kunsthalle Karlsruhe, aber auch in der Begründung der dortigen Kunstschule 1854, die zum wichtigsten badischen Ausbildungsinstitut für Künstler werden sollte.[3] Im Windschatten dieser landespolitischen Maßnahmen entstanden in der zweiten Hälfte umfangreichere kommunale Sammlungen und Museen, etwa in Mannheim, Heidelberg oder auch Freiburg, die teilweise im Zusammenspiel mit den örtlichen Kunstvereinen geführt wurden.

Vor diesem Hintergrund nahm die Großherzogliche Gemäldegalerie Mannheim eine Sonderstellung ein: Sie war nicht in der Landeshauptstadt angesiedelt und schien als landesherrliche Einrichtung im bürgerlich-industriellen Mannheim des endenden 19. Jahrhunderts etwas aus der Zeit gefallen zu sein. Gleichwohl hätte der Mannheimer Galeriedirektor Karl Roux die oben zitierte Charakterisierung als „aschenbrödelhaft“ sicherlich zurückgewiesen. Für ihn war die Gemäldegalerie die „bedeutendste Sehenswürdigkeit der Stadt [...], auf die er [= der Mannheimer], wenn auch gerade kein sehr fleißiger Besucher derselben, doch sehr stolz ist“[4]. Doch auch Roux sollte die geringe Resonanz des Publikums beklagen, was die mutmaßliche Wertschätzung der Galerie durch die Mannheimer doch eher zweifelhaft erscheinen lässt. Denn nicht nur die Galerie, sondern auch das sie beherbergende Schloss war um die Jahrhundertwende in der pulsierenden Quadratestadt an den Rand gedrängt; mangels prominenter Bewohner hatte es seine gesellschaftliche Anziehungskraft verloren. Stattdessen diente es als Unterkunft und teilweise auch Ausweichquartier für diverse Behörden und Institutionen und eben auch für die Großherzogliche Gemäldegalerie.[5]

Dabei hatte alles durchaus hoffnungsvoll begonnen. Mit der Gründung der Galerie wollte Großherzog Karl Friedrich die Mannheimer für die erlittenen Verluste entschädigen, sie sollte ein Licht am Ende des dunklen Tunnels sein, in dem sich die Stadt zu Beginn des 19. Jahrhunderts gefangen sah. Letztlich jedoch erwies sie sich als ein bescheidenes Flackern, das bald von anderen Lichtern überstrahlt werden sollte. Sie blieb Episode, ihre Geschichte ein Ausdruck halbherzigen Wollens, die heute weitgehend vergessen ist. Dennoch ist ihr Erbe heute noch in Mannheim teilweise präsent.[6]

1. Die Großherzogliche Gemäldegalerie im Mannheimer Schloss

Zu Beginn des 19. Jahrhunderts befand sich Mannheim in einer tiefen Krise. Kurfürst Karl Theodor hatte bereits 1778 der Stadt den Rücken gekehrt und war nach München übergesiedelt. Im Zuge der Revolutionskriege musste man mehrfach Besetzungen und teilweise auch Zerstörungen hinnehmen. Noch schlimmer wog, dass die Kurpfalz aufgeteilt und der rechtsrheinische Teil mit Mannheim der Markgrafschaft Baden zugeteilt wurde. Dies führte unter anderem dazu, dass die Wittelsbacher als frühere Besitzer das Inventar des Mannheimer Schlosses als Privatbesitz für sich reklamierten. Bereits in den 1790er Jahren hatten sie die kurfürstliche Gemäldegalerie nach München evakuiert. Diese war in der zweiten Hälfte des 18. Jahrhunderts ein wichtiges Aushängeschild der Stadt gewesen und hatte ihren Ruf als „Florenz an Rhein und Neckar“ mitbegründet.[7] Als Bayern nun, Ende 1802, damit begann, die übrigen Sammlungen abzutransportieren, kam es zum Eklat. Die Bürgerschaft befürchtete den Verlust „ihrer wesentlichen Reize“[8], opponierte in München und wandte sich hilfesuchend nach Karlsruhe. Letztlich war aber keine Seite bereit, deshalb Krieg zu führen. Baden gab schließlich nach und der Großteil der bisher im Schloss verbliebenen Sammlungen wurde ebenfalls nach München abtransportiert. Die Verbitterung in Mannheim über das frühere Herrscherhaus war angesichts dieser Entwicklung immens. Einmal mehr sah man sich einer ungewissen Zukunft gegenüber, nicht wenige befürchteten den „Untergang“ der Stadt.[9]

Der neue Landesherr, Karl Friedrich von Baden, (Abb. 2) stand nun vor der Aufgabe, eine verunsicherte Bevölkerung zu beruhigen, neue Loyalitäten zu schaffen und die hinzugewonnenen Gebiete in sein Staatswesen zu integrieren. Zwar verlegte er nicht seine Residenz nach Mannheim, wie so mancher Kurpfälzer erhofft hatte; stattdessen suchte er die Bewohner der Quadratestadt mit symbolträchtigen Maßnahmen für sich zu gewinnen. Eine der wichtigsten war sicherlich die Fortführung des Nationaltheaters; hinzu kamen Schirmherrschaften über diverse neu gegründete bürgerliche Vereine sowie die Nutzung des Schlosses als Wohnstatt des Erbprinzenpaares Karl und Stéphanie. Die Errichtung einer neuen Gemäldegalerie in Mannheim ist ebenfalls diesen Initiativen zuzurechnen.

So traf es sich gut, dass just im Jahr 1803 der geschäftstüchtige königlich-neapolitanische Kammerherr Graf Giuseppe Lucchesi-Palli dem badischen Kurfürsten eine Gemäldesammlung zum Kauf anbot.[10] Mit 256 Exemplaren entsprach sie zwar nicht dem Umfang der früheren Kurpfälzischen Galerie und auch nicht deren Qualität. Dennoch, Karl Friedrich erwarb sie für 65.000 fl, die er aus eigener Kasse bestritt, und ließ sie nach Mannheim verbringen. Dort bildete sie fortan den Kern der neuen Kurfürstlichen, ab 1806 Großherzoglichen Gemäldegalerie. 1810 wurde der Bestand um weitere 21 Bilder ergänzt, die Karl Friedrich von dem früheren kurpfälzischen Hofgerichtsrat, Verleger und Professor der schönen Wissenschaften Anton von Klein zusammen mit dessen bedeutender Kupferstichsammlung erworben hatte.[11] Die neue Galerie fand Platz in den Räumen ihrer kurpfälzischen Vorgängerin – im ersten Obergeschoss des östlichen Flügels des Mannheimer Schlosses. Mit diesem Schritt suchte das badische Herrscherhaus an frühere Traditionen anzuknüpfen und einen für die Quadratestadt identitätsstiftenden Faktor unter dem eigenen Signum wiederzubeleben.

Letztlich geschah dies jedoch mit halbem Herzen, wie die weitere Entwicklung zeigt. Insbesondere die Nachfolger des 1811 verstorbenen Karl Friedrich scheuten hier Investitionen. Anders als für die Gemäldegalerie in Karlsruhe finanzierten die Großherzöge in den folgenden Jahrzehnten für Mannheim kaum weitere Zugänge, sodass der dortige Bestand lediglich stabil blieb. Erst 1853 sollte es nennenswerten Zuwachs geben, als 16 Gemälde badischer Künstler der Mannheimer Galerie zugewiesen wurden.[12] Doch es handelte sich um eine Einzelaktion, auch in der nächsten Zeit blieben Neuzugänge in Mannheim weitgehend aus. Der Gemäldegalerie wurden im Etat lediglich Sachmittel von wenigen hundert Gulden (später Mark) bewilligt, die ausschließlich für die laufenden Kosten vorgesehen waren; nur ab und an sollte es einen Sonderzuschuss geben, der dann die längst überfällige Restaurierung einzelner Bilder sicherte. Diese karge Ausstattung der Mannheimer Gemäldegalerie hatte ihre Ursache nicht zuletzt darin, dass sie als Domänengut zum Privateigentum des Großherzogs gehörte und als solches aus dessen „Civilliste" finanziert werden musste.[13] Diese war zwar für die Herrscherfamilie durchaus auskömmlich, aber dennoch begrenzt. Und in der Ausgabenpolitik war den Großherzögen letztlich, was die Gemäldesammlungen betraf, das Karlsruher Hemd immer näher als der Mannheimer Rock. Es lag zudem im politischen Interesse der Großherzöge, ihre Landeshauptstadt als ein Zentrum der Künste auszubauen und so auch im Wettbewerb mit anderen gekrönten Häuptern zu bestehen.

Abb. 2
Karl Friedrich von Baden
Porträt, erstellt vom späteren Galeriedirektor Franz Joseph Zoll
1808
Staatliche Schlösser und Gärten Baden-Württemberg

Zukäufe in Mannheim blieben somit die absolute Ausnahme. Immerhin konnte die Gemäldegalerie bis 1914 einige Neuzugänge durch Schenkungen verbuchen. Im letzten öffentlichen Inventar wurde der Bestand auf 329 Gemälde beziffert. Nicht mehr in diesem Büchlein enthalten waren im Übrigen die anderen Sammlungen, die sich räumlich an die Gemäldegalerie anschlossen und teilweise auch von deren Direktion verwaltet wurden: In erster Linie ist hier das Kupferstichkabinett (Abb. 3) zu nennen, das im Wesentlichen auf den bereits angesprochenen Anton von Klein zurückging. Dieses war von großer kunstgeschichtlicher Bedeutung, für die Öffentlichkeit jedoch kaum oder nur in kleinen Ausschnitten zugänglich – mithin „20.000 Blätter, die keiner kennt".[14] Erwähnung verdient zudem eine Antikensammlung mit rund 200 Gipsabgüssen sowie die Naturaliensammlung; beide gingen noch teilweise auf die kurpfälzische Sammlung zurück und waren eine Art „Schmerzensgeld", das der bayerische Kurfürst Max Joseph seiner ehemaligen Residenzstadt gewährt hatte.[15]

Abb. 3
Kupferstich aus der Sammlung Anton von Kleins
Lucas Cranach
Flucht nach Ägypten
1509
Kunsthalle Mannheim

Generell bescheinigt die neuere Forschung der Sammlung – d.h. vor allem den Lucchesi-Bildern – teilweise nur „durchschnittliche Qualität", verweist jedoch auf die „hervorragenden Werke vor allem namhafter niederländischer Künstler".[16] Damit urteilt sie weitaus gnädiger als ihre Vorgänger, welche den Gemälden „kaum Anspruch auf Bedeutung" zusprachen.[17]

Nach Schulen betrachtet, bildete die niederländische mit 198 Bildern den Schwerpunkt der Sammlung.[18] Zu den herausragenden Bildern gehört dabei sicherlich „Bildnis einer lesenden Frau" (Abb. 4) von Peter Paul Rubens und Jan Boeckhorst, dessen kunstgeschichtliche Bedeutung erst jüngst wieder betont wurde.[19] Weiterhin hervorzuheben sind verschiedene Bilder von David II. Teniers (u.a. „In der Schenke", „Der verlorene Sohn") oder von Pieter Meulener („Betrunkene Bauern").[20] In der Ausstellung und den Verzeichnissen des 19. Jahrhunderts wurde dabei zwischen „holländischer" und „vlämischer" Schule unterschieden, diese wiederum unterteilt nach Stilrichtungen, etwa Genremaler, Landschaftsmaler oder „Geflügel- und Stillebenmaler". Allein schon quantitativ geringer nahmen sich demgegenüber die Italiener aus (41 Gemälde), u.a. mit Bildern von Guido Reni oder Giuseppe Maria Crespi („Der Briefträger" [Abb. 5], „Der Drehleiherspieler"), ebenso die Franzosen (20 Gemälde) mit Jean Blanchard („Heilige Familie") oder Eustache Le Sueur („Kreuzabnahme Christi")[21]. Diese künstlerisch hochwertigen Bilder entstammten überwiegend dem 17. Jahrhundert. Die deutsche Schule hingegen (60 Gemälde) war hinsichtlich ihrer Entstehungszeit breiter aufgestellt mit „Alten Meistern" aus dem 16. bis 18. Jahrhundert einerseits sowie der „Neueren deutschen Schule" nach 1800 andererseits. Zu ersteren gehörten mit Johann Heinrich Roos oder Ferdinand Kobell Künstler, die der Region verbunden waren; gleiches galt auch im weiteren Sinne für die letzteren[22]. Karl Kuntz, Karl

Harald Stockert

Abb. 4 (links)
Peter Paul Rubens / Jan Boeckhorst
Bildnis einer lesenden Frau
Ölgemälde
Erste Hälfte 17. Jahrhundert
Reiss-Engelhorn-Museen, Dauerleihgabe des Landes Baden-Württemberg
Foto: rem, Jean Christen

Frommel, Daniel Fohr oder Marie Ellenrieder repräsentierten den badischen Zweig unter der neueren deutschen Schule[23]; Bilder dieser Künstler hatte die Gemäldegalerie 1853 erhalten, wodurch ihr Bestand zumindest ein wenig modernisiert wurde. Schließlich gehörten der deutschen Schule diverse Darstellungen kurpfälzischer Herrscherpersönlichkeiten an, von Karl Philipp bis Karl Theodor.

Im Laufe der Zeit erschienen insgesamt fünf Verzeichnisse, in denen immer wieder Aktualisierungen vorgenommen wurden.[24] Dass insbesondere bei der Zuschreibung eines Bildes nicht immer gesicherte Erkenntnisse zugrunde lagen, war unter den Verantwortlichen ein offenes Geheimnis. So räumte etwa Ernst Heinrich Richard, der ab 1846 an der Karlsruher Kunsthalle beschäftigt war und 1893 deren Direktor wurde, gegenüber dem Mannheimer Galeriedirektor Roux im Rahmen einer Neukatalogisierung ein: „In allen Galerien wird von Zeit zu Zeit der Akt der Nothtaufe vorgenommen und Sie wissen ja, daß wir alle, bei alten deutschen zweifelhaften nicht bezeichneten Gemälden, doch nur vermuthen und rathen und nur selten das richtige treffen. In unserer Galerie befinden sich alte deutsche und italienische Gemälde, die mindestens schon 10-12 verschiedene Taufen durchgemacht haben, und ich bin fest überzeugt, daß sie auf den heutigen Tag noch nicht richtig bestimmt sind."[25]

Untergebracht war die Galerie im ersten Stock des östlichen Seitenflügels des Schlosses, wo ihr ausgehend vom Nordostpavillon neben einem Vorraum drei kleinere sowie drei größere Säle zur Verfügung standen.[26] Damit verfügte sie über schätzungsweise 350 m² Fläche. Die niederländische Abteilung war in den Sälen 333 bis 335, mithin in den größeren Räumen entlang des Ganges.[27] Während den „Deutschen" der Vorsaal 330 sowie die beiden Turmräume 331 und 332 vorbehalten blieben, fanden sich die „Franzosen" im Saal 335 ausgestellt. In direkter Nachbarschaft dazu befand sich die italienische Abteilung in 336. Hieran schlossen weitere Räume an, in denen zeitweise die Antikensammlung und das Kupferstichkabinett ausgestellt wurden (Abb. 6). 1882 erhielt der Kunstverein zwei dieser Säle, die Gipsabgüsse kamen nunmehr in den ersten Stock. An ihrer Stelle wurden fortan die Gemäldesammlungen des Kunstvereins sowie der Stadt Mannheim präsentiert. Letztere war erst wenige Jahre zuvor durch diverse Schenkungen gewachsen – unter anderem hatte Gustav Kuntz der Stadt die Sammlung seines Vaters Karl Kuntz

Abb. 5 (unten)
Ein Vertreter der italienischen Schule
Giuseppe Maria Crespi
Der Briefträger
Ölgemälde
Um 1725/30
Kunsthalle Karlsruhe
Foto: Wolfgang Pankoke

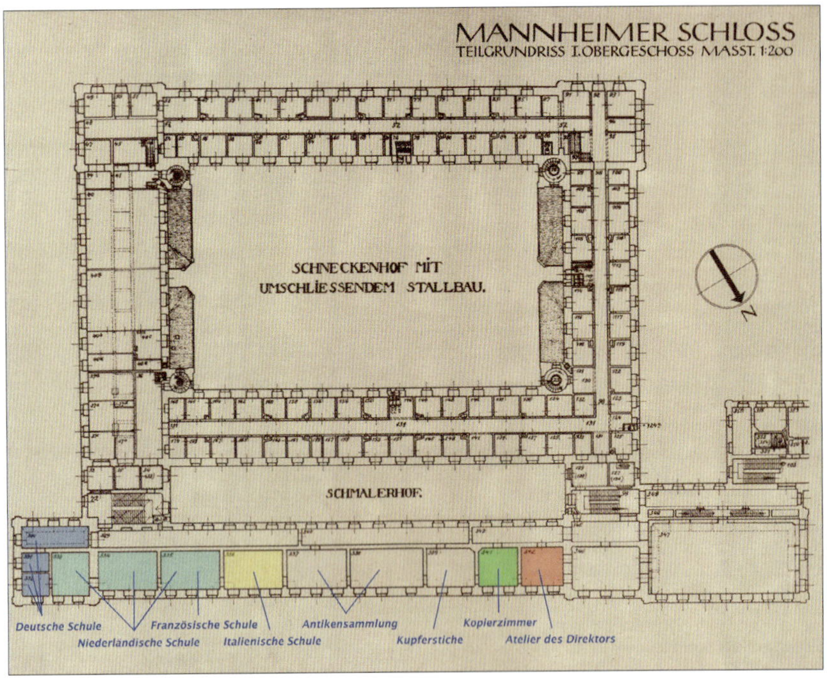

Abb. 6
Grundriss des östlichen Schlossflügels, erstes Obergeschoss
Die markierten Flächen zeigen die Räumlichkeiten der Schlossgalerie.
Um 1920
StadtA MA - ISG

vermacht – und wurde vom Kunstverein kuratiert.[28] Damit sollten, so der Grundgedanke, alle drei Sammlungen Tür an Tür im Schloss zugänglich sein. Man erhoffte sich hierdurch Synergieeffekte beim Personaleinsatz, aber auch erhöhten Publikumsverkehr. Gewissermaßen das Scharnier bildete dabei der Galeriedirektor, der etwa im Falle des damals amtierenden Karl Roux als Konservator im Vorstand des Kunstvereins fungierte.

Überhaupt war das Verhältnis zwischen den Verantwortlichen des Kunstvereins und der Gemäldegalerie sehr eng. Die jeweiligen Galeriedirektoren gehörten von Anfang an zumindest zum Umfeld, wenn nicht gar zum Vorstand des 1834 gegründeten Vereins. Anders als in der Gemäldegalerie konnten sie hier auf Anschaffungen Einfluss nehmen, außerdem trat der Kunstverein immer wieder auch als Abnehmer ihrer eigenen Bilder auf.[29] Ein Konkurrenzverhältnis zwischen den beiden Einrichtungen gab es daher nicht. Im Gegenteil: Dem Kunstverein war daran gelegen, die künstlerische Expertise der Galeriedirektoren vor Ort heranziehen zu können. Entsprechend intervenierte er auch in Karlsruhe, als das Gerücht herumging, man wolle den Direktorposten in Mannheim aus Sparzwängen nicht mehr neu besetzen.[30]

Trotz der engen Zusammenarbeit scheint die Gemäldegalerie nicht allzu sehr in der Gunst des Publikums gestiegen zu sein. Zwar sind keine Benutzerstatistiken überliefert, doch deuten sowohl die Klagen der Direktoren wie auch die Berichterstattung der Presse darauf hin. Als Indiz für die Zahl der Besucher in der Galerie kann allenfalls die Menge der verkauften Kataloge herangezogen werden: So hielt die 1854 produzierte Auflage von 500 Exemplaren immerhin knapp 30 Jahre vor, wobei die jährlichen Verkaufszahlen zwischen vier (1865) und 46 (1868) schwankten. Ähnliches galt für die folgenden Jahre. Erst der Katalog von 1900 konnte mit neuen Verkaufszahlen im dreistelligen Bereich (121 im Jahr 1904) aufwarten.[31] Geöffnet war die Galerie zunächst nur mittwochs von 10 bis 12 Uhr sowie von 14 bis 16 Uhr[32], gegen Ende des 19. Jahrhunderts dann immerhin zweimal die Woche. Öffnung und Aufsicht oblagen dem Galeriediener, der dem Direktor assistierte. Auf besonderen Wunsch hin wurden Führungen auch außerhalb der Öffnungszeiten angeboten.[33]

2. Die Galeriedirektoren

Mit der Leitung von Gemäldegalerien wurden im 19. Jahrhundert zunächst vor allem Künstler betraut, die aus eigenem Erleben den Umgang mit Gemälden kennen sollten. Erst ab etwa 1850 erlebten die großen Häuser einen Professionalisierungsschub, in dessen Rahmen nunmehr verstärkt verbeamtete Kunsthistoriker in den Führungspositionen eingesetzt wurden.[34] Die Gemäldegalerie Mannheim folgte diesem Trend jedoch nicht, stattdessen setzte man hier bis ins 20. Jahrhundert auf Künstler, die sich nebenamtlich durch ihr kreatives Schaffen sowie als Kunstlehrer selbst finanzierten. Entsprechend gering war zumindest in den frühen Jahren ihr Festgehalt, das beispielsweise im Jahr 1847 lediglich 547 fl betrug. Erst Ende des 19. Jahrhunderts wurde es angehoben und betrug etwa 1897 um die 2.000 M. Auch damit konnten die Direktoren noch keine allzu großen Sprünge machen, entsprach dies doch dem Einstiegsgehalt eines beamteten Ingenieurs, eines Gerichtssekretärs oder Zeichenlehrers.[35] Vor diesem Hintergrund verwundert es wenig, dass nahezu alle Galeriedirektoren in der Öffentlichkeit in erster Linie als Künstler Bekanntheit genossen.

Bis zum Übergang der Gemäldegalerie an die Stadt im Jahr 1922 waren insgesamt acht Direktoren in Mannheim beschäftigt – allesamt etablierte Künstler, die meist bei Dienstantritt schon

Harald Stockert

ein reiferes Alter erreicht hatten. Dies erklärt auch, warum sie alle (von einer Ausnahme abgesehen) im Amt verstarben. Nicht wenige von ihnen erwiesen sich in ihren letzten Dienstjahren körperlich als gebrechlich und auch künstlerisch nicht mehr für Neuerungen offen. Das „Aschenbrödelhafte“ oder „Verstaubte“, das der Galerie in der Öffentlichkeit anhaftete, ist daher sicherlich auch auf die Personalpolitik des Großherzogs zurückzuführen. Initiative, Ehrgeiz und revolutionärer Neuerungswille waren da weniger gefragt, vielmehr der bekannte Name, mit dem man sich schmücken wollte. So wurde die Galerie im Laufe der Zeit zugespitzt formuliert zum Austragstüberl für verdiente Maler im hohen Alter.

Sebastian Staasens (1803-1831)

Wie sehr sich Karl Friedrich von Baden bemüht zeigte, mit seiner Gemäldegalerie an die Tradition der kurpfälzischen Galerie anzuknüpfen, unterstreicht die Personalie seines ersten Direktors Sebastian Staasens (1752-1831)[36]. Diesen hatte bereits Kurfürst Karl Theodor 1795 zum Direktor des Malerei-Kabinetts ernannt; als solchen übernahm ihn der neue Landesherr 1803 in badische Dienste, allerdings nunmehr im Range eines Inspektors. Als solcher war er fortan dem in Karlsruhe residierenden Direktor untergeordnet und zu Bericht verpflichtet. Der 1752 in Gent geborene Staasens hatte als Absolvent der Mannheimer Zeichnungsakademie 1770 deren zweiten Preis gewonnen. Nicht zuletzt dank der Protektion seines Onkels Peter Anton von Verschaffelt konnte er 1782 die Verwaltung des Kupferstichkabinetts übernehmen. Als Inspektor der Gemäldegalerie ab 1804 zeichnete er verantwortlich für die Erstinventarisierung der Lucchesischen Gemälde sowie ab 1810 für die Übernahme der angekauften Sammlung Anton von Kleins. Staasens bereitete somit den Gemäldebestand für die öffentliche Präsentation vor. Schon nach kurzer Zeit wurde die Galerie auch in Reisehandbüchern erwähnt, allerdings mit der Bemerkung, dass sie „nicht so bedeutend“ wie die frühere sei.[37] Seine Position als Inspektor bekleidete Staasens bis 1826, ehe er zum Direktor befördert wurde. Als Maler ist Staasens eher selten in Erscheinung getreten; bekannt ist in erster Linie sein Gemälde der medizinischen Vorlesung von Franz Anton Mai aus dem Jahr 1793, in das er sich selbst hineingezeichnet hat (Abb. 7).

Abb. 7
Sebastian Staasens
Medizinische Fastenpredigt von Franz Anton Mai
Ölgemälde
Um 1793
Reiss-Engelhorn-Museen
Foto: rem, Jean Christen
Im Vordergrund rechts ist Staasens – mit Zeichenblock – selbst zu sehen.

Franz Joseph Zoll (1831-1833)

Wenn die Kunsthistorikerin Else Biram einst feststellte, dass das Direktorat in fürstlichen Galerien im 19. Jahrhundert meist als „eine Art Pensionsposten" für ältere Künstler diente, so könnte Franz Joseph Zoll (1770-1833) als Beleg für diese These gelten.[38] Im Alter von 56 Jahren war der einstige Hofmaler der Fürsten von Fürstenberg und frühere Professor für Zeichenkunst an der Universität Frankfurt nach Mannheim gewechselt, wo er zunächst den Rang eines Inspektors und ab 1831 den des Direktors innehatte. Zoll genoss einen Ruf als staatsnaher badischer Künstler, da er mehrere Protagonisten des großherzoglichen Hauses porträtiert hatte (vgl. Abb. 2). Darüber hinaus gingen mehrere Historien- wie auch Bibelgemälde auf ihn zurück. So ziert noch heute ein Wandgemälde zur Auferstehung Christi die katholische Kirche in seinem Geburtsort Möhringen. Im Laufe der Zeit scheint sich Zoll eine gewisse Schrulligkeit angewöhnt zu haben, indem er offen und derb auftrat und sich um Konventionen wenig scherte.[39] Vermutlich auch deswegen war er mit seinem Posten in Mannheim teilweise überfordert. Seine Neigung, Konflikte mit dem eigenen Personal an den ihm vorgesetzten Intendanten des Großherzoglichen Haus-Fidei-Kommisses von Baumbach zu delegieren, ließ diesen schier verzweifeln („Muß man denn Euch alles machen?").[40] Auch als Künstler musste Zoll in seinen Mannheimer Jahren so manchen Rückschlag verkraften. So wurde ihm 1832 der Auftrag storniert, einen Bilderzyklus für die Karlsruher Stadtkirche zu malen.[41] Dies löste große Verbitterung bei ihm aus. Seine Versuche, die Bilder doch noch malen zu dürfen, sollten sich als vergeblich erweisen. Zoll starb bereits 1833 und ist somit der Direktor mit der kürzesten Amtszeit in Mannheim.

Jakob Götzenberger (1833-1850)

Mit dem jungen Jakob Götzenberger (1802-1866) als Galeriedirektor ging das großherzogliche Haus ab 1833 völlig neue Wege.[42] Götzenberger war gewissermaßen ein Gegenentwurf zu Zoll – ein junger Wilder und ein Künstler, der 1825 mit der Ausmalung der Bonner Universitätsaula bereits einen Großauftrag hatte gewinnen können. Er war der Lieblingsschüler von Peter von Cornelius, einem Hauptvertreter des Nazarener-Stils, und galt „formal und inhaltlich als bedeutendster Vertreter der klassizistisch-romantischen Figural-Malerei" in Baden.[43] Mit großen Hoffnungen hatte er in Mannheim die Stelle des Galerievorstands angetreten, für die er freilich zunächst nur als Inspektor bezahlt wurde. Insbesondere setzte er dabei auf Privataufträge des großherzoglichen Hauses, um so sein Auskommen zu verbessern. Doch erst 1843 kam er in Baden zum Zuge, als er den Auftrag für die Ausmalung des Wandelgangs der Trinkhalle in Baden-Baden erhielt. Dieses Projekt sollte sich über mehrere Jahre hinziehen. Zuvor hatte er im rheinhessischen Nierstein die Privatkapelle der Freiherren von Herding ausgemalt. Hierbei profitierte Götzenberger von seinen engen Verbindungen zum Mannheimer Kunstverein, dessen Vizevorsitzender Max von Herding war.

Neben diesen beiden Großprojekten, an denen er jeweils im Sommer während seines meist zweimonatigen Urlaubs arbeitete, realisierte Götzenberger zahlreiche kleinere Auftragsarbeiten, die sein Oeuvre ständig erweiterten. Dennoch scheint er in Mannheim immer unzufriedener geworden zu sein. Das Ringen mit der badischen Bürokratie um mehr Gehalt („für sehr viele kleine Arbeiten in meinem schönen Vaterlande habe ich viele Höflichkeit und kein Gehalt erhalten"[44]) zog sich über Jahre hin, erst 1844 sollte er zum Direktor befördert werden. Immer wieder verwies er dabei auf andere potenzielle Arbeitgeber, die ihn mehr fördern würden – so habe er auf eine „sehr brillante Karriere in Preußen" verzichtet.[45]

Götzenbergers Tätigkeit in Mannheim endete im Sommer 1850 mit einem Paukenschlag, als er auf gerichtliche Anordnung hin „wegen der Anstiftung der Kindesabtreibung an seiner Nichte Therese Willmann" verhaftet wurde.[46] Das Verfahren endete mit der Verurteilung des mittlerweile abgesetzten Direktors zu einer Arbeitshausstrafe von 1 ¾ Jahren, die er in Bruchsal abzuleisten hatte. Im Mai 1852 wurde er begnadigt und entlassen mit der Auflage, zu emigrieren. Götzenberger wanderte nach England aus, wo er einen Neuanfang machte und abermals als Künstler reüssierte. 1865 kehrte er nach Deutschland zurück. Er ließ sich in Darmstadt nieder, wo er 1866 starb. Nach Mannheim kam er nicht mehr; hier erinnert heute in erster Linie die stadtgeschichtlich bedeutsame Bleistiftzeichnung der „Standesgerichtsverhandlung gegen Adolph Trützschler" von 1849 an ihn, die sich in den Reiss-Engelhorn-Museen befindet (Abb. 8).

Theodor Weller (1851-1880)

Zum Nachfolger Götzenbergers wurde mit Theodor Weller (1802-1880) ein Mannheimer Eigengewächs ernannt.[47] Weller entstammte einer kurpfälzischen Beamtendynastie, hatte in München studiert und viele Jahre in Italien gelebt. In der dortigen deutschen Künstlerkolonie hatte er sich einen Namen als Genremaler gemacht. Vor allem seine Bilder mit Szenen des italienischen Volkslebens stießen auf große Resonanz und machten ihn zeitweise zum Vorbild anderer Künstler. Nachdem er sich bereits 1833 erfolglos auf den Posten des Mannheimer Galeriedirektors beworben hatte, kam er nach Ausscheiden Götzenbergers 1851 endlich zum Zug. Trotz seiner jahrelangen Italienaufenthalte war die Verbindung zur Quadratestadt nie abgerissen. Insbesondere im Kunstverein hatte er Präsenz gezeigt und schon bei dessen erster Gemäldeausstellung wurde ein Werk Wellers von der Lokalkritik enthusiastisch gefeiert.[48] Als neuer Galeriedirektor setzte er die enge Zusammenarbeit mit dem Kunstverein fort, in dessen Vorstand er aufstieg. Zudem war der Verein dankbarer Kunde für Wellers Bilder. Auch wenn er sich künstlerisch nicht mehr weiterentwickelte und ihm die überregionale Ausstrahlung immer mehr abhandenkam, so blieb er dennoch eine lokale Instanz. Immerhin konnte er 1853 als Direktor der Galerie erstmals wieder neue Bilder für dieselbe übernehmen, die dadurch um einen Abschnitt für neuere badische Künstler erweitert wurde. Anders als Götzenberger zeigte Weller nach seinem Amtsantritt keine größeren Ambitionen; er scheint in der Galerie vor allem Dienst nach Vorschrift gemacht und sich ansonsten dem eigenen Werk gewidmet zu haben. 1880 wurde sein Gesuch, in den Ruhestand versetzt zu werden, vom Großherzog angenommen; doch noch ehe er ihn faktisch antreten konnte, verstarb er an den Folgen eines Schlaganfalls.

Karl Roux (1881-1894)

Karl Roux (1826-1894) intensivierte als Nachfolger Wellers die Zusammenarbeit mit dem Kunstverein. Er setzte durch, dass diesem die Räumlichkeiten direkt neben der Großherzoglichen Gemäldegalerie zugeteilt wurden, sodass im Schloss ein kompletter Abschnitt an Bildersälen entstand. Roux selbst entstammte einer kurpfälzischen Künstlerfamilie aus Heidelberg.[49] Er hatte in Düsseldorf studiert und danach als Pädagoge an den Kunstakademien in Karlsruhe bzw. München unterrichtet. Als Direktor der Mannheimer Galerie setzte er stärker auf deren Öffnung für das Publikum, was ihm aber nur bedingt gelang. Unter seiner Ägide wurden die Bil-

Abb. 8
Jakob Götzenberger
Standgerichtsverhandlung gegen Adolf von Trützschler
Zeichnung
1849
Reiss-Engelhorn-Museen
Foto: rem, Jean Christen

der in der Galerie neu geordnet sowie ein neuer Katalog erstellt. Roux selbst war ein anerkannter Genre- und Landschaftsmaler, der sich insbesondere mit seinen Tierbildern erfolgreich am Markt etablierte. „Seine Zeichnung ist klar und rein, die Bildwirkung stets geschlossen und vornehm. Das Rind wird sein bevorzugter Gegenstand", so rückblickend der badische Kunsthistoriker Josef August Beringer.[50] Wie sein Vorgänger starb auch Roux im Amt, im Jahre 1894 im Alter von 68 Jahren.

Wilhelm Frey (1894-1911)

Auf einen außergewöhnlichen Werdegang konnte Wilhelm Frey (1826-1911) zurückblicken, als er 1894 mit fast 70 Jahren zum Galeriedirektor ernannt wurde. Der gebürtige Karlsruher hatte eine Malereiausbildung an der Akademie in München durchlaufen, die er in den „bösen Revolutionstagen von 1848" verlassen musste.[51] Frey betätigte sich anschließend als lyrischer Tenor auf diversen Opernbühnen wie Bremen, Schwerin und Breslau und war als solcher auch in Mannheim tätig, ehe er sich 1870 wieder der Malerei verschrieb und sich als Landschafts- und Genremaler einen Namen machte. Frey zeigte sich Zeit seines Lebens für neue künstlerische Einflüsse offen und hatte somit durchaus Sympathien für die Künstler der Münchner Sezession. Seine Tier- und Landschaftsbilder, aber auch seine Porträts, fanden weite Verbreitung und wurden wiederholt ausgestellt (Abb. 9). Frey sorgte für eine neue Inventarisierung und Verzeichnung der Gemäldegalerie, wobei dank der Unterstützung des Kunsthistorikers Cornelius Hofstede de Groot insbesondere bei der niederländischen Abteilung zahlreiche Bilder neu zugeordnet werden konnten.[52] Frey war auch Mitglied der Jury für die Internationale Kunstausstellung, die anlässlich des 300. Stadtjubiläums im Jahr 1907 in Mannheim stattfand. Auch wenn sich die Ausstellung als großer Erfolg erweisen sollte, so war ihm diese Tätigkeit jedoch sehr zuwider. Dies lag vor allem am Vorsitzenden der Jury Ludwig Dill, der mit Ausnahme Freys nur Karlsruher Künstler in die Jury berief. „Alles, alles verlogen, geh an den Galgen!", so lautete der impulsive Vermerk Freys auf dem Ernennungsschreiben, das er in seiner Handakte verwahrte.[53] Und auch in einem anderen Zusammenhang bezeichnete Frey die Jurymitglieder als „Hanswurste[...], die vor Schwindel nicht zurückschrecken".[54] Doch mit nunmehr über 80 Jahren kehrte Frey diesen inneren Konflikt nicht nach außen. Da waren die Verleihung des Ritterkreuzes des Zähringer Löwenordens sowie die Ernennung zum Professor durch den Großherzog sicherlich eine willkommene Entschädigung für den heruntergeschluckten Ärger. Ähnlich zurückhaltend zeigte er sich auch hinsichtlich der Gemäldegalerie, die er eher still verwaltete. Diese geriet im Zuge der Errichtung der Städtischen Kunsthalle

Abb. 9
Wilhelm Frey
Rinderherde an einer Wasserstelle
Ölgemälde
Um 1900
Privatbesitz

Mannheim in den Jahren nach 1907 noch mehr aus dem Blick der Öffentlichkeit und damit ins Hintertreffen. Demgegenüber setzte Frey auch im hohen Alter seine Karriere als Maler fort, indem er Ausstellungen mit seinen Bildern bestückte. Anlässlich einer Schau des Karlsruher Kunstvereins im Jahr 1909 verlieh ihm die Zeitschrift „Kunst für Alle" nicht nur den Titel „Nestor der badischen Künstler", sondern bezeichnete den 83-Jährigen als „rüstig vorwärts strebende[n] Künstler, wovon seine frisch und farbig entworfenen Bodenseelandschaften bestes Zeugnis ablegen".[55]

Hermann Eichfeld (1911-1917)

Das Dezennium nach dem Tode Freys wirkt wie ein Abgesang der Gemäldegalerie. Der Karlsruher Landschaftsmaler Hermann Eichfeld (1845-1917; Abb. 10) konnte als neuer Direktor zunächst immerhin die Restaurierung einiger Gemälde erreichen; allerdings hatte er bald mit den Begleiterscheinungen des Ersten Weltkriegs zu kämpfen.[56] Dies bedeutete eine Verwaltung des Mangels – angefangen von fehlenden Stoffen für die Livreebekleidung des Dieners bis hin zu der drohenden Sammlung von Metallgegenständen; den Verlust von Garderobenhaken und Handtuchhaltern konnte er nur mit Mühe verhindern. Diese Begleitumstände, aber auch seine zunehmend angegriffene Gesundheit waren verantwortlich dafür, dass Eichfeld als Galeriedirektor kaum noch etwas bewegen konnte. Zu seinem 70. Geburtstag veranstaltete der Mannheimer Kunstverein, dessen Ausschuss er angehörte, eine Ausstellung seiner Werke. Es ist geradezu eine Ironie der Geschichte, dass ausgerechnet dieser kaum wirkungsvolle Direktor heute in Mannheim noch am präsentesten ist. Eichfeld war befreundet mit dem Maler Lovis Corinth, der ihn 1893 porträtiert hatte. Wohl auch aus Geldnot versuchte Eichfeld 1917 dieses Bild aus seinem Besitz an den Großherzog zu verkaufen. Dieser zeigte sich zunächst zurückhaltend, „da grundsätzlich keine Bilder lebender Künstler in den Galerien Aufnahme finden". Doch dann stimmte der Großherzog einem Kauf unter der Bedingung zu, dass das Bild „während Ihrer Lebenszeit nicht öffentlich ausgestellt wird".[57] Tragischerweise konnte Eichfeld diese Auflage problemlos erfüllen – er starb zwei Monate nach der Transaktion. Sein Porträt ging später an

Abb. 10
Lovis Corinth
Porträt von Hermann Eichfeld
1893
Kunsthalle Mannheim

die Kunsthalle Mannheim über, die es bis zuletzt in ihrer Präsentation gezeigt hat.

Wilhelm Süs (1917-1922)

Wilhelm Süs (1861-1933) hatte als letzter Direktor der Großherzoglichen Gemäldesammlung kaum eine Möglichkeit, eigene Akzente zu setzen.[58] Der Maler und Lehrer der Karlsruher Kunstgewerbeschule wechselte 1917 nach Mannheim. Mit Ende der Monarchie gelangte die Gemäldegalerie in Staatsbesitz und war fortan Verhandlungsgegenstand zwischen dem Land und der Kommune. 1922 übernahm die Stadt Mannheim leihweise die Sammlungen im Schloss, die sie ihrerseits wieder aufteilte. Süs als Nachlassverwalter wurde in städtische Dienste übernommen und ging kurz darauf in den Ruhestand. Er war selbst ein ausgesprochen produktiver Künstler, der sich nicht nur als Maler, sondern darüber hinaus als Schöpfer von Fayencen und Majolika auch international einen Namen gemacht hatte. Sein umfangreicher künstlerischer Nachlass wurde 1934 im Mannheimer Schloss versteigert.

3. Hinter den Kulissen der Galerie – aus den Handakten der Direktoren

Unter den historischen Unterlagen der Kunsthalle

Mannheim, die 2012 in das Stadtarchiv Mannheim - ISG überführt wurden, fanden sich rund 90 Akten, die die frühere Großherzogliche Gemäldegalerie betrafen. Hierbei handelt sich fast ausschließlich um die Handakten der Direktoren, d.h. um Schriftkonvolute, die diese aus ihrem beruflichen Alltag wie ihrer privaten künstlerischen Nebentätigkeit zusammengestellt haben. Den Schwerpunkt bilden dabei die Schriftwechsel mit den vorgesetzten großherzoglichen Behörden in Mannheim, vornehmlich mit der General-Intendanz bzw. deren Vorgängerbehörden. Darüber hinaus finden sich vereinzelt auch private Schreiben an die Direktoren. Inhaltlich geht es zumeist um finanzielle, organisatorische oder personelle Angelegenheiten der Gemäldegalerie, aber auch um inhaltliche Belange wie die Aufstellung, Ausleihe oder Restaurierung der Objekte. Nur teilweise sind dabei die Entwurfsschreiben der Direktoren erhalten – und dann zumeist in sehr schlecht lesbarer Schrift. Die sorgfältig gefertigten Ausfertigungen hingegen befinden sich im Generallandesarchiv Karlsruhe, allerdings auf verschiedene Bestände verteilt.

Dennoch ermöglichen die Mannheimer Handakten einen Blick hinter die Kulissen der Gemäldegalerie. Sie zeigen auf, mit was die Direktoren in ihrem Arbeitsalltag beschäftigt waren und nicht selten zu kämpfen hatten. Hierzu soll im Folgenden ein kursorischer Überblick gegeben werden.

Wohnen im Schloss

Sowohl der Galeriediener als auch der Galeriedirektor wohnten als großherzogliche Bedienstete im Schloss, wo man ihnen im Ostflügel Räumlichkeiten zuwies. So verfügten Staasens und sein Diener Autenrieth über mehrere Zimmer im ersten Stock auf der Südseite. Die übrigen Zimmer in diesem Abschnitt waren an andere bzw. ehemalige Bedienstete vergeben. 1826 bat Zoll als neuer Galerieinspektor um Zuweisung einer neuen Wohnung, da ihm nur ein unreines Zimmer über den Stallungen bereitgestellt worden war. Sein Schreiben ist die erste Beschwerde über die Wohnungssituation, die sich in den Handakten findet. Zwar konnte in seinem Falle Abhilfe geschaffen werden, indem ihm einige andere Zimmer zugewiesen wurden. Jedoch ziehen sich die Klagen der Galeriedirektoren über zu wenig Wohnraum, über Kälte und mangelnde Hygiene durch die Akten wie ein roter Faden. Götzenberger drohte gar mit einem Umzug in die Stadt, „welches für einen Gallerie Vorstand nicht schicklich scheint"[59]. So weit sollte es dann doch nicht kommen. Die Direktoren erhielten schließlich neue Zimmer direkt oberhalb der Gemäldegalerie im linken Eckturm des zweiten Obergeschosses. Dabei teilten sie mit anderen Schlossbewohnern die Gänge und auch die Toiletten. Angesichts zahlreicher Bewohner war der Wohntrakt des Schlosses ein offenes Haus ohne Zugangskontrolle. Dies hatte zur Folge, dass nicht selten Außenstehende in den langen Gängen übernachteten, was auch ein Sicherheitsproblem darstellte. Dieses wurde zeitweise noch verschärft, da die Schlossverwaltung aus Sparsamkeit 1867 dazu überging, nach 18 Uhr die Gaslampen in den Gängen zu löschen. Es war vor allem der Intervention Theodor Wellers zu verdanken, dass des Nachts wieder Lampen brannten – eine Maßnahme, die die Schlossverwaltung mit 20 fl pro Jahr verbuchte.[60]

Vor allem aber machte den Bewohnern die Kälte im Schloss zu schaffen. Zwar verfügten die Wohnungen über Holzöfen; jedoch war das gelieferte Holz selten ausreichend, dafür umso häufiger feucht. Als problematisch erwies sich zudem, dass auf dem Stockwerk lediglich eine zentrale Wasserleitung mit einem Anschluss im Gang vorhanden war. Diesen mussten sich alle miteinander teilen. Nicht nur das Wasser für die Körperpflege und für die Küche wurde hier gezapft; darüber hinaus blieb den Bewohnern nichts anderes übrig, als dort auch ihre Wäsche zu waschen. Diese sollte dann auf dem Speicher unter dem Dach zum Trocknen aufgehängt werden, so die Vorgabe. Wiederholt musste die Schlossverwaltung jedoch feststellen, dass Wäsche in den Gängen hing; entsprechend suchte sie die Bewohner wieder zur Ordnung zu rufen.[61]

Vor diesem Hintergrund erscheint es nur allzu verständlich, dass sich 1888 Karl Roux anlässlich der Erneuerung der zentralen Wasserleitung auf eigene Kosten und eigenes Risiko – so die Vorgabe der Bauverwaltung – einen Wasserhahn in seiner Wohnung gönnte. Sein Vorgänger Weller hatte 1870 einen Steinkohleofen durchgesetzt; sein Nachfolger Frey schließlich konnte sich ab 1899 über eine Kochgasleitung freuen. Es war somit alles andere als ein Luxusleben, das die Galeriedirektoren im

Harald Stockert

Schloss führten, an dem „auch der Zahn der Zeit arg [...] genagt hat und manches, namentlich im Inneren, ziemlich verwahrlost aussieht", wie Karl Roux beklagte.[62]

Die Situation der Galerie im Schloss

Ähnlich widrige äußere Rahmenbedingungen galten auch für die Galerie. Wie bei den Wohnungen entwickelte sich auch hier der Kampf um eine ausreichende Menge an Feuerholz vor allem in den 1830er und 1840er Jahren zum Dauerbrenner. Immer wieder mussten die Galeriedirektoren Holz nachbestellen und dies in Karlsruhe rechtfertigen, wo mit großer Sparsamkeit auf die Einhaltung des Budgetansatzes geachtet wurde – kalter Winter hin oder her. Das Raumklima war somit alles andere als ideal für die Kunstwerke. Wiederholt verwiesen die Direktoren daher auf notwendige Restaurierungsmaßnahmen, die auch zumeist bewilligt wurden. Für den Oberverwaltungsrat bzw. die Generalintendanz hatte der Werterhalt der Bilder hohe Priorität. Entsprechend wurden Tüncher- und Malerarbeiten genehmigt, ebenso die Versiegelung des Bodens. Notwendige Maßnahmen über die eigentlichen Räume hinaus wurden jedoch meist nicht getroffen. So blieb ein Schreiben von Karl Roux unbeantwortet, der darauf hinwies, dass viele Bilder Schaden aufgrund der erhöhten Feuchtigkeit in den Räumen der Galerie genommen hätten. Diese hätte ihre Ursache unter anderem darin, dass die Räume unterhalb der Galerie als Eiskeller für Bier und Fleisch vermietet worden seien. Außerdem bewirke der Reitplatz, der direkt vor dem Ostflügel (Abb. 11) eingerichtet worden sei, eine starke Aufweichung und Verschlammung des Bodens, sodass die Fenster der Galerie zu rosten begännen. Schlimmer noch wog für Roux der Plan, an die Stelle des Reitplatzes eine Reitbahn zu bauen[63]. Gegen diese Neuerung hatte der Direktor mit Leidenschaft gekämpft, war aber mit seinem Einspruch, im Zuge dessen er mit der „Würde einer Sammlung von Kunstwercken" sowie mit dem bislang unverbauten Anblick des Schlosses als „eines der imposantesten Gebäude im Spätrenaissancestil in Süddeutschland" argumentiert hatte, gescheitert.[64]

Eine Beeinträchtigung der Galerie sollte schließlich der Ausbau der Bismarckstraße mit sich bringen, da der direkt mit dem Nordostpavillon verbundene Kosakenstall, der den Karl-Theodor-Platz nach Osten hin begrenzte, abgerissen wurde. Infolgedessen musste das äußere Galeriezimmer vorübergehend geräumt werden, was Direktor Roux zwar zusätzliche Arbeit, aber auch eine Gehaltszulage einbrachte.[65] 1894 war der Nordostpavillon wieder hergestellt und konnte bezogen werden. Dieser Umzug ist in den Handakten vergleichsweise gut dokumentiert. Im Gegensatz dazu ist die Verlagerung der kompletten Galerie in den linken Schlossflügel, die sich während des deutsch-französischen Krieges 1870/71 abgespielt haben soll, mit keinem Wort erwähnt.[66] Dies deutet darauf hin, dass die entsprechenden Pläne doch nicht – wie bisher in der Forschung angenommen – in die Tat umgesetzt worden waren.

Abb. 11
Ostflügel des Schlosses
Der heutige Carl-Theodor-Platz wird zum Exerzieren benutzt.
Fotografie
Um 1890
Historische Fotosammlungen der Reiss-Engelhorn-Museen

Sicherheitsfragen

Die Tatsache, dass Gänge im östlichen Schlossflügel von außen frei zugänglich waren, trieb den Direktoren immer wieder den Angstschweiß ins Gesicht, fürchteten sie doch um die Sicherheit der ihnen anvertrauten Kunstwerke. Dies galt umso mehr, da sie bei schuldhafter Vernachlässigung persönlich für den „Wiederersatz" des „Kroneigenthums" hafteten.[67] Bereits Götzenberger hatte die freie Zugänglichkeit kritisiert, wodurch es im Schloss immer wieder zu Diebstählen gekommen sei. So hätte man an seiner Wohnung die Klingelzüge entwendet; auch gebe es unanständige Schmierereien an den Gangwänden.[68] Diese Situation vor Augen, verwundert es, dass es noch weitere 50 Jahre dauern sollte, bis auch die Galerie einen Diebstahl zu beklagen hatte. „Mit schwerem Herzen" berichtete Karl Roux 1893 von der Entwendung des Kaspar Netscher zugeschriebenen Bildes „Ein Kind mit einem Käfig" (Abb. 12) durch einen Trickbetrüger, der sich als vorgeblicher Maler Einlass verschafft hatte.[69] Der Schock saß zweifellos tief. Immerhin konnte das Bild wenig später bei einem Frankfurter Kunsthändler beschlagnahmt werden, der es für 200 Mark vom Dieb erworben hatte. Erst jetzt reagierte Karlsruhe auf die immer wieder erhobenen Forderungen der Galeriedirektoren, die Personalmittel für weitere Aufsichtspersonen aufzustocken. Doch auch dies erwies sich als nicht ausreichend. Denn 1921 kam es zu einem noch spektakuläreren Diebstahl, als es eine Bande schaffte, nachts ins Schloss einzubrechen und zehn Gemälde zu entwenden. Doch auch diesmal konnte das Schlimmste abgewendet werden, da es der Polizei in Frankfurt gelang, nicht nur der Bilder, sondern auch der Diebe habhaft zu werden.[70]

Abb. 12
1893 gestohlen:
Kaspar Netscher
Das Kind mit dem Käfig
Gemälde
17. Jahrhundert
Leihgabe Kunsthalle Karlsruhe
Foto: rem, Jean Christen

Zwei ganz neuartigen Bedrohungen seiner Galerie sah sich schließlich Direktor Frey 1897 gegenüber: Mit Vehemenz forderte er die Generalintendanz auf, doch endlich das Fußballspielen und das Radfahren auf dem Karl-Theodor-Platz zu verbieten. Denn dadurch würde enorm viel Staub aufgewirbelt, der wiederum die Fenster beschmutze und auch in die Galerie einziehe, um sich dort auf den Bildern niederzulassen.[71] Leider ist den Handakten nicht zu entnehmen, ob auf Freys Vorschlag hin die Staatsgewalt einschritt, dem Spiel der Jugendlichen ein Ende machte und so der lästigen Staubentwicklung Einhalt gebot.

Kunstunterricht in der Gemäldegalerie

Zu den Aufgaben der Galerievorsteher gehörte es unter anderem, Zeichen- und Malunterricht abzuhalten.[72] Möglicherweise erklärt auch dies, warum die Stelle immer wieder mit anerkannten Kunstpädagogen wie Zoll oder Roux besetzt wurde. Gleichwohl ist recht wenig über den Unterricht bekannt; dieser musste frei und unentgeltlich gewährt werden. Entsprechend sind keine Unterlagen vorhanden, die etwa Aufschluss über die Zahl der Schüler geben könnten. Es lag wohl am Engagement des einzelnen Direktors, wie die Lehrstunden sich entwickelten. Im Falle von Götzenberger ist in Quellen gar von einer Kunstschule die Rede, bestehend aus zehn Schülern, die in der Gemäldegalerie Bilder kopieren durften. Götzenberger war es denn auch, der versuchte, den Unterricht zu professionalisieren, indem er 1835 einen „Gliedermann", also ein Skelett, sowie verschiedene Kleidungsstücke anschaffen ließ. Zusätzlich warb er darum, auch Mittel für Menschen als Modelle bereitzustellen, wobei unklar bleibt, ob ihm dies letztlich bewilligt wurde.[73] Denn die Ausstattung der Schule war äußerst karg; mehrmals musste der Unterricht wegen Holzmangels im Winter ausfallen.

Der Mangel an weiteren Belegen deutet darauf hin, dass der Kunstunterricht im eigentlichen Sinne in der zweiten Hälfte des 19. Jahrhunderts weitgehend einschlief. Dies war sicherlich auch der Tatsache geschuldet, dass sich die 1854 in Karlsruhe eingerichtete Kunstakademie zunehmend etablierte und die einschlägige Zielgruppe ihrerseits an sich zog. Die Galerie in Mannheim diente demgegenüber nur noch als Anschauungsobjekt und bot Künstlern die Möglichkeit, Originale vor Ort zu studieren und zu kopieren. Einer davon war übrigens der junge Otto Propheter, der hier mit knapp 16 Jahren künstlerische Erfahrungen sammelte und so den Grundstein für seine spätere Karriere legen sollte.[74]

Abb. 13
Schwierigkeiten mit der Bürokratie
Jakob Götzenberger
Gemälde von Louis Krevel
1834
Privatbesitz

Der Künstler als Leiter

Personalpolitik, Haushaltsjahre, Geschäftsgänge und Registraturordnung – kaum einer der Vorstände der Mannheimer Gemäldegalerie dürfte vorab geahnt haben, was im beruflichen Alltag auf ihn zukommen würde. Schließlich gehörte man zu den angesehenen Künstlern und weniger – wie Götzenberger (Abb. 13) es 1836 ausdrückte – zu den „praktische[n] Geschäftsmänner[n]“. Und weiter: „[Ich] bitte deshalb den hochpreißlichen Oberhofverwaltungsrath, im Fall ich Fehler gegen den Geschäftsgang begehen werde, mir dieselben gütigst nie für bößen Willen, sondern für künstlerische Unerfahrenheit in Statsgeschäften halten zu wollen.“[75] Einen Fehler musste sich Götzenberger 1836 tatsächlich vorwerfen lassen. So hatte er sich mit seinem Anliegen, fortan verstärkt mit dem Kunstverein zusammenarbeiten zu dürfen, direkt an den Großherzog gewandt, den er ja persönlich kannte. Den ihm vorgesetzten Oberhofverwaltungsrat umging er dabei, woraufhin dieser ihn mit einem scharfen Verweis an die Einhaltung des Dienstwegs erinnerte.

Dies war nur die erste Episode von vielen, in denen Götzenberger sich im Dickicht der zuständigen Behörden und Geschäftsgänge verhedderte. Wiederholt zog er es vor, selbst zu agieren, anstatt um Erlaubnis zu fragen. So ließ er 1841 eigenmächtig die Fenster an den Räumen der Galerie reparieren, durch die es hineinregnete – anstatt den für das Immobilienmanagement zuständigen Schlossverwalter einzuschalten. Letzterer weigerte sich daher, die Rechnung, für die Götzenberger selbst kein Budget hatte, zu bezahlen. „Nur bin ich so frey, zu bitten mir diesen Fehler gütigst verzeihen zu wollen, erstens weil das Fenster nöthig war, und zweitens weil man höchsten Orths ja wohl weiß, daß Künstler selten gute Geschäftsleute sind, ich mich aber gewiß immer bestreben will, auch ein ganz ordentlicher Geschäftsmann zu werden. Durch Erfahrung wird man klug und ich hoffe es auch noch zu werden.“ Mehr Entschuldigung ging nicht und schließlich wurde die Rechnung auch übernommen, vor allem – so die Begründung der zuständigen Intendanz der Hofdomänen – „in Anbetracht seines Versprechens, noch ein recht tüchtiger Geschäftsmann werden zu wollen“.[76] Gelungen ist Götzenberger das jedoch nicht, was möglicherweise auf Unwissenheit, wahrscheinlicher aber auf ein gehöriges Maß an Gleichgültigkeit zurückzuführen ist. Und so sind die Akten voll von Verweisen, Irritationen und Unschuldsbekundungen, wobei dem Galeriedirektor immer wieder auch der Schalk im Nacken saß. Nach einer neuerlichen Budgetüberschreitung, für die er 1846 gerügt wurde, schrieb er (Abb. 14): „Für

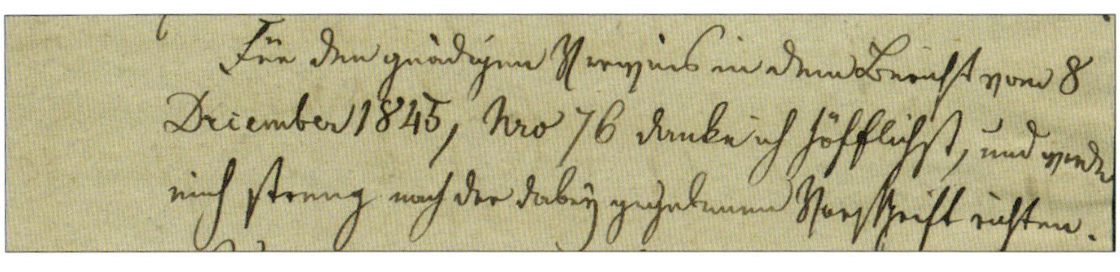
Für den gnädigen Verweis [illegible] vom 8 December 1845, Nro 76 danke ich höflichst, und werde mich strenge nach der dabei gegebenen Vorschrift richten.

Abb. 14
Götzenberger „bedankt“ sich für den Verweis.
Konzeptbrief
1846
StadtA MA - ISG

den gnädigen Verweis in dem Bericht vom 8.12. danke ich höfflichst und werde mich streng nach der dabey gegebenen Vorschrift richten."[77] Und 1848, nach nunmehr 15 Jahren als Galerieleiter, bat er um eine Fortbildung, damit „ich die bestehenden Normen erlernen kann, denn nie habe ich von meiner hohen Behörde eine Instruktion dahin erhalten, möchte aber sehr gerne alle meine Pflichten sehr gerne möglichst gut erfüllen, obgleich ich nur geringe Hofnung habe, daß ich ein besserer Kanzlist wie andere Künstler werde...".[78]

Von den anderen Direktoren sind deutlich weniger derartige Verwaltungsauseinandersetzungen überliefert; doch auch ihnen dürften Götzenbergers Gefühle nicht fremd gewesen sein. Dabei hatten sie ungleich häufiger mit Personalproblemen zu kämpfen. Dem Galerievorstand zugewiesen war in der Regel ein Diener. Dieser war für die Sauberkeit und Sicherheit der Räumlichkeiten zuständig, machte Aufsicht zu den Öffnungszeiten und übernahm auch Führungen durch die Galerie. Dies alles setzte eine gewisse Qualifikation sowie Umgangsformen voraus, über die freilich nicht alle Diener verfügten. Vielmehr waren es in der Regel frühere Hoflakaien, meist in fortgeschrittenem Alter, die in die Galerie versetzt wurden. Bereits Galeriedirektor Zoll zeigte sich mit dem ihm zugewiesenen Diener Obermaier überfordert, der im Dienst ausgiebig dem Alkohol zusprach. Obermaier zeichnete sich durch eine enorme Rabiatheit gegen Vorgesetzte aus; als er 1836 schließlich entlassen wurde, übergab ihm Götzenberger die Kündigung unter Polizeischutz.[79] Es war auch Götzenberger, der eingehend auf die notwendige Qualifikation der Diener hinwies, was aber lange ignoriert wurde. Der 1845 eingestellte Diener Zeller erwies sich nach anfänglicher Schwächephase als stabiler Faktor, der seinen Aufgaben nachkam, aber immer wieder durch Eigenmächtigkeit hervorstach. 1848 schloss er sich der Revolution an und zeigte sich „übermütig", 1849 entschuldigte er sich und trat wieder „brav" gegenüber Vorgesetzten auf.[80] 1853 kam es fast zu einer Anzeige gegen ihn, nachdem er einen Kunstschüler tätlich angegriffen hatte. Wie schon seine Vorgänger, musste sich auch der damalige Direktor Weller Vorhaltungen machen lassen, er führe sein Personal nicht eng und konsequent genug. Nachdem sich Zeller weiterer Dienstvergehen schuldig gemacht hatte, wurde er schließlich 1867 vorzeitig in den Ruhestand versetzt.

Die Tatsache, dass die Disziplin der Diener zu wünschen übrig ließ und sie sehr selbstständig, aber auch selbstherrlich agierten, hing sicherlich auch mit den längeren Urlauben ihrer Vorgesetzten zusammen. Alle Direktoren nahmen für sich im Sommer eine rund zweimonatige Auszeit in Anspruch, in der sie Fremdaufträge in anderen Städten bearbeiteten oder auf Reisen gingen. Hiervon versprachen sie sich neue künstlerische Einflüsse und Einblicke, was in Mannheim angesichts der „Abgeschiedenheit von allem Kunstleben" so nicht möglich war.[81] Mehrfach zogen sie daher urlaubsweise nach München, nach Wien, aber auch nach Paris und Rom. In die Stadt der Päpste reiste beispielsweise Götzenberger, der sein Urlaubsgesuch damit begründete, als Künstler „nicht einseitig und manieriert [...] werden" zu wollen.[82] Die dort für ihn zu erwartende künstlerische Inspiration käme dann dem ganzen Land zu Gute. In Mannheim hielt währenddessen der Galeriediener die Stellung, der wiederum von einem nicht beamteten Hofmaler beaufsichtigt wurde.

4. Epilog: Das Ende der Großherzoglichen Gemäldegalerie in Mannheim

Die Großherzogliche Gemäldegalerie erschien bereits Ende des 19. Jahrhunderts wie ein Relikt aus einer vergangenen Zeit. Sie hatte ihre Strahlkraft verloren, auch wenn mit dem 1900 veröffentlichten Inventar noch einmal ein Zeichen nach außen gesetzt wurde. Seit 1810/11 hatte es kaum nennenswerten Zuwachs gegeben; und ein solcher war auch nicht vorgesehen. Stattdessen suchte die meist sehr in die Jahre gekommene Belegschaft in Person des Direktors und des Dieners primär den Status quo zu erhalten. Die künstlerische Moderne hingegen, die nun auch in Mannheim langsam Fuß fasste, ging an der Gemäldegalerie vorbei. Auch wenn Direktor Frey Sympathien für die Münchner Sezession verspürte und sich als Künstler offen für neue Richtungen zeigte – der Besucher der Galerie konnte hiervon nichts merken. Und spätestens als mit der Kunsthalle 1907 eine neue Institution in Mannheim ins Leben gerufen wurde, die viel stärker im Fokus der Öffentlichkeit stand, geriet die Gemäldegalerie vollends ins Hintertreffen. Darüber hinaus hatte sich mit der Städtischen Sammlung, die vom Kunstverein kuratiert und erweitert wurde, ein neuer Mitspieler auf dem Mannheimer Kunstparkett etabliert. Der eigentliche Entstehungszweck der Großherzoglichen Gemäldegalerie, mit der ein Ersatz für die bis 1803 verlorene Kunstsammlung geschaffen werden sollte, hatte sich ohnehin schon längst überlebt.

Auch der badische Staat zeigte nur noch wenig Interesse an der Fortführung der Galerie. Bereits im 19. Jahrhundert hatte es wiederholt Überlegungen gegeben, diese zugunsten von Karlsruhe zu schließen. Aus Rücksicht auf die lokalen Befindlichkeiten war dieser letzte Schritt jedoch nicht vollzogen worden. Mit dem Ende der Monarchie gelangte die Gemäldegalerie aus großherzoglichem Privatbesitz in das Eigentum des neuen badischen Staates. Nun traf es sich günstig, dass die Stadt Mannheim Interesse an der Errichtung eines Schlossmuseums und damit an der leihweisen Übernahme auch der Gemäldegalerie (Abb. 15) hatte. Am 12. Januar 1922 stimmte der Stadtrat einem entsprechenden Leihvertrag zu, der unter anderem vorsah, dass fortan die Stadt die Sach- und Personalkosten bestritt und die Sammlungen „als öffentliches Kulturgut der Allgemeinheit in weitestem Umfang zugänglich gemacht werden" mussten.[83] Zuständig für die Gemäldegalerie war künftig die Direktion der Kunsthalle, wobei der Großteil der Bilder im Schloss und in den Räumen des dort im Aufbau befindlichen Museums aufbewahrt wurde. Doch auch in dem 1926 eröffneten Schlossmuseum blieb die Gemäldegalerie ein ungeliebtes Stiefkind. Nicht einmal die „Diebstahlsensation" von 1921 hatte für mehr Publikum gesorgt, so rückblickend Kunsthallendirektor Gustav Friedrich Hartlaub.[84]

Das Ende der Galerie kam 1937. Gustaf Jacob, der neue Leiter des Schlossmuseums, verfolgte den Plan, seine Einrichtung auf das 17. und 18. Jahrhundert zu fokussieren und dem Barock zu widmen. Hierbei störte jedoch die Gemäldegalerie, deren Bilder er – und da war er sich mit Kunsthallendirektor Walter Passarge einig – als überwiegend minderwertig einschätzte. Unter Einbeziehung des Leiters der Staatlichen Kunsthalle Karlsruhe Kurt Martin wurde die Sammlung nunmehr aufgeteilt: Jacob suchte 80 Bilder für das Barockmuseum aus, Passarge neun Gemälde zur Ergänzung seiner Sammlung; der übrig gebliebene Rest – 241 Bilder – ging zur Magazinierung an die Kunsthalle Karlsruhe und damit in staatlichen Besitz zurück.

Abb. 15
Blick in die Gemäldegalerie
Fotografie
Um 1920
StadtA MA - ISG

Damit endete die Geschichte der ehemaligen Großherzoglichen Gemäldegalerie in Mannheim. Ihr Inventar ist noch immer entsprechend der 1937 getroffenen Vereinbarung aufgeteilt, das Erbe des Schlossmuseums haben die Reiss-Engelhorn-Museen Mannheim angetreten. Die dort verwahrten 80 Werke bildeten den Grundstock für die heutige Gemäldesammlung, die zuletzt in der Ausstellung „meisterhaft" (Abb. 16) dem Publikum präsentiert wurde. Auch in der Staatlichen Kunsthalle Karlsruhe sind heute wieder Bilder zu sehen, die ihr 1937 lediglich zur Magazinierung überstellt worden waren. Die Kunsthalle Mannheim stellte ihrerseits bis zuletzt das Eichfeld-Porträt von Lovis Corinth aus. Und zwei Bilder waren fast klammheimlich – zumindest vorübergehend – an ihren alten Ort zurückgekehrt: Die Landschaftsgemälde von Ferdinand Kobell hatte man über 30 Jahre an die Universität Mannheim ausgeliehen, wo sie bis vor wenigen Jahren den Senatssaal im östlichen Schlossflügel schmückten. Mittlerweile ersetzt durch moderne Bilder aus der Sammlung Würth, befinden sie sich nun wieder in der Kunsthalle Mannheim.

So spiegelt sich auch hier im Kleinen eine große Linie kunstpolitischer Geschichte wider – der Trend vom fürstlichen Mäzenatentum hin zu Stiftungen bürgerlicher Industriemagnaten.

Abb. 16
Plakat zur Ausstellung „meisterhaft"
2012
Reiss-Engelhorn-Museen
Gestaltung: Tobias Mittag

1 Mannheimer Generalanzeiger, 23.6.1889, in: StadtA MA-ISG, ZGS, Ortsgeschichtliche Sammlung, S 2/55. Im Rahmen des von der DFG geförderten Pilotprojekts „Digitalisierung archivischer Unterlagen" wurde im Stadtarchiv Mannheim-ISG unter der Leitung des Verfassers der Aktenbestand „Kunsthalle Mannheim" (Zugang 2/2012) digitalisiert. Überraschenderweise fanden sich im Bestand auch Unterlagen aus dem 19. Jahrhundert, bei denen es sich um die Handakten der Direktoren der Großherzoglichen Gemäldegalerie Mannheim handelte. Diese wurden für den vorliegenden Aufsatz ausgewertet und in verkürzter Form in einer Vortragsveranstaltung am 11. Mai 2016 im Stadtarchiv Mannheim-ISG vorgestellt. Die Gegenüberlieferung im Generallandesarchiv Karlsruhe wurde im Rahmen des Projekts nicht herangezogen.

2 Volker Plagemann: Das deutsche Kunstmuseum 1790-1870. Lage, Baukörper, Raumorganisation, Bildprogramm (= Studien zur Kunst des neunzehnten Jahrhunderts 3). München 1967; Hubert Locher: Deutsche Malerei im 19. Jahrhundert. Darmstadt 2005.

3 Hans Fenske: Baden 1830 bis 1860, in: Handbuch der baden-württembergischen Geschichte. Dritter Band: Vom Ende des Alten Reiches bis zum Ende der Monarchien. Stuttgart 1992, S. 79-132, hier S. 106; ders.: Baden 1860 bis 1980, in: Ebenda, S. 133-234, hier S. 220. Zur Kunstgeschichte Badens im 19. Jahrhundert vgl. immer noch Josef August Beringer: Badische Malerei 1770-1920. Karlsruhe 1922; Arthur von Schneider: Badische Malerei im 19. Jahrhundert. 2. Aufl. Karlsruhe 1968. Zur Rolle der Kunstvereine vgl. Dieter Hein: Bürgerliches Mäzenatentum im 19. Jahrhundert. Überlegungen am Beispiel der Kunst- und Künstlerförderung in Karlsruhe und Mannheim, in: Jürgen Kocka / Manuel Frey (Hrsg.): Bürgerkultur und Mäzenatentum im 19. Jahrhundert. Berlin 1998, S. 82-97.

4 Schreiben an die Generalintendanz (Entwurf) vom 26.12.1881. StadtA MA - ISG, Kunsthalle Mannheim, Zug. 2/2012 Nr. 903.

5 Katrin Rössler: Vom Adelsschloss zum Bürgerschloss. Umnutzungen ab 1860, in: Barockschloss Mannheim. Geschichte und Ausstattung, hrsg. Staatliche Schlösser und Gärten Baden-Württemberg. Petersberg 2007, S. 163-182.

6 Zur Geschichte der Großherzoglichen Gemäldegalerie vgl. Katrin Rössler: Die Sammlungen in Großherzoglich-Badischer Zeit, in: Barockschloss Mannheim, wie Anm. 5, S. 183-201; Andreas Krock: Zur Geschichte der Sammlungsbestände der rem-Gemäldegalerie, in: Alfried Wieczorek / Hans-Jürgen Buderer (Hrsg.): meisterhaft. Von Cranach d.Ä. bis Kobell (= Publikationen der Reiss-Engelhorn-Museen Band 40). Regensburg 2011, S. 14-16.

7 Kathrin Ellwardt: Die Sammlungen am kurpfälzischen Hof, in: Barockschloss Mannheim, wie Anm. 5, S. 71-85. Zur Flüchtung der Sammlungen nach München vgl. dies.: Verlust der Residenz: Ein verwaistes Schloss?, in: Barockschloss Mannheim, wie Anm. 5, S. 86-97, bes. S. 89f.

8 So Hofbibliothekar Theodor von Traitteur. Zitat bei Friedrich Walter: Mannheim in Geschichte und Gegenwart. Band I: Geschichte Mannheims von den ersten Anfängen bis zum Übergang an Baden (1802). Mannheim 1907, S. 907.

9 Vgl. Harald Stockert: 1801-1815: Ein „goldenes Zeitalter" unterm badischen Greif? in: Ulrich Nieß/Michael Caroli: Geschichte der Stadt Mannheim. Band 2: 1801-1914. Ubstadt-Weiher 2007, S. 1-57, hier S. 3, 6.

10 Helmut Tenner: Mannheimer Kunstsammler und Kunsthändler bis zur Mitte des 19. Jahrhunderts. Heidelberg 1966, S. 121f.

11 Ulf Sölter: Anton von Klein und seine kunstgeschichtliche Lehrsammlung im Zeitalter der Aufklärung. Katalogbuch zur Ausstellung in der Kunsthalle Mannheim 2007. Worms 2007.

12 Rössler, wie Anm. 6, S. 185.

13 Karl Stiefel, Baden 1648-1952. Band 1. Karlsruhe 1977, S. 251-254.

Harald Stockert

14 Zitat aus dem Mannheimer Unterhaltungsblatt vom 29.7.1881 bei Rössler, wie Anm. 6, S. 190. Zur Kupferstichsammlung vgl. Sölter, wie Anm. 11.

15 So Else Biram: Die Industriestadt als Boden neuer Kunstentwicklung (= Schriften zur Soziologie der Kultur 4). Jena 1919, S. 15. Zu den Sammlungen vgl. Rössler, wie Anm. 6, S. 190-197.

16 Krock, wie Anm. 6, S. 15.

17 Biram, wie Anm. 15, S. 16.

18 Vgl. dazu: Verzeichnis der Gemälde der Großherzoglichen Galerie zu Mannheim. Mannheim 1914; Rössler, wie Anm. 6, S. 185f.

19 Andreas Krock / Thorsten Westphal: Das Geheimnis eines Bildes. „Die Lesende" von Peter Paul Rubens und Jan Boeckhorst, in: Mannheimer Geschichtsblätter 30 (2015), S. 107-116.

20 Vgl. meisterhaft, wie Anm. 6, S. 90-96, 104f.

21 Vgl. meisterhaft, wie Anm. 6, S. 46f., 134f.

22 Vgl. meisterhaft, wie Anm. 6, S. 202ff., 220-227.

23 Vgl. Beringer, wie Anm. 3, S. 13ff., 25ff., 31ff.

24 Verzeichniß der Kunstwerke in der Großherzoglichen Gemäldegallerie zu Mannheim. Karlsruhe 1854. 2. Aufl. Mannheim 1880; Verzeichniss der Gemälde der Großherzoglichen Galerie zu Mannheim. Mannheim 1891. 2. Aufl. 1900. Verzeichnis der Gemälde der Großherzoglichen Galerie zu Mannheim. Mannheim 1914. Exemplare aller Ausgaben befinden sich in der Bibliothek der Reiss-Engelhorn-Museen.

25 Schreiben vom 3.5.1889, in: StadtA MA - ISG, Kunsthalle Mannheim, Zug. 2/2012 Nr. 863.

26 Rössler, wie Anm. 6, S. 185f. Vgl. Hans Huth (Bearb.): Die Kunstdenkmäler des Stadtkreises Mannheim. Band I. München 1982, S. 442f.; vgl. den Lageplan sowie die Raumkonkordanzen in: Barockschloss, wie Anm. 5, S. 269, 285. Ergänzend dazu eine Planskizze von 1882 in: StadtA MA - ISG, Kunsthalle Mannheim, Zug. 2/2012 Nr. 904.

27 Raumnummerierung von 1919. Vgl. Konkordanz in Barockschloss, wie Anm. 5, S. 285.

28 Zum Kunstverein vgl. Jürgen Brömmer: Geschichte des Mannheimer Kunstvereins von 1833 bis in die Zeit nach dem 2. Weltkrieg, in: 160 Jahre Mannheimer Kunstverein. Bilder von Nah und Fern, hrsg. von Jürgen Brömmer / Martin Stather. Mannheim 1993, S. 20-166, hier S. 79-83. Vgl. Friedrich Walter: Die Mannheimer Museumssammlungen und ihr weiterer Ausbau. Mannheim 1908, S. 5ff.

29 Brömmer, wie Anm. 28, S. 45 ff. 94, 132.

30 Brömmer, wie Anm. 28, S. 88.

31 Die Angaben basieren auf den Abrechnungen in den jeweiligen jährlichen Handakten der Galeriedirektoren.

32 Mannheimer Adreß-Kalender auf das Jahr 1836. Mannheim 1836, S. 17.

33 Verzeichnis 1900, wie Anm. 18, S. 1.

34 Plagemann, wie Anm. 2, S. 31.

35 Vgl. den Anhang „Gehalts-Tarif" zum Gesetz „Nachtrag zur Gehaltsordnung" vom 9.7.1894, veröffentlicht in: Gesetzes- und Verordnungs-Blatt für das Großherzogtum Baden, Nr. 35, vom 23.7.1894.

36 Zu Staasens (auch Staessens bzw. Stassens) vgl. Allgemeines Lexikon der bildenden Künstler von der Antike bis zur Gegenwart. Begründet von Ulrich Thieme und Felix Becker, hrsg. von Hans Vollmer. ND Leipzig 1999, Band 31/32, S. 430. Die in der Literatur bislang verwendete unklare Datierung des Todesdatums von „nach 1821" kann anhand der Familienbögen im StadtA MA - ISG auf den 23.1.1831 konkretisiert werden. Vgl. weiterhin Barbara Grotkamp-Schepers: Die Mannheimer Zeichnungsakademie (1756/69-1803) und die Werke der ihr angeschlossenen Maler und Stecher. Frankfurt/M. 1980.

37 Handbuch für Reisende nach Heidelberg und in seine Umgebung. Heidelberg 1815, S. 51f.

38 Biram, wie Anm. 15, S. 13. Zu Zoll vgl. den Artikel in: Allgemeines Lexikon, wie Anm. 36, Band 35/36, S. 547.

39 Vgl. so die Charakterisierung in seinem Nachruf in: Kunst-Blatt Nr. 100 vom 12.12.1833.

40 Schreiben vom 14.4.1832 in: StadtA MA - ISG, Kunsthalle Mannheim, Zug. 2/2012 Nr. 916.

41 Vgl. Schriftwechsel ebenda.

42 Zu Götzenberger vgl. neuerdings die Dissertation von Katja Mikolajczak: Jakob Götzenberger 1802-1866. Leben und Werk (= Tholos Kunsthistorische Studien Band 9). Münster 2015. Vgl. zudem den Artikel in: Allgemeines Künstlerlexikon, wie Anm. 36, Band 13/14, S. 327f.

43 Beringer, wie Anm. 3, S. 17.

44 Schreiben an die Intendanz der Kunst-Cabinette vom 6.2.1843 (Entwurf) in: StadtA MA - ISG, Kunsthalle Mannheim, Zug. 2/2012 Nr. 914.

45 Schreiben vom 24.5.1848 an die Großherzogliche Intendanz (Entwurf) in: StadtA MA - ISG, Kunsthalle Mannheim, Zug. 2/2012 Nr. 860.

46 Zitat bei Mikolajczak, wie Anm. 42, S. 129. In den Handakten ist das Verfahren nur in Anspielungen belegt.

47 Zu Weller vgl. Theodor Leopold Weller (1802-1880). Zeichnungen im Reiß-Museum, bearb. v. Harald Siebenmorgen. Mannheim 1981; Allgemeines Künstlerlexikon, wie Anm. 36, Bd. 35/36 S. 357f.

48 Brömmer, wie Anm. 28, S. 41-43.

49 Zu Roux vgl. Siegfried Wichmann: Münchner Landschaftsmaler im 19. Jahrhundert. Meister. Schüler. Themen. Weyarn 1996, S. 268; Badische Biographien Band V,2. Karlsruhe 1906, S. 676ff.; Allgemeines Künstlerlexikon, wie Anm. 36, Band. 29/30, S.122.

50 Beringer, wie Anm. 3, S. 85.

51 Eigene Lebensbeschreibung in: Neue Badische Landeszeitung vom 31.5.1907 (StadtA MA - ISG, ZGS, Personengeschichtliche Sammlung, S 1/3020). Zu Frey vgl. weiterhin Allgemeines Künstlerlexikon, wie Anm. 36, Bd. 12, S. 442f.

52 Hofstede de Groot war um 1900 der führende Spezialist für die niederländischen Maler des 17. Jahrhunderts, deren Werke er im Rahmen einer umfangreichen Reisetätigkeit erfasste und katalogisierte. So fanden auch zahlreiche Mannheimer Bilder Eingang in sein voluminöses Hauptwerk: Beschreibendes und kritisches Verzeichnis der Werke der hervorragendsten holländischen Maler des XVII. Jahrhunderts. 10 Bände. Esslingen/Paris. 1907-1928.

53 Schreiben von Ludwig Dill an Wilhelm Frey vom 5.1.1906 in: StadtA MA - ISG, Kunsthalle Mannheim, Zug. 2/2012 Nr. 929.

54 Inge Herold: Die „Internationale Kunst-Ausstellung", in: Sylvia Schraut / Margit Illing (Hrsg.): Mannheim 1707 – 1807 – 1907. Eine Stadt feiert sich selbst. Kulturgeschichtliche Facetten kommunaler Repräsentation, Mannheim 2007, S. 53-59, hier S. 55.

55 Die Kunst für Alle. Malerei, Plastik, Graphik, Architektur. Band 24 (1908/1909), S. 366.

56 Zu Eichfeld vgl. Allgemeines Künstlerlexikon, wie Anm. 36, Bd. 9/10, S. 405. Nekrolog in: General-Anzeiger vom 2.8.1917 (in: StadtA MA - ISG, ZGS, Personengeschichtliche Sammlung, S 1/1589).

57 Schreiben des Präsidenten der General-Intendanz an Eichfeld vom 28.6.1917. StadtA MA - ISG, Kunsthalle Mannheim, Zug. 2/2012 Nr. 921.

58 Allgemeines Künstlerlexikon, wie Anm. 36, Bd. 31/32, S. 276. Beringer, wie Anm. 3, S. 276.

59 Schreiben an den Oberverwaltungsrat (Entwurf) vom 28.2.1834 in: StadtA MA - ISG, Kunsthalle Mannheim, Zug. 2/2012 Nr. 905.

60 Vgl. Vorgang in: StadtA MA - ISG, Kunsthalle Mannheim, Zug. 2/2012 Nr. 772 und 870.

61 Z.B. Schreiben vom 28.1.1904 in: StadtA MA - ISG, Kunsthalle Mannheim, Zug. 2/2012 Nr. 927.

62 Schreiben vom 26.12.1881 (Entwurf). StadtA MA - ISG, Kunsthalle Mannheim, Zug. 2/2012 Nr. 903.

63 Schreiben vom 4.3.1885 (Entwurf). StadtA MA - ISG, Kunsthalle Mannheim, Zug. 2/2012 Nr. 862.

64 Schreiben vom 26.12.1881 (Entwurf). StadtA MA - ISG, Kunsthalle Mannheim, Zug. 2/2012 Nr. 903.

65 Zum Kosakenstall vgl. Huth, S. 448f. Zum Vorgang vgl. Schreiben vom 26.12.1881 (Entwurf). StadtA MA - ISG, Kunsthalle Mannheim, Zug. 2/2012 Nr. 884.

66 Rössler, wie Anm. 6, S. 173.

67 So eine Klausel in der Instruktion für Galerieinspektor Zoll, die gleichzeitig auch für den Galeriedirektor galt, vom 23.2.1826. StadtA MA - ISG, Kunsthalle Mannheim, Zug. 2/2012 Nr. 916.

68 Bericht vom 25.1.1844 (Entwurf). StadtA MA - ISG, Kunsthalle Mannheim, Zug. 2/2012 Nr. 915.

69 Bericht vom 28.6.1893 (Entwurf). StadtA MA - ISG, Kunsthalle Mannheim, Zug. 2/2012 Nr. 885.

70 Zeitungsberichte zum Diebstahl und anschließenden Gerichtsprozess in StadtA MA - ISG, ZGS, Ortsgeschichtliche Sammlung, S 2/55.

71 Schreiben o.D. StadtA MA - ISG, Kunsthalle Mannheim, Zug. 2/2012 Nr. 888.

72 Vgl. Mikolajczak, wie Anm. 42, S. 78.

73 StadtA MA - ISG, Kunsthalle Mannheim, Zug. 2/2012 Nr. 906.

74 Dankesbrief von Propheter an Roux vom 7.8.1891. StadtA MA - ISG, Kunsthalle Mannheim, Zug. 2/2012 Nr. 883.

75 Schreiben vom 16.5.1836 (Entwurf). StadtA MA - ISG, Kunsthalle Mannheim, Zug. 2/2012 Nr. 907.

76 Schriftwechsel in: StadtA MA - ISG, Kunsthalle Mannheim, Zug. 2/2012 Nr. 912.

77 Schreiben vom 23.6.1846 (Entwurf). StadtA MA - ISG, Kunsthalle Mannheim, Zug. 2/2012 Nr. 852.

78 Schreiben vom 23.1.1848 (Entwurf). StadtA MA - ISG, Kunsthalle Mannheim, Zug. 2/2012 Nr. 860.

79 Vorgang in StadtA MA - ISG, Kunsthalle Mannheim, Zug. 2/2012 Nr. 907.

80 Schreiben Götzenbergers vom 30.7.1849. StadtA MA - ISG, Kunsthalle Mannheim, Zug. 2/2012 Nr. 858.

81 So die Begründung im Urlaubsgesuch von Karl Roux vom 11.7.1881. StadtA MA - ISG, Kunsthalle Mannheim, Zug. 2/2012 Nr. 903.

82 Schreiben vom 30.9.1845 (Entwurf). StadtA MA - ISG, Kunsthalle Mannheim, Zug. 2/2012 Nr. 770.

83 Gedrucktes Vertragsexemplar in: StadtA MA - ISG, Kunsthalle Mannheim, Zug. 2/2012 Nr. 391.

84 Schreiben an den Oberbürgermeister vom 21.12.1931. StadtA MA - ISG, Kunsthalle Mannheim, Zug. 2/2012 Nr. 391.

Susanne Schlösser

Fast ein Mannheimer 1848er

Philipp Wilhelm Wernher und seine Beziehungen nach Mannheim

Prof. Dr. Arnold Mathy (1755-1825), der Vater des späteren badischen Staatsministers Karl Mathy (1806-1868), scheint ein strenger Lehrer gewesen zu sein. Zumindest beurteilte er die meisten seiner Schüler, die er in den Jahren 1814 und 1815 unterrichtet hat, ziemlich hart und klagte: „Meine schwache Brust erlieget bei der zu heftigen Anstrengung, welche bei dem Mangel an Disciplin nöthig ist, um das Geräusch und Getös zu überschreien. Die wenigen Braven und Guten sind zu bedauern, welche unter den rohen Haufen gerathen sind, welche zu bessern man noch die geringsten Mittel nicht scheint gefunden zu haben." Dies ist nachzulesen in den seit 1814 überlieferten Schülerlisten des Lyzeums, des heutigen Karl-Friedrich-Gymnasiums[1], wo Prof. Mathy seit 1807 Unterricht gab.[2] Besonders oft zu tadeln hatte er zum Beispiel die Schüler Behagel[3], Diffené[4], Sachs[5] und Thorbecke[6], deren Arbeiten zu wünschen übrig ließen und die offensichtlich auch ziemlich vorlaut waren.

Fast unbemerkt versteckt sich in diesen Schülerlisten der Jahre 1814 und 1815 ein Name, dessen Träger nie getadelt wird, und der dann auch ab 1816 wieder daraus verschwindet. Der Schüler Wernher (auch sein Vorname wird – wie die der anderen – nie genannt) scheint zu den „wenigen Braven und Guten" gehört zu haben, was auch mit dem übereinstimmt, was man aus späteren Jahren von ihm weiß. In den Listen, die nach den Ergebnissen der Hausarbeiten absteigend geführt wurden, steht er oft an erster Stelle, aber immer unter den ersten fünf bis zehn. Ansonsten scheint er nicht sehr aufgefallen zu sein, denn Prof. Mathy macht keinerlei weitere Anmerkungen über ihn.

Wernher ist kein Mannheimer Name – es gibt auch nur einen Familienbogen, der diesen Namen trägt: Bei der Ersterfassung im Jahr 1807 lebte eine Elisabetha Wernher (1738-1818), Witwe des von 1801 bis zu seinem Tod in Mannheim tätigen königlich bayerischen Regierungsrats Johann Wilhelm Wernher (1730-1805), mit ihren beiden unverheirateten Töchtern Susanna (1757-1838) und Karolina (1766-1846) und einer Köchin in der Quadratestadt. Mehrfach wurde die Behausung gewechselt, 1815 wohnten die Damen in Q 2, 7[7], einem Eckhaus (Abb. 1) gegenüber der Konkordienkirche. Wie man dem Familienbogen außerdem entnehmen kann, hatte Elisbetha Wernher noch zwei Söhne: Ludwig (geb. 1765) „ist dermahlen in der Fremde"[8] und Wilhelm (geb. 1767) ist als „Advocat zu Mainz" verzeichnet. Ist damit vielleicht die Spur zu dem Mannheimer Lyzeumschüler Wernher schon gelegt?

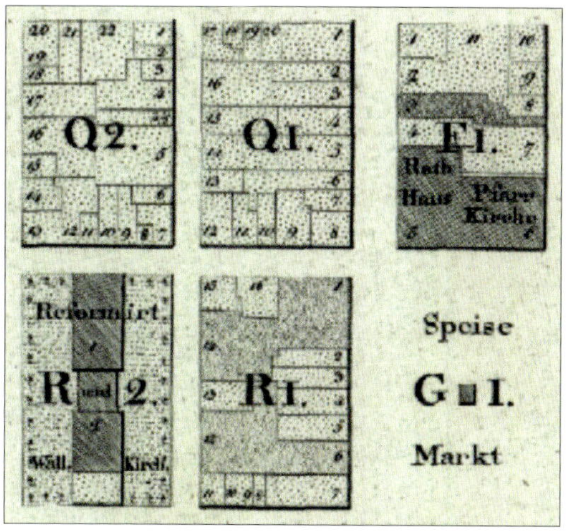

Abb. 1
Das Quadrat Q 2 mit der Hausnummer 7 an der Ecke zu Q 1 im Jahr 1811
StadtA MA - ISG

Ja – denn in Mainz wurde dem im Mannheimer Familienbogen angegebenen Juristen Johann Wilhelm Wernher (1767-1827) am 12. Januar 1802 von seiner Frau Julie geb. Bruch (1777-1822) ein erster Sohn geboren, der den Namen Philipp Wilhelm erhielt. In der noch weitgehend katholischen ehemaligen Residenzstadt des Mainzer Erzbischofs und nunmehrigen Hauptstadt des französischen Departements Mont Tonnerre gab es zu diesem Zeitpunkt noch keine evangelische Gemeinde. Deshalb wurde zur Taufe des Stammhalters extra ein Freund des Vaters, Johann Philipp Gerhard Pauli aus Osthofen, dorthin geholt. Dass die Familie evangelisch war, zeigt schon, dass sie keine alteingesessene Mainzer Familie gewesen sein kann. Und tatsächlich wohnte das Ehepaar Wernher noch nicht lange dort. Ihre Heimat war Zweibrücken, wo sowohl Johann Wilhelm wie sein gleichnamiger Vater in der Verwaltung des Herzogtums Pfalz-Zweibrücken beschäftigt gewesen waren. Die Wirren der Revolutionskriege ab 1792, die zugleich das Ende des Herzogtums bedeuteten, vertrieben die Familie und trennten sie. Während die

Eltern und Töchter nach Mannheim zogen, versuchte der Sohn Johann Wilhelm, der einst in Mainz studiert hatte, dort sein Glück und machte bald Karriere in der französischen Departementalverwaltung – eine gewisse Berühmtheit erlangte er als Ankläger im Schinderhannes-Prozess 1803.[9]

Doch warum ging dessen ältester Sohn Philipp Wilhelm zwei Jahre in Mannheim zur Schule? Zunächst hatte er natürlich die Domschule in Mainz besucht und dann das dortige kaiserlichen Lyzeum. Aber die Umbrüche am Ende der napoleonischen Ära, welche die linksrheinischen Gebiete direkt betrafen, wirkten sich auch auf die Biographie des damals 11-jährigen Knaben aus, der im Übrigen inzwischen drei jüngere Brüder hatte. Denn als die französischen Truppen nach der Niederlage in der Völkerschlacht bei Leipzig im Herbst 1813 Mainz erreichten, zog sich die Familie Wernher vorsichtshalber auf ihren 1804 als Nationalgut erworbenen ehemaligen Haxthäuser Hof in Nierstein[10] zurück. Philipp Wilhelm und sein um ein Jahr und neun Monate jüngerer Bruder Julius Carl wurden jedoch zu ihrer Großmutter väterlicherseits nach Mannheim geschickt, um ihre Schulzeit dort fortzusetzen (Abb. 2). Die beiden anderen Kinder, 1808 und 1811 geboren, waren dafür noch zu klein. Erst nach dem Wiener Kongress – durch den Rheinhessen dem Großherzogtum Hessen-Darmstadt zugeschlagen worden war – kehrten sie 1816 wieder nach Mainz zurück, um 1817 mit den Eltern nach Darmstadt umzuziehen. Denn dort warteten auf den Vater neue Aufgaben als großherzoglich hessischer Staatsrat, wie sein Titel fortan lauten sollte.

Abb. 2
Die Parade russischer Truppen auf dem heutigen Schillerplatz, abgehalten am 27. Juni 1815, hat Philipp Wilhelm Wernher möglicherweise in Mannheim miterlebt. Im Hintergrund ist zwischen Jesuitenkirche und Schloss das Gebäude des Lyzeums gut zu erkennen.
rem

Bis 1819 besuchte Philipp Wilhelm dann noch das Gymnasium in Darmstadt, bevor er ein Studium der Rechtswissenschaften und der evangelischen Theologie begann, das ihn nach Gießen (1819/20), Göttingen (1820/21) und schließlich Heidelberg (1821/22) führen sollte.[11] Ob er nach seiner Schulzeit noch einmal in Mannheim gewesen ist, zum Beispiel von Heidelberg aus, ist nicht überliefert, jedoch anzunehmen, umso mehr als bis 1846 noch eine Tante von ihm hier lebte. Auf jeden Fall ist er aber in seiner weiteren Laufbahn immer wieder mit Mannheimer Persönlichkeiten seiner Zeit zusammengetroffen, auch wenn er selbst keine badische, sondern eine hessen-darmstädtische Größe geworden ist.

Wegen eines Augenleidens musste Philipp Wilhelm Wernher 1824 das Studium aufgeben und übernahm stattdessen den väterlichen Gutshof in Nierstein, den er fortan mustergültig führte. Allerdings beschäftigte er sich zeitlebens auch mit juristischen, theologischen und volkswirtschaftlichen Themen, war bekannt für sein gutes Gedächtnis für Erlebtes und Gelesenes und wurde auch schon in jungen Jahren wegen seines sittenstrengen und harten Urteils geachtet und gefürchtet. Später erhielt er den Beinamen „der alte Herr", unter dem er nicht nur in der Familie bekannt war. Nachdem die Entscheidung über die berufliche Zukunft gefallen war, heiratete Philipp Wilhelm Wernher 1825 die Schwester eines Studienfreundes, Auguste Carl aus Hanau. Sie war kränklich und starb – nachdem sie drei Kinder geboren hatte – bereits 1833 im Alter von 27 Jahren. Zwei Jahre später ging er mit Katharina Dilg aus Selzen eine zweite Ehe ein. Aus dieser Ehe stammen weitere acht Kinder, die zwischen 1836 und 1849 geboren wurden.

Neben der Bewirtschaftung seines Gutes stand Philipp Wilhelm Wernher (Abb. 3) auch immer wieder für öffentliche Ämter zur Verfügung (unter anderem war er Adjunkt in Nierstein). Am 7. November 1844 wurde für den Wahlkreis Oppenheim als Abgeordneter in die zweite Kammer der Stände des Großherzogtums Hessen-Darmstadt gewählt, der er bis 1872 ununterbrochen angehören sollte. Er wirkte lange im Finanzausschuss mit und war viele Jahre lang der landständige Direktor der Staatsschuldentilgungskasse. Daneben war er Präsident des landwirtschaftlichen Vereins für Rheinhessen und Mitglied der evangelischen Landessynode. Wegen

Abb. 3
Philipp Wilhelm Wernher in den 1840er Jahren
Privat

seiner großen Verdienste wurde er am 18. Dezember 1872 von Großherzog Ludwig zum lebenslänglichen Mitglied der ersten Kammer der Stände ernannt.[12]

Überregional tätig wurde Philipp Wilhelm Wernher im Zusammenhang mit der Revolution von 1848/49. Gut befreundet mit Heinrich von Gagern, der auf dem Wernher'schen Gut in Nierstein die Kenntnisse zum Bewirtschaften seines Guts in Monsheim erworben hatte, gehörte Philipp Wilhelm Wernher bereits 1847 zu dem Kreis liberaler Politiker, die sich im Gasthaus „Zum halben Mond" in Heppenheim trafen, um Forderungen nach Pressefreiheit, Versammlungsfreiheit, Gewerbefreiheit und die Einrichtung von Geschworenengerichten auszuformulieren. Aus Mannheim nahm an dieser Versammlung Johann Adam von Itzstein (1775-1855)[13] teil – auch er übrigens ein gebürtiger Mainzer, wenn auch eine Generation älter. Philipp Wilhelm Wernher zählte auch zu den 51 Mitgliedern deutscher Landtage, die am 5. März 1848 in Heidelberg das Vorparlament nach Frankfurt einberiefen, dessen Mitglied er ebenfalls war – dort traf er unter anderem auf Gustav Struve (1805-1870)[14] und Wilhelm Sachs aus Mannheim. Mit letzterem hatte er – wie bereits erwähnt – 1814/15 im Mannheimer Lyzeum die Schulbank gedrückt. Auch in der Nationalversammlung sollte er ihm wieder begegnen. Ob sie in regem Kontakt miteinander standen, ist allerdings fraglich, da die beiden Schulkameraden sehr unterschiedliche politische Standpunkte vertraten. Während Philipp Wilhelm Wernher der liberalen Mitte angehörte, stand Sachs den radikaleren Abgeordneten näher und beteiligte sich 1849 auch an der Bildung einer „Provisorischen Regierung mit diktatorischer Gewalt", was letztlich dazu führte, dass gegen ihn ein Strafverfahren wegen Hochverrats eingeleitet wurde, dem er sich durch eine Flucht nach England entzog, wo er bis zu seinem Tod am 24. Februar 1866 im Exil blieb, da er in Deutschland eine lange Haftstrafe zu gewärtigen hatte.[15]

Philipp Wilhelm Wernher wurde übrigens nicht im Wahlkreis Oppenheim in die Nationalversammlung gewählt, sondern er vertrat den Wahlkreis Alsfeld.[16] In der Paulskirche traf er dann außerdem noch auf die Mannheimer Friedrich Daniel Bassermann (1811-1855)[17] und Johann Georg Alexander von Soiron (1806-1855)[18], mit denen zusammen er im Ausschuss für den „Entwurf der Reichsverfassung" saß, sowie auf Karl Mathy[19], den Sohn seines ehemaligen Lehrers, den er möglicherweise ebenfalls bereits vom Mannheimer Lyzeum her kannte, auch wenn der vier Jahre jüngere Mathy sicher in einer anderen Klasse gewesen war als er.

Philipp Wilhelm Wernher war außerdem Vorsitzender im Ausschuss für die „Entwerfung einer Proklamation an das deutsche Volk". Er trat in den Debatten auch immer wieder als Redner auf, wurde wegen seiner eckigen Gesten zwar als „Reichsmeilenzeiger" etwas verspottet, aber durchaus gehört, zumal er bemüht war, seine Meinung sehr genau darzulegen. In der Frage des Staatsoberhauptes gehörte er zu den Abgeordneten, die dem preußischen König Friedrich Wilhelm IV. das Erbkaisertum antrugen, was dieser bekanntlich ablehnte. Danach hielt Philipp Wilhelm Wernher die weitere Arbeit des Parlaments für nutzlos und erklärte zusammen mit zahlreichen anderen Abgeordneten am 24. Mai 1849 seinen Austritt aus der Nationalversammlung. Doch versuchte er auch weiterhin, liberale Grundsätze in anderen politischen Gremien durchzusetzen, neben seiner Arbeit in der hessisch-darmstädtischen Ständekammer war er 1850 auch Mitglied im Erfurter Unionsparlament.

In seinen letzten Lebensjahren – so schreibt sein Enkel Carl Wernher, der ihn noch persönlich kannte, in der Chronik der Familie[20] – zog sich der

Abb. 4
Titelseite der für die Familie gedruckten Ausgabe des erwähnten Kochbuchs mit einer Abbildung des Haxthäuser Hofs in Nierstein
Privat

inzwischen hochbetagte Philipp Wilhelm Wernher immer mehr zurück und beschäftigte sich fast nur noch mit seinem großen Garten. Von Jugend an eher introvertiert und egozentrisch veranlagt, fiel es ihm generell schwer, gesellig zu sein. Er starb am 6. Oktober 1887 im Alter von 85 Jahren in seinem Haus in Nierstein an Altersschwäche.

PS: Den noch heute zahlreichen Nachkommen der Familie Wernher, zu denen auch die Autorin dieses Beitrags als Ururenkelin von Philipp Wilhelm Wernher zählt, ist übrigens etwas ganz Besonderes aus dem Mannheimer Intermezzo einiger Familienmitglieder geblieben: nämlich ein Rezept für „Mannheimer Pfeffernüsse", das sich in einem Kochbuch findet, das die Mutter von Philipp Wilhelm Wernher, Julie Wernher geb. Bruch, verfasst hat (Abb. 4). Vielleicht haben wir das Rezept den drei Frauen zu verdanken, die auf dem Mannheimer Familienbogen verzeichnet sind und deren letzte erst 1846 – also kurz vor der Revolution – in Mannheim verstorben ist.

1 StadtA MA - ISG, Zug. 4/1977, Nr. 60.
2 Vgl. Mathy, Ludwig: Prof. Dr. Arnold Mathy, in: Mannheimer Geschichtsblätter. - 26 (1925), Nr. 11, Sp. 223-226.
3 Wohl der spätere Tapetenfabrikant Johann Michael Behagel, 1801 als Sohn des Handeslmanns Jakob Behagel geboren, vgl. Familienbogen Behagel, Jakob.
4 Wohl der spätere Weinhändler Heinrich Karl Christian Diffené (1804-1883), dessen Sohn Philipp (1833-1903) als Handelskammerpräsident und Reichstagsabgeordneter bekannt wurde, vgl. Familienbogen Diffené, Heinrich Karl Christian.
5 Wilhelm Sachs (1801-1866), später Kaufmann und 1848/49 Abgeordneter des Vorparlaments und der Nationalversammlung, der seit 1809 auf das Lyzeum ging; vgl. Der Rhein-Neckar-Raum und die Revolution von 1848/49. Revolutionäre und ihre Gegenspieler. Ubstadt-Weiher 1998, S. 259.
6 Wohl Andreas Heinrich Thorbecke, der 1803 geborene Sohn des gleichnamigen Zigarrenfabrikankten, vgl. Familienbogen Thorbecke, Andreas Heinrich.
7 Vgl. Mannheimer Adressbuch von 1815.
8 Familienbogen Wernher, Elisabetha.
9 Vgl. dazu Philipp Wilhelm Wernher: Johann Wilhelm Werner. Sein Leben und seine Thätigkeit. Zweibrücken 1891. Und Wolfgang Dobras (Hrsg.): Schinderhannes. Prozess und Urteil 1803 (Beiträge zur Geschichte der Stadt Mainz 33). Mainz 2003, S. 25ff.
10 Vgl. Hellmut und Udo Wernher: Die Familie Wernher – Politiker und Winzer. Seit sieben Generationen auf dem Haxthäuser Hof, in: Niersteiner Geschichtsblätter, Sonderausgabe 2016. S. 64-73.
11 Die biographischen Angaben stammen aus Carl Wernher: Chronik der Familie Wernher. Oppenheim 1906, S. 24-27.
12 Vgl. Hans Georg Ruppel/Birgit Gross (Bearb.): Hessische Abgeordnete 1820-1933. Biographische Nachweise für die Landstände des Großherzogtums Hessen (2. Kammer) und den Landtag im Volksstaat Hessen. Darmstadt 1980, S. 268/269.
13 Vgl. Der Rhein-Neckar-Raum und die Revolution von 1848/49. Revolutionäre und ihre Gegenspieler. Ubstadt-Weiher 1998, S.186-188.
14 Vgl. ebenda, S. 301-307.
15 Vgl. ebenda, S. 259-260.
16 Vgl. Werner Wolf / Rainer Koch: Hessen in der Revolution von 1848/1949. Kelkheim 1989, S. 122-124.
17 Vgl. Der Rhein-Neckar-Raum und die Revolution von 1848/49. Revolutionäre und ihre Gegenspieler. Ubstadt-Weiher 1998, S. 67-71.
18 Vgl. ebenda, S. 283-286.
19 Vgl. ebenda, S. 231-234.
20 Carl Wernher: Chronik der Familie Wernher. Oppenheim 1906, S. 24-27.

Hanspeter Rings

„Die meisten meiner Kameraden deckt jetzt leider die nasse Erde“

Erster Weltkrieg: Briefe des Julius Zorn aus englischer Kriegsgefangenschaft Neuer Bestand im ISG

Ende 2014 übergab Eleonore Zorn aus Mannheim, auch im Namen ihres Sohnes Hans-Peter Zorn, dem Stadtarchiv Mannheim - ISG ein umfangreiches, nach Kriegsjahren geordnetes Briefkonvolut ihres Schwiegervaters Julius Zorn (21. März 1893 in Mannheim - 24. September 1983 in Mannheim; Abb. 1), das als „Nachlass Zorn, Zug. 7/2015“ verwahrt wird. Es handelt sich um Feldpost von 1914 und in der Mehrzahl um Briefe aus englischer Kriegsgefangenschaft (selten um Bildpostkarten), vom Beginn von Zorns Internierung 1915 bis zu seiner Entlassung 1919. Die über 200 Briefe schickte Julius Zorn an seine Eltern in der Heimat, nach Mannheim. Der Briefbestand ist eine erstrangige Quelle zur Geschichte des Ersten Weltkriegs aus der Sicht eines einfachen jungen Infanteristen in englischer Kriegsgefangenschaft. Die Briefe der Eltern an ihren internierten Sohn haben sich leider nicht erhalten.

Zweifellos sind die Zustände in den Kriegsgefangenenlagern des Ersten Weltkriegs mit den Lagern des Zweiten Weltkriegs kaum zu vergleichen: Noch bemühten sich die Staaten, der Haager Landkriegsordnung von 1907 gerecht zu werden. So erklärt sich, dass im Ersten Weltkrieg in den Lagern aller Kombattanten auf den militärischen Rang der Gefangenen geachtet, bisweilen sogar ein eigenes muttersprachliches Kulturprogramm gestattet wurde. Dies war nicht nur in dem großen Mannheimer Kriegsgefangenenlager am Exerzierplatz in der Neckarstadt der Fall, sondern ebenfalls in dem von den Deutschen kolonialbesetzten chinesischen Tsingtau/Qingdao. Die Briten und Japaner nahmen dort die Deutschen in Kriegsgefangenschaft und gestatteten auch ihnen ein eigenes Lagertheater. Allerdings konnten solche Vergünstigungen nicht verhindern, dass aufgrund der häufig schlechten hygienischen Bedingungen Seuchen ausbrachen. Außerdem setzte die schon für die einheimische Bevölkerung, erst recht in den Lagern prekäre Ernährungslage den Internierten oft schwer zu, vor allem wenn sie durch Verwundungen und Krankheit zusätzlich geschwächt waren. Noch nicht abgeschlossene Forschungen des ISG lassen vermuten, dass allein im Mannheimer Kriegsgefangenenlager weit über 700 Menschen verstarben. Dennoch war die Überlebenschance in den Kriegsgefangenenlagern des Ersten Weltkriegs um einiges höher als in den Schützengräben.[1]

Abb. 1
Julius Zorn
Vermutlich 1914
StadtA MA - ISG

Die ambivalenten Lagerverhältnisse spiegeln auch die Briefe des Julius Zorn wider: Wenn in ihnen einerseits von den guten Lagerverhältnissen die Rede ist, er andererseits immer wieder um Pakete mit Nahrungsmitteln, Socken und Medikamenten, etwa Laustropfen, aus der Heimat bittet. Gewiss bilden solche Schreiben die Lagerwirklichkeit nicht vollständig ab, da die mit gepflegter Handschrift anzufertigenden Briefe stets die Lagerzensur zu passieren hatten.[2] Somit durften in ihnen weder Geheimnisse an den Feind verraten noch durfte allzu negativ vom Lagerleben berichtet werden. Mit letzterem wollte man verhindern, dass der Gegner an den eigenen Gefangenen mit entsprechenden Gegenmaßnahmen Vergeltung übte.

Was lässt sich aus den Briefen zur Situation in britischer Gefangenschaft, doch auch zur Lage in Mannheim, an der „Heimatfront“, herauslesen, was steht zwischen den Zeilen, wie ändern sich Gehalt und Duktus der Schreiben über die Jahre? – Dies und anderes mehr kann an dieser Stelle nicht erschöpfend behandelt werden, hier soll der Bestand einzig exemplarisch anhand von Briefen aus dem ersten Jahr von Zorns Kriegsgefangenschaft vorgestellt werden. Eine kritische Edition wäre aber sehr wünschenswert.

Ein solches Editionsprojekt könnte auch den Lebensweg des Julius Zorn nach dem Ersten Weltkrieg beleuchten, zumal das ISG eine gehaltvolle Akte zu ihm als städtischem Mitarbeiter verwahrt:[3] Der Absolvent der Mannheimer Oberrealschule war zwischen 1912 und 1952 auf verschiedenen Positionen bei der Stadt Mannheim tätig, zuletzt als Oberinspektor bei der Stadtkasse. Er hatte zwei Söhne, Norbert und den 2011 verstorbenen Manfred, Gatte der Nachlassgeberin Eleonore Zorn. Beide Söhne wurden in den Zweiten Weltkrieg einberufen; Norbert gilt seit 1944 als vermisst. Indes, auch Julius Zorn wurde 1943 nochmals eingezogen und geriet 1945 für drei Monate in amerikanische Kriegsgefangenschaft.

Es folgen Ausschnitte aus den Briefen des Julius Zorn von 1915 an seine Eltern Wilhelm Zorn, Amtsdiener (1863-1939), Susanna Zorn, geb. Graf (1868-1943), und seine Geschwister (Katharina, geb. 1889; Wilhelm, geb. 1890; Martin, geb. 1899)[4] in Mannheim, Waldhof, Steingasse 22, später umbenannt in Heidestraße 22.

Doch bevor der Briefwechsel einsetzt, erhält die Familie am 30. Januar 1915 von einem Offizier-Stellvertreter und Kompanieführer namens Held schriftlich Nachricht, auf welche Weise Julius Zorn in Kriegsgefangenschaft geraten ist (Abb. 2). Der Kompanieführer schreibt, dass Zorn am Morgen des 8. Januar 1915 Kaffee aus der Feldküche geholt habe und seitdem vermisst sei. Man vermute, dass

Abb. 2
Julius Zorn an seine Eltern
11. November 1914
Feldpostkarte mit Propagandamotiv
StadtA MA - ISG

er auf dem Rückweg „von seinen Kameraden in der Dunkelheit abgekommen und in französische Gefangenschaft geraten" sei. Dem Schreiben des Julius Zorn vom 25. Februar 1915 zufolge ereignete sich dies bei La Bassée. Er war in Frankreich an der Westfront an den Kämpfen bei dem Bezirk Cuinchy beteiligt[5], der bei dem Bezirk La Bassée im Norden liegt. Doch befand sich der junge Infanterist gemäß seinen Briefen nur kurz in französischer Gefangenschaft, war daraufhin im südenglischen Southampton und vor allem südwestenglichen Dorchester interniert, was die Absende-Orte der Briefe und ein nach dem Zweiten Weltkrieg von ihm verfasster Lebenslauf anzeigen.[6]

Julius Zorn an seine Eltern und Geschwister aus englischer Kriegsgefangenschaft:

3. Februar 1915, Southampton
„[...] Das Essen ist sehr gut. Morgens Frühstück mit Tee, gutes Mittagessen, abends gibt es dasselbe wie morgens. Ich bin aber sehr zufrieden; anders in den französischen Gefängnissen. Überhaupt haben sich die Engländer überall als Gentlemen erwiesen. [...] Kleidungsstücke erhalten wir."

7. Februar 1915, Southampton
„[...] Es ist noch ein Mannheimer bei mir. [...] Viel neues kann ich Euch von hier nicht schreiben. Nur, dass ich hier ein richtiges Faulenzerleben führe. Lesen, Schachspielen, Kartenspielen & Essen sind meine Hauptbeschäftigungen. Meine Unterwäsche habe ich auch gereinigt. Es sind die eigenen Sachen. Die Gelegenheit, englische Zeitungen zu lesen, ist mir gegeben. [...]"

11. Februar 1915, Southampton
„[...] Immer und immer muss ich an Wilhelm [sein ebenfalls einberufener Bruder] denken. Wenn er noch heil ist, so können wir von großem Glück sagen. Wie ich schon erwähnt habe, dürft Ihr mir über Angelegenheiten des Krieges nichts schreiben. Heute habe ich mein letztes Geld in der Kantine für Kakao ausgegeben. [...]"

14. Februar 1915, Southampton
„[...] Heute früh hatte ich die hl. Messe besucht. Wie ist es mit Wilhelm Hasenfuß? Ist er noch zu Hause? Wer hätte es gedacht, dass noch so viele des Kaisers Rock tragen werden. Vor allem aber besteht für mich die Hoffnung, dass ich noch einmal das Elternhaus sehen werde. Als ich zum letzenmale am Waldhof vorbeifuhr, hatte ich ein sicheres Gefühl des Wiedersehens. Die meisten meiner Kameraden deckt jetzt leider die nasse Erde. [...]"

19. Februar 1915, Southampton
„[...] Ein Mannheimer & ein Käfertaler kam wieder zu mir. Wenn Ihr fernerhin etwas schickt, so vergesset Kakao oder Kaffee nicht. [...] Sonst weiß ich nichts zu berichten. Noch nicht einmal Fliegen habe ich zum Totschlagen! [...]"

25. Februar 1915, Southampton
„[...] Diesmal wird Vater noch mehr Sorgfalt auf den Garten verwenden müssen, nur recht viel Nutzen zu ziehen. Gestern habe ich zum ersten Male wieder saure Gurken in diesem Jahre gegessen. Ich bekomme fast jeden Tag solch einen Leckerbissen von einem Hessen, der vor zehn Jahren – Ingenieur von Beruf – nach Afrika als Farmer ging und natürlich auch in die Gefangenschaft gekommen ist. Er ist ziemlich reich. [...] Heute sind zum ersten Male 2 Pakete angekommen für Soldaten, die mit mir am 30.1. nach England gekommen sind. Es sind Kölner vom 56. Rgt. auch von la Bassée. [...] Immer wieder muss ich fragen: was macht Wilhelm?"

7. März 1915, Southampton
„[...] Unter den Mannheimern ist auch ein Konabiturient von der der Reformschule [J.Z. besuchte in Mannheim die Oberrealschule]. Er studiert in Heidelberg Theologie. [...] Mir geht es in Anbetracht der Umstände ziemlich gut. Lieber wäre es mir allerdings, wieder einmal zu Hause unser Schwarzbrot zu genießen und so etwas was nach gebraten riecht, wisst Ihr nur so ein kleines Kottelett zu essen. Es wäre wenigstens eine Abwechslung. Selbst unsere Kasernenkost würde ich nicht verschmähen. Aber wir haben es hier auch nicht gerade schlecht. [...]"

21. März 1915, Dorchester (Abb. 3)
„Wie Ihr bereits erfahren habt, bin ich jetzt in dem eigentlichen Gefangenenlager. [...] Wolle Gott, dass wir ihn nächstes Jahr wieder zuhause feiern können [JZ hat am 21.3. Geburtstag und wird 22 Jahre

„Die meisten meiner Kameraden deckt jetzt leider die nasse Erde“

Abb. 3
Julius Zorn als „Prisoner of War“ an seine Eltern
4. März 1915
Bildpostkarte aus Dorchester
StadtA MA - ISG

alt.] Schickt mir gelegentlich die Feldmütze. [...] Heute ist hier Prachtwetter. Es ist Gelegenheit zum Spielen und Spazierengehen.“

24. März 1915, Dorchester
„[...] Besondere Freude hat mir der Zwetschgenmus bereitet. [Paketsendung seiner Eltern] Es geht lei-

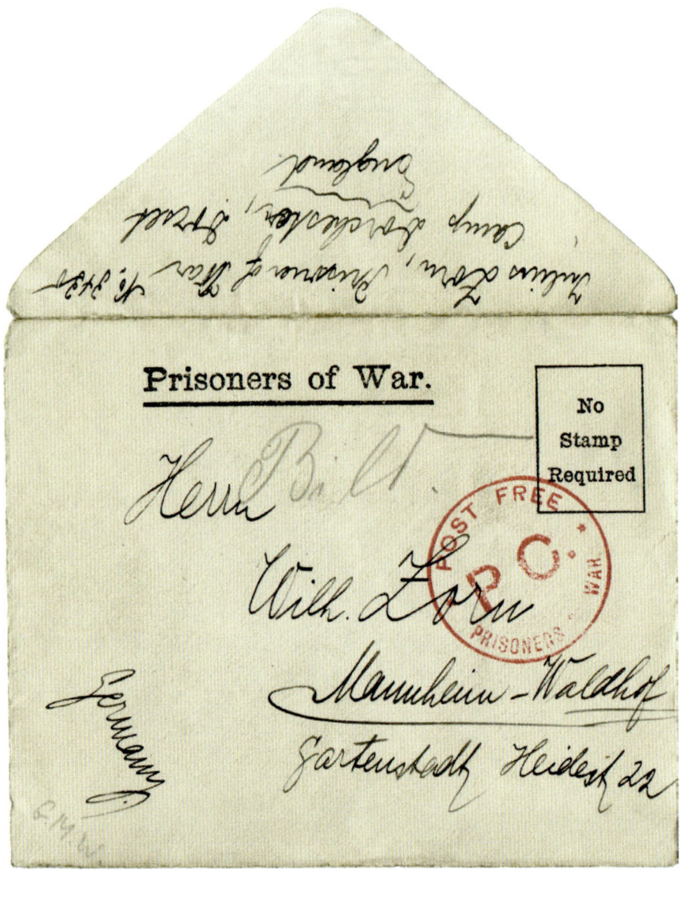

Abb. 4a
Julius Zorn als „Prisoner of War“ an seine Eltern
13. Juni 1915
Kuvert des Briefes aus dem Kriegsgefangenenlager in Dorchester
StadtA MA - ISG

der dem Ende entgegen. Seid so gut und schickt mir auch meine italienische Grammatik, ich glaube so schnell werde ich Euch doch nicht wiedersehen. [...]"

7. Juni 1915, Dorchester
[...] Die Stimmung ist bei uns sehr gut, trotz den Verhältnissen. Wir erfahren weniger die Wahrheit, wissen sie aber zu bilden. Ich hoffe, dass Wilhelm [sein Bruder] bald zuhause genesen wird, auf dass ich ihn mit seinen drei Kreuzen heil und gesund wiedersehen kann. Die Heldennarbe wird keine Folgen haben. Dass ich ihn stolz wirklich als ein Held betrachte, auch früher ohne dass ich es schrieb, wird er sich denken können. [...]"

13. Juni 1915, Dorchester
„Wen umstehendes Portrait vorstellen, könnt ihr Euch denken [Julius Zorn als Porträtzeichnung umseitig auf dem Brief; Abb. 4a bis 4c] Es ist von der Seite und etwas zu voll."

Ferner erbittet er, ihm „Wieland I. Band" [möglicherweise Christoph Martin Wieland], doch mit Blick auf seine Tätigkeit bei der Mannheimer Stadtverwaltung auch das „Bürgerliche Gesetzbuch" und die „Städteordnung" zu schicken. Am 27.6. schreibt er allerdings, dass man ihm die Bücher besser doch nicht schicke, weil sie womöglich verloren gehen könnten. Und am 21.7. schreibt er, dass er doch froh über die Bücher wäre, denn: „Das Verbot ist gleich wieder aufgehoben worden." Dieses Verbot war vermutliche der wirkliche Grund, dass er auf die Bücher verzichten wollte.

11. Juli 1915, Dorchester
„[...] Auch wir haben hier als Badener den Geburtstag unseres geliebten Landesfürsten nicht ohne weiteres vorübergehen lassen. [...] Die schlichte Huldigungsfeier [in der Turnhalle] wurde eingeleitet durch Deutschland über alles, erreichte ihren Höhepunkt in der Festrede des Herrn Off. Stellv. Bohn & schloss mit dem Badener Lied."

31. Juli 1915, Dorchester
„[...] Bei dem letzten Paket war auch Tee. In Zukunft nicht gewünscht. Wir haben bekanntlich 2 mal täg-

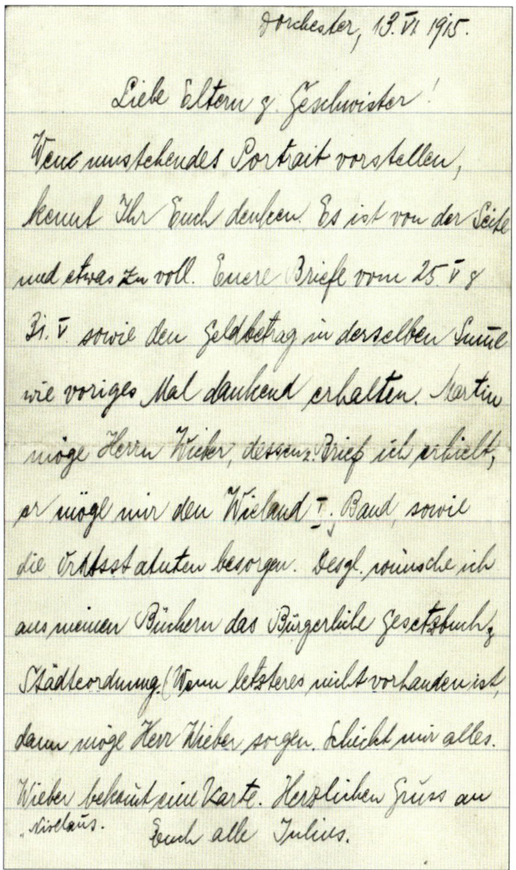
Dorchester, 13. VI. 1915.

Liebe Eltern u. Geschwister!

Wen umstehendes Portrait vorstellen, kennt Ihr Euch denken. Es ist von der Seite und etwas zu voll. Euere Briefe vom 25. V u. 31. V sowie den Geldbetrag in derselben Summe wie voriges Mal dankend erhalten. Martin möge Herrn Wieber, dessen 2. Brief ich erhielt, er möge mir den Wieland I. Band, sowie die Ortsstatuten besorgen. Desgl. wünsche ich aus meinen Büchern das Bürgerliche Gesetzbuch u. Städteordnung. (Wenn letzteres nicht vorhanden ist, dann möge Herr Wieber sorgen. Schickt mir alles. Wieber bekommt eine Karte. Herzlichen Gruss an Euch alle Julius.
Nicklaus.

Abb. 4b und 4c
Julius Zorn als „Prisoner of War" an seine Eltern
13. Juni 1915
Brief aus dem Kriegsgefangenenlager in Dorchester
b (links) Die Vorderseite des Schreibens
c (rechts) Die Rückseite mit dem Porträt
StadtA MA - ISG

lich Tee. Das Teeextract ist gut. Die Laustropfen sind besser wie das Pulver. [...] Besser ich komme, statt die Sturmhaube.“

19. August 1915, Dorchester
„[...] Was Unterzeug betrifft, bin ich vollständig versehen. Mit den Schuhen ist es auch nicht nötig. Erstens ist die Witterung gleichbleibend, nicht heiss und nicht kalt. Zweitens will ich hier keinen zweiten Winter erleben. [...]“

9. September 1915, Dorchester
„Mit Freuden den Brief Wilhelms [sein Bruder] ... erhalten. Wenn ich verstanden habe, so hat er das Kreuz zweiter Klasse. [...] Das hätte ich nicht gedacht. Ich will nur hoffen, dass er noch heil zurückkommt. [...]"

18. Oktober 1915, Dorchester
„[...] Ich habe schwer Katzenjammer. Ich nehme eben ein warmes Frühstück in Gestalt einer Zigarre. [...] ... auf bald. Wiedersehen (dieses Jahr wohl nicht?) Euer Julius“

29. November 1915, Dorchester
„[...] Meine Beschäftigung ist Unterricht erteilen und empfangen in Spanisch und Italienisch. In nächster Zeit werde ich als Dolmetscher verwendet werden. [...]“

6. Dezember 1915, Dorchester
„Ich bin jetzt vorerst auf drei Wochen als Dolmetscher verwendet. Der Verdienst beläuft sich pro Woche auf nahezu die Summe, die Ihr mir schickt. Ich bitte daher, mir vorerst kein Geld mehr zu schicken. Die Arbeiter, die mir unterstellt sind, arbeiten hier im Lager. Wenn es möglich wäre, so soll Martin [möglicherweise sein Bruder Martin, Jg. 99] sich verwenden, dass ich meinen Ausweis als Sanitäter und die Binde erhalte. Ohne Ausweis kann ich doch nicht ausgetauscht werden. Verschiedene wie ich als Sanitäter sind nach der Heimat gekommen. Der Kuchen ist immer frisch, schickt mir aber lieber Limburger Käse. [...]“

15. Dezember 1915, Dorchester
„[...] Hoffentlich übersteht Wilhelm [sein ebenfalls einberufener Bruder] gut den Winter. Ich weis sonst nichts. Es hat Eile; gleich wird's dunkel. Morgen früh heißt es wieder um 7 Uhr aufstehen. Hier ist sehr schlechtes Wetter. Immer Regen. Dafor muss ich mich in Acht nehmen, weil ich oft im Freien sein muss. [...]“

20. Dezember 1915, Dorchester
„Mit grosser Freude habe ich das Weihnachtspaket erhalten. Ich danke Euch recht herzlich. Besonders hat mich das Bäumchen überrascht. [...] An Weihnachten machen wir uns einen guten Schmaus, nämlich einen Hasen für ein und halbe Mark. [...]“

1 Vgl. Ulrich Nieß / Hanspeter Rings: Der Krieg kommt in die Heimat, in: Martin Krauß / Walter Rummel (Hrsg.): „Heimatfront“ – Der Erste Weltkrieg und seine Folgen im Rhein-Neckar-Raum (1914-1924). Ubstadt-Weiher 2014: S. 106-115; Ulrich Nieß: „... daß der Krieg die Menschen so roh machte“. Der Erste Weltkrieg und seine Folgen in der Region Mannheim, in: Stadt in der Geschichte. Veröffentlichungen des Südwestdeutschen Arbeitskreises für Stadtgeschichtsforschung Bd. 41: S. 109-131, hier S. 123f.

2 Die portofreien Briefe („No stamp required“ heißt es auf den vorgedruckten Kuverts) aus dem Internierungslager sind in lateinischer Schrift verfasst, die Feldpostbriefe des Julius Zorn hingegen in deutscher Schrift.

3 StadtA MA - ISG, Kämmereiamt, Zug. 30/1981, Nr. 93.

4 Vgl. die Meldekarten Wilhelm (Vater) und Julius Zorn.

5 „31.12.14 – 12.1.15 – Gefechte bei Cuinchy (Prellbockstellung)“, Militärpass Julius Zorn. StadtA MA - ISG, Nachlass Zorn, Zug. 7/2015.

6 Vgl. wie Anm. 3.

Harald Stockert

Kurfürst Karl Friedrich von Baden und die Neckarbrücke von 1927

Neue Unterlagen zur Seckenheimer Geschichte im Stadtarchiv - ISG

„Ohnstreitig gehen anjetzo viele tausend Gedanken damit um, die Regierungsform unsers Landes mit der Verfassung anderer Länder zu vergleichen [...] Unter Gottes gute[r] Leitung möge es mir gelingen, so von dieser Sache zu reden, daß an dem Ende der Ueberzeugung nicht könne widerstanden werden, daß die beste Landesregierung die unsrige sey."[1]

So optimistisch und staatstragend predigte Pfarrer Johann Jacob Dietz am 7. Juni 1803, um seine Zuhörer – die Mitglieder der reformierten Gemeinde von Seckenheim – von den neuen politischen Verhältnissen zu überzeugen. Denn wenige Monate zuvor hatte mit dem Reichsdeputationshauptschluss ein gewaltiger Umbruch stattgefunden: Unter Napoleons Ägide waren die Verhältnisse im Reich völlig neu geordnet worden. Das nunmehr fast tausend Jahre währende Heilige Römische Reich, das zuletzt im Westfälischen Frieden von 1648 neu geordnet worden war, sah sich in seinen Grundfesten nicht nur erschüttert, sondern zunehmend gänzlich in Frage gestellt. Frankreich hatte seine Landesgrenze bis an den Rhein ausgedehnt; die Kurfürstentümer Köln und Trier, die Säulen der alten Verfassung gewesen waren, verschwanden von der Landkarte, ebenso fast alle übrigen geistlichen Staaten links, aber auch rechts des Rheines, wo sie von den weltlichen Territorien säkularisiert wurden.

Und Seckenheim? Auch über das Dorf am Neckar und dessen Umgebung war die sogenannte „territoriale Revolution" des Jahres 1802/3 hinweggefegt. Die Hochstifte Worms und Speyer existierten nicht länger, ebenso die gleichnamigen Reichsstädte. Und sogar das einst so stolze Kurfürstentum von der Pfalz war aufgeteilt worden und damit von der Landkarte verschwunden. Zusammen mit dem größten Teil der rechtsrheinischen Kurpfalz fiel damit auch Seckenheim der bisherigen Markgrafschaft bzw. dem nunmehrigen Kurfürstentum Baden zu. Fortan war man badisch am unteren Neckar und es regierte eine neue Dynastie im Land. Immerhin, mit Karl Friedrich von Baden (Abb. 1) wurde eine Persönlichkeit neuer Landesherr, die auch in der bisherigen Kurpfalz über einen aus-

Abb. 1
Karl Friedrich von Baden vor seinem neuen Schloss
Die Statue von 1907 steht heute im Mannheimer Schlosshof.
Foto: StadtA MA - ISG 2006

gesprochen guten Leumund verfügte.[2] Mit seinen bereits knapp 75 Jahren und seiner über 50-jährigen Regierungserfahrung entsprach er dem Ideal des „weisen Landesvaters“ und wurde auch als solcher geschickt in seinen neuen Ländern inszeniert.

Im Juni 1803 bereiste Karl Friedrich als neuer Kurfürst die ehemalige Kurpfalz und nahm die Huldigung seiner neuen Untertanen entgegen. Höhepunkt war dabei eine zentrale Feier am 7. Juni im Hof des Mannheimer Schlosses, bei der alle vormals kurpfälzischen Städte, Ämter und Dörfer ihm als neuem Landesherrn den Treueid leisteten.[3] Zu diesem Anlass fand auch ein Gottesdienst in Seckenheim statt. Der reformierte Pfarrer Johann Jacob Dietz, der gleichzeitig auch für Ilvesheim zuständig war, ließ es sich nicht nehmen, für Karl Friedrich Werbung zu machen und seine „Erwartungen der glücklichsten Zukunft“ (S. 6) zu bekunden. Dietz bezeichnete Karl Friedrichs Regentschaft als „die beste Landesregierung“ (S. 7) und suchte dies in den folgenden Ausführungen seiner Predigt theologisch zu untermauern. Mit seiner Frömmigkeit und Weisheit verfüge der neue Kurfürst über alle notwendigen Eigenschaften eines Landesherrn, dessen Wirken allein auf dem Fundament der Tugend stehe. Dietz zeigte sich überzeugt, dass unter Karl Friedrich alle inneren Übel wie „Religionsdruck“, „heillose Bestechung“, „das Feilbieten der Ämter“, der „Trotz und Stolz“ der Beamten und nicht zuletzt die „freche Üppigkeit“ (S. 34f.) keinen Raum bekommen würden. Der kundige Zuhörer konnte allein in dieser Auflistung durchaus Kritik an den bisher regierenden Wittelsbachern erkennen. Denn diese hatten bekanntlich 1778 mit dem Wegzug Karl Theodors nach München die Kurpfalz nicht nur zu einem Nebenland degradiert, sondern sie spätestens 1802/3 auch endgültig preisgegeben. Besonders die Mannheimer empfanden dies als schweren Schlag und bangten um ihre Zukunft. Der Besuch des neuen Landesherrn wurde daher vor allem dafür genutzt, Werbung in eigener Sache zu machen. Insgeheim herrschte hier die Hoffnung, dass Karl Friedrich Mannheim als neue Hauptstadt auswählen würde und die Quadratestadt somit an die früheren „goldenen Zeiten“ anknüpfen könnte.[4] Diese Erwartung wurde zunächst nur indirekt geäußert, ab 1804 in Eingaben auch direkter, ehe Karl Friedrich für klare Verhältnisse sorgte: Seine Residenz war und blieb Karlsruhe, Mannheim durfte sich in den folgenden Jahren lediglich mit dem weitgehend leeren Titel als „Zweite Badische Hauptstadt“ schmücken. Von dieser Diskussion war im nahegelegenen Seckenheim zumindest in der Predigt des Pfarrers Dietz nichts zu spüren, der davon absah, Mannheim Schützenhilfe zu leisten. Dies galt auch für seine kurze Willkommensrede, die er halten durfte, als Karl Friedrich am 27. Juni persönlich auf dem Weg nach Heidelberg durch Seckenheim reiste und dort überschwänglich als „Vater des Vaterlandes“ gefeiert wurde.

Die Predigt wie auch die Willkommensrede des Pfarrers Dietz sind ein eindrückliches Zeugnis aus dem Epochenjahr 1803, in dem sich die Unsicherheit über die Zeitläufte ebenso widerspiegelt wie auch die Hoffnung auf eine neue Stabilität. Sie wurden eigens beim Verlag des katholischen Bürgerhospitals zur besonderen Erinnerung an diese Ereignisse gedruckt und vervielfältigt. Dieses Büchlein (Abb. 2) war lange Zeit in den Katalogen der gängigen Bibliotheken nicht nachgewiesen und daher auch in Expertenkreisen weitgehend unbekannt. Lediglich beim Heimatmuseum Seckenheim e.V. existierte ein Exemplar. Vereinsmitglied Wilhelm Stamm knüpfte den Kontakt zum Stadtarchiv Mannheim - ISG und im September 2016 erhielt dessen stellvertretender Leiter Harald Stockert von der Heimatmu-

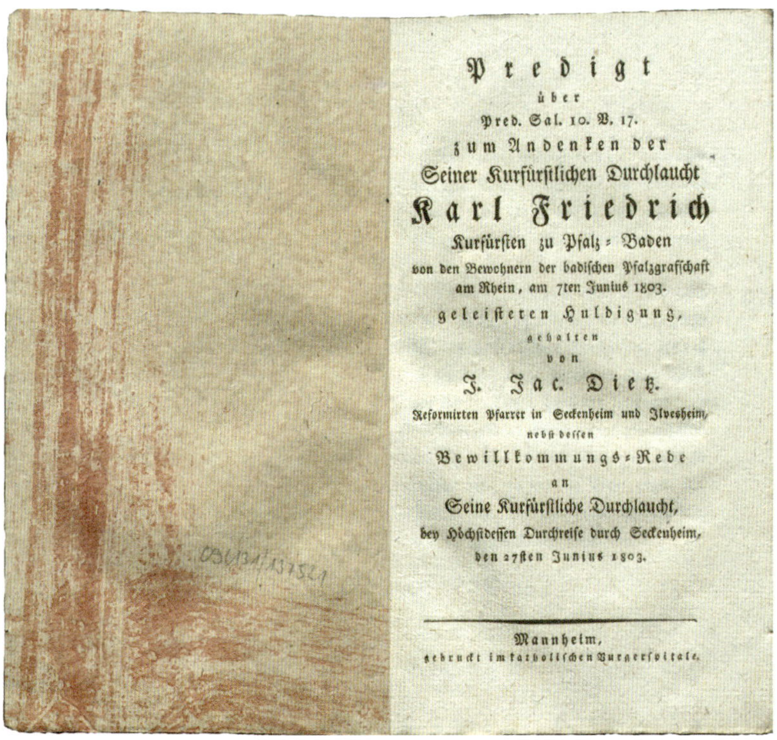
Predigt
über
Pred. Sal. 10. V. 17.
zum Andenken der
Seiner Kurfürstlichen Durchlaucht
Karl Friedrich
Kurfürsten zu Pfalz-Baden
von den Bewohnern der badischen Pfalzgrafschaft
am Rhein, am 7ten Junius 1803.
geleisteten Huldigung,
gehalten
von
J. Jac. Dietz.
Reformirten Pfarrer in Seckenheim und Ilvesheim,
nebst dessen
Bewillkommungs-Rede
an
Seine Kurfürstliche Durchlaucht,
bey Höchstdessen Durchreise durch Seckenheim,
den 27sten Junius 1803.

Mannheim,
gedruckt im katholischen Burgerspitale.

Abb. 2
Titelblatt der „Predigt“
StadtA MA - ISG

seums-Vorsitzenden Traudl Gersbach die gedruckte Predigt sowie weitere historische Dokumente als Depositum überreicht (Abb. 3).

Die Unterlagen wurden inzwischen im Stadtarchiv - ISG als Bestand „Heimatmuseum Seckenheim" mit der Zugangsnummer 34/2016 verzeichnet, digitalisiert und fachgerecht wie sicher in den Magazinen untergebracht. Ab Herbst 2017 werden sie online über den Internetauftritt www.stadtarchiv.mannheim.de einsehbar sein.

Der Verein Heimatmuseum Seckenheim e.V. ist eine feste Institution im Stadtteil: Kulturelles Gedächtnis, Wahrer des lokalen Brauchtums, Jäger und Sammler und nicht zuletzt Vermittler und Träger historischer Identität.[5] Materieller Ausweis hiervon ist das gleichnamige Museum in der Kloppenheimer Straße. In einem ehemaligen Bauernhof kann hier dem Leben und Arbeiten früherer Generationen nachgegangen werden, dem Tabakanbau (Abb. 4) ebenso wie dem lokalen Handwerk, dem Alltag ebenso wie dem Festtag. Mit Leidenschaft und Kenntnis haben die Mitglieder hier Mobiliar, Gerätschaften, Einrichtungsgegenstände – von der Werkbank bis zum Friseursalon – aus dem alten Seckenheim gesammelt, restauriert und herausgeputzt. Doch nicht nur museale Gegenstände hat der 1993 gegründete Verein in den letzten 20 Jahren zusammengetragen. Auch die genannten und weitere bemerkenswerte Schriftdokumente zur Geschichte Seckenheims sind ihm ins Netz gegangen und wurden nunmehr ans Stadtarchiv Mannheim - ISG übergeben.

Abb. 3
Übergabe der Seckenheimer Unterlagen durch Traudl Gersbach vom Heimatmuseum an Dr. Harald Stockert (Stadtarchiv - ISG)
Foto: StadtA MA - ISG 2016

Abb. 4
Seckenheimer um 1900: Belegschaft der Tabakfabrik
StadtA MA - ISG

Neben der Predigt gehören zwei Manuskripte zum neuen Archivbestand „Heimatmuseum Seckenheim". „Die Seckenheimer Sprache als Bauernsprache um 1900" stammt aus der Feder von Gustav Merklein.[6] Die Arbeit liegt in einer hand- und auch maschinenschriftlichen Fassung vor und beinhaltet eine phonetische, grammatikalische und etymologische Beschreibung des „Seggemerischm". Demnach waren Seckenheimer Bauern ausgesprochen maulfaul und sprachen gerne durch die Zähne (um die Tabakspfeife nicht zu verlieren), was zu einer feuchten und bisweilen rauchigen Aussprache geführt haben soll. Merklein untermauert dies mit ausführlichen Wortlisten, deren Aussprache er mit Hilfe einer phonetisierten Lautschrift wiedergibt. Recht eindrücklich geht daraus der Einfluss des Französischen auf das „Seggemerische" hervor, sei es in der starken Nasalierung der Vokale oder aber in der Übernahme französischer Wörter und Redensarten (zum Beispiel „des badd nix" vom französischen battre, übersetzt „das trifft nicht zu"). Merklein (1889-1979) war gebürtiger Seckenheimer und hörte das Niedergeschriebene in seiner Jugend. Später machte er Karriere als Pädagoge, während des Dritten Reichs exponierte er sich als Schulgründer und Direktor in Meersburg und Heidelberg. Zuletzt war er als Lehrer am Mannheimer Moll-Gymnasium tätig, ehe er 1954 in den Ruhestand trat.[7]

Abb. 5
Großformatige Pläne zeigen den Aufbau der Brücke.
Foto: StadtA MA - ISG 2016

Lange Zeit als verschollen galt das Manuskript einer von Georg Hörner verfassten Geschichte Seckenheims.[8] Hörner (1881-1963) stammte ebenfalls aus dem Dorf und war bis 1945 als Hauptlehrer an der dortigen Volksschule tätig. Seine um 1934 erstellte Arbeit ist eine der ersten zur Geschichte Seckenheims, wobei er sich vor allem den geographischen Grundlagen und der Kulturgeschichte Seckenheims widmet, dem Raumklima, der Bevölkerung wie auch den wirtschaftlichen Verhältnissen. Die jüngere Geschichte berührt Hörner nur am Rande, wobei er aus seiner NS-linientreuen Gesinnung keinen Hehl macht (S. 23).

Mit dem von Regierungsbaumeister Hermann Lohr erstellten Dokumentationsbericht „Geschichte des Baues der Neckarbrücke Ilvesheim-Seckenheim" aus dem Jahr 1927 erhielt das Stadtarchiv ein ganz besonderes Kleinod.[9] Lohrs gebundene Beschreibung beinhaltet zahlreiche Fotos und Pläne aus der Bauphase der Brücke (Abb. 5 und 6). Insgesamt vier Fassungen ließ Lohr von diesem Dokumentationsbericht fertigen, eine davon wurde in einen Brückenpfeiler eingemauert, die übrigen gingen an die Gemeinden Ilvesheim und Seckenheim sowie an das Heidelberger Wasser- und Straßenamt als Bauherren.

Für eine befahrbare Neckarbrücke zwischen Heidelberg und Mannheim hatte schon lange Bedarf bestanden angesichts des stetig steigenden Pendlerverkehrs zwischen dem Nord- und Südufer. Der Fährbetrieb deckte den Bedarf mehr schlecht als recht, und spätestens nach der Inbetriebnahme der Staustufe Ladenburg zu Beginn der 1920er Jahre konnte die Fähre keine dauerhafte Lösung mehr sein. Insbesondere die Gemeinde Ilvesheim, die durch die Kanalisierung des Neckars quasi eine Insellage bekommen hatte, setzte sich für den Brü-

Harald Stockert

Abb. 6
Blick in die Fotodokumentation: Hochwasser gefährdet die Brückenbauarbeiten (oben). Errichtung des Gerüstes für die eisernen Oberbögen der Brücke (unten)
StadtA MA - ISG

ckenbau massiv ein – mit Erfolg. Die getroffene Übereinkunft sah Baukosten in Höhe von rund einer Million Reichsmark vor, die zu über 80 Prozent von der Neckar A.G. (dem Betreiber des Neckarkanals), dem Land Baden sowie dem Landkreis Mannheim übernommen wurden. Zehn Prozent sollten an

Ilvesheim, jeweils vier Prozent an Mannheim bzw. Seckenheim fallen. Detailliert dokumentiert findet sich im Bericht die 1926 veröffentlichte Ausschreibung der Brücke, bei der ein Entwurf der Mannheimer Firma Grün und Bilfinger den Zuschlag erhielt. Dieser war vergleichsweise preisgünstig und erfüllte weitgehend die Forderungen der Ausschreibung. Im April 1926 wurde die Baustelle eingerichtet und mit der Gründung des rechten Flusspfeilers begonnen. Es folgten der linke Flusspfeiler sowie die beiden Widerlager am Ufer. Erst dann begannen die Arbeiten am Obergerüst quer über den Fluss mit der Verlegung des Zugbandes und der Herstellung der Oberbögen. Mit den Betonierarbeiten an Bögen und Fahrbahn war der Bau fast beendet. Knapp ein Jahr nach Baubeginn, am 9. April 1927, konnte die Brücke eingeweiht und der Bevölkerung bzw. dem Verkehr übergeben werden. Mit Hilfe von technischen Plänen und Fotos beschreibt die Dokumentation eindrücklich die seinerzeit vollzogene technische und organisatorische Leistung, die im Zeitplan und weit unter Budget blieb und somit auch heutigen Bauprojekten zum Vorbild gereichen könnte.

Bemerkenswerterweise ist dieser Dokumentationsbericht nicht die einzige Quelle zum Bau der Brücke. Überliefert ist auch ein Film über deren Einweihung. Zu sehen ist neben den offiziellen Reden vor allem, wie die Bevölkerung ihre neue Brücke in Besitz nimmt. Zahlreiche, einzigartige Personenaufnahmen eröffnen in bewegten und durchaus auch bewegenden Bildern einen Blick auf die Seckenheimer in den 1920er Jahren. Der Film wurde vor einigen Jahren vom Heimatmuseum Seckenheim als DVD vervielfältigt; ein Exemplar davon befindet sich auch im Stadtarchiv.[10]

Diese neuen Quellen, die dankenswerterweise vom Heimatmuseum Seckenheim an das Stadtarchiv Mannheim - ISG übergeben wurden, ergänzen bestens die bereits dort vorhandenen Bestände. Zahlreiche Akten, Amtsbücher, Bilder und Pläne aus der Vergangenheit Seckenheims werden hier verwahrt. Sie legen Zeugnis ab von einer ungemein vielseitigen und spannenden Geschichte, von außergewöhnlichen Menschen, von einer besonderen lokalen Identität des heutigen Mannheimer Stadtteils. Dabei braucht man den Seckenheimern nicht zu sagen, dass ihre Gemeinde etwas Besonderes ist. Ein Seckenheimer Bauer aus der Zeit um 1900 hätte dazu gesagt: „Do schmaisch mid da woaschd nochm schwaademärä."[11]

1 StadtA MA - ISG, Heimatverein Seckenheim, Zug. 34/2016 Nr. 1, S. 6f. Der Originaltitel lautet: Predigt über Pred[iger] Sal[omon] 10. V[ers] 17 zum Andenken der Seiner Kurfürstlichen Durchlaucht Karl Friedrich Kurfürsten zu Pfalz-Baden von den Bewohnern der badischen Pfalzgrafschaft am Rhein, am 7ten Junius 1803 geleisteten Huldigung, gehalten von J[ohann] Jac[ob] Dietz, Reformirten Pfarrer in Seckenheim und Ilvesheim nebst dessen Bewillkommungs-Rede an Seine Kurfürstliche Durchlaucht, bey Höchstdessen Durchreise durch Seckenheim, den 27sten Junius 1803.

2 Zu Karl Friedrich vgl. Hermann Wiegand / Ulrich Nieß (Hrsg.): Karl Friedrich von Baden. Markgraf – Kurfürst – Großherzog (= Schriftenreihe des Karl-Friedrich-Gymnasiums Mannheim in Kooperation mit dem Stadtarchiv Mannheim-Institut für Stadtgeschichte Band 1). Mannheim 2012; Rainer Brüning (Hrsg.): Der aufgeklärte Fürst. Karl Friedrich von Baden 1728–1811. Karlsruhe 2012.

3 Die Reise ist dokumentiert in: Die Huldigungsfeyer der Badischen Pfalzgrafschaft. Mannheim 1803 (Exemplar im StadtA MA - ISG, Bibliothek, B2/18).

4 Harald Stockert: „Wir werden das goldene Zeitalter erleben". Mannheim wird badisch (1802/03), in: Badische Heimat 83 (2003), S. 366-375.

5 Homepage des Vereins unter http://p1qza.homepage.t-online.de/heimatmuseum/ (Abruf 8.12.2016).

6 StadtA MA - ISG, Heimatverein Seckenheim, Zug. 34/2016 Nr. 2.

7 Vgl. Artikel im Neckar-Boten vom 3.4.1954 in StadtA MA - ISG, ZGS, Personengeschichtliche Sammlung, S 1/3332.

8 StadtA MA - ISG, Heimatverein Seckenheim, Zug. 34/2016 Nr. 3. Hörners Arbeit wird erwähnt bei Hansjörg Probst: Seckenheim. Geschichte eines kurpfälzischen Dorfes. Mannheim 1981, S. V.

9 StadtA MA - ISG, Heimatverein Seckenheim, Zug. 34/2016 Nr. 4. Vgl. hierzu Probst (wie Anm. 8), S. 296-301.

10 StadtA MA - ISG, Audiovisuelle Sammlung, Nr. 169.

11 So eine bei Merklein dokumentierte Seckenheimer Redensart. Übersetzt in etwa wie „Eulen nach Athen tragen". StadtA MA - ISG, Heimatverein Seckenheim, Zug. 34/2016 Nr. 2, S. 72.

Ulrich Nieß

Bauen am Tempel der Humanität

Ein Blick in die Geschichte der Freimaurerei in Mannheim[1]

Mit der Gründung der „United Lodge of England" (Vereinigte Großloge von England) am 24. Juni 1717 entstand die erste freimaurerische Großloge. Seitdem feiern weltweit alle Freimaurer den 24. Juni als ihren höchsten Feiertag. Das Jubiläum „300 Jahre Freimaurerei" bietet willkommenen Anlass, nach dem mindestens über 260-jährigen Wirken der Freimaurer in Mannheim zu fragen. Deren „Bauen am Tempel der Humanität", wie es das Eigenverständnis der Maurerei einfordert, soll nachfolgend kursorisch dargelegt und einige charakteristische Bausteine sollen zum Vorschein gebracht werden, auch wenn diese Steine noch etwas unverbunden sind und auf Fehlstellen hinweisen mögen.

Seit wann existiert die Freimaurerei in Mannheim? Die Antwort ist nicht leicht zu geben. Gesichert ist 1756 als Gründungsjahr der Loge „Charles de l´Union", mitten in der Regentschaft des Kurfürsten Karl Theodor, dem gemeinhin eine Nähe zur Aufklärung nachgesagt wird.[2] Das passt ins Bild, da die Freimaurerei bekanntlich, trotz ihrer rituellen Verweise auf die mittelalterlichen Bauhütten, ein Kind der Aufklärung ist. Indes finden sich Spuren, die dafür sprechen, dass nicht in Hamburg, sondern in Mannheim die erste Loge im deutschsprachigen Raum 1727 gegründet wurde.[3] Die Spuren sind allerdings nicht sehr konturreich. Ausgangspunkt ist ein kurpfälzisches Dekret von Kurfürst Karl Philipp vom 21. Oktober 1737.[4] In ihm verbietet der Kurfürst bei Strafe der Amtsentsetzung allen in Zivil- und Militärdienst stehenden Personen „in die sogenannte Brüder- oder Gesellschaft des franc macons [Maurer] ein[zu]treten" – mithin Freimaurer zu werden. Wo die Mitgliedschaft verboten wird, dort müsste doch eigentlich eine Loge existieren?

Ein späteres Quellenzeugnis, der Brief von Ignaz Freiherr von Reibelt an seinen Bruder Uriot aus dem Jahr 1769, behauptet,[5] der englische Gesandte am Pfälzer Hof, Graf Albrecht Wolfgang von Schaumburg-Lippe (Abb. 1), der erste deutsche Freimaurer überhaupt, habe 1727 eine Loge in Mannheim mit dem Namen „Einigkeit" gegründet. Doch kennen wir weder den vollständigen Namen noch den Sitz und weitere Mitglieder. Es muss also offen bleiben, ob ab 1727 wirklich eine feste Organisation oder erst noch ein loser Zusammenschluss Gleichgesinnter bestand. Jedenfalls dürfte Kurfürst Karl Philipp – in seiner ganzen Programmatik einem kämpferischen Geist des Katholizismus verhaftet – jegliche Vereinigung von Personen, die hinter verschlossenen Türen eigene Vorstellungen über einen besseren Staat und eine bessere Kirche debattierten, ein Gräuel gewesen sein. Generell kann für das 18. Jahrhundert, auch für die Ära von Karl Theodor, die These formuliert werden, dass das Verhältnis zwischen der machtvoll wachsenden Zahl an Freimaurern und dem kurpfälzischen Staat mindestens ambivalent, in der Tendenz eher kompliziert blieb. Wie anderwärts erschienen auch in der Pfalz dem Staat wie der Kirche die geheimnisvollen Versammlungen der Freimaurer höchst suspekt. Doch deren Sache verbreitete sich reichsweit zusehends, vor allem als der preußische Kronprinz Friedrich, besser bekannt als Friedrich der Große, 1738 in Braunschweig auf Betreiben des eben genannten Grafen Albrecht Wolfgang von Schaumburg-Lippe einer Loge beitrat.

Sicheren Boden betreten wir also erst ab 1756, als in Mannheim die Loge „Charles de l'Union" begrün-

Abb. 1
Albert Wolfgang Graf von Lippe Schaumburg (1699-1748) ist der erste namentlich bekannte Freimaurer in Deutschland. Sein Name findet sich 1725 in der Mitgliederliste der Londoner Loge „Rummer and Grapes".
Ölgemälde
1725
Privatbesitz
Foto: Wikipedia, File: Albert Wolfgang von Lippe Schaumburg Buckeburg (1699-1748).jpg

det wurde, die allerdings nicht nach dem Kurfürsten benannt wurde, sondern nach dem Stuart-Prätendenten für den englischen Thron, Charles Edward, da die Loge dem französisch-schottischen Freimaurersystem anhing. Franzosen waren die führenden Persönlichkeiten in der Mannheimer Loge, so etwa der Hofzahnarzt Johann Baptist Drouin[6] oder der französische Schauspieler Le Bauld-de-Nans als erster Meister vom Stuhl. Unter den Gründungsmitgliedern war auch der Jesuit Franz Joseph Seedorf, väterlicher Erzieher, Beichtvater und später einer der engsten Berater des jungen Kurfürsten Karl Theodor.[7] Seedorf verstarb 1758; sein Nachfolger Ignaz Franck, gleichfalls Jesuit und später kurfürstlicher Beichtvater, sollte zu einem scharfen Gegner der Vereinigung werden. Franck stellte die Freimaurer, deren Logenlokal direkt gegenüber dem Jesuitenkolleg lag, als gottlose und staatsgefährdende Organisation dar.[8] 1774 löste sich die Loge offenbar wegen interner Konflikte auf, was nicht untypisch in der Geschichte der Freimaurerei ist, die immer wieder von inneren Richtungskämpfen erschüttert wurde.

Nachdem Karl Theodor in der Silvesternacht 1777/78 Erbe des bayerischen Kurfürstentums wurde und die Residenz von Mannheim nach München verlegte, erstarkten die Bestrebungen zur Wiederbelebung oder gar Neugründung einer Loge in Mannheim. So ersuchte der spätere Theaterintendant Wolfgang Heribert von Dalberg den Kurfürsten um die Zustimmung zur Gründung einer Loge der mystisch orientierten „Strikten Observanz".[9] Karl Theodor lehnte ab. Unabhängig davon lebte 1778 die alte Loge „Charles de l'Union" wieder auf, unterstützt vor allem von Offizieren und Mitgliedern der Schauspieltruppe: Theobald Marchand wurde ihr Leiter, also Meister vom Stuhl. Später fungierte in dieser Position der bereits erwähnte ehemalige Hofzahnarzt Johann Baptist Drouin, der in Mannheim verblieben war, wie viele andere Persönlichkeiten des Hofes. Einer von ihnen, der Florentiner Cosimo Allessandro Collini, attestierte den Mannheimern „Urbanität, Höflichkeit, gute Manieren und Geschmack", insbesondere den „besseren Kreisen" am Ende des 18. Jahrhunderts.[10] Gelehrte Gesellschaften wie etwa die „Deutsche Gesellschaft" erhielten Zulauf. Zu den für neue Ideen offenen Kreisen gehörten vor allem viele Offiziere, Künstler und Theatermitglieder, die wiederum das Gros der Mitgliedschaft in der Mannheimer Freimaurer-Loge stellten.[11] Von 57 bekannten Mitgliedern waren 22 höhere Militärs, je sechs Schauspieler und Tänzer, drei Musiker, zwei bildende Künstler, darunter Egid Verhelst, und je zwei Advokaten, Kaufleute und Handwerker.[12] Das heißt, um 1780 dominierten die höfisch-staatlichen Bediensteten in der hiesigen Freimaurerei. Dalberg verwirklichte seinen Wunsch nach Gründung einer Loge der „Strikten Observanz" dann 1781 in Worms und 1782 in Heidelberg.[13] Streitigkeiten zwischen den Logensystemen führten zu weiteren Gründungen in der Region im Auftrag der Berliner Großloge.

Seit 1781 begann sich auch der 1776 von dem Ingolstädter Prof. Adam Weishaupt gegründete Illuminatenorden in der Kurpfalz zu verbreiten. Dieser Geheimbund vertrat andere Ziele als die okkult ausgerichteten Freimaurer-Logen. Er hatte ein politisches Programm und strebte letztlich ein republikanisches Staatswesen an. Sein zweiter Gründer war Adolf Freiherr von Knigge, der in Heidelberg lebte und 1788 noch seine berühmte Schrift „Über den Umgang mit den Menschen" herausgeben sollte. Knigges Programm der Unterwanderung und Übernahme der bestehenden Logen durch den Illuminatenorden wurde in Heidelberg, Mannheim und Kaiserslautern angewandt. Dalberg zeigte sich als Anhänger einer fürstlich-gemäßigten Aufklärung und einer eher mystischen, auf jeden Fall staatstragenden Maurerei als entschiedener Gegner der geheimbündlerischen Illuminaten, denen er etwa in der „Deutschen Gesellschaft" entgegentrat. Der aus Wien stammende Schauspieler Johann Michael Boeck und der Buchhändler Mathias Fontaine standen hingegen auf Seiten der Illuminaten.

Nach Aufdeckung des Geheimbundes in Bayern ergingen seit 1784 Verordnungen gegen Freimaurer wie Illuminaten, die 1785 zur Auflösung aller Logen in der Kurpfalz führten. Unmittelbar vor ihrer Auflösung hatte die Mannheimer Loge in Karlsruhe noch eine neue Loge unter dem Namen „Carl zur Einigkeit" gegründet.[14] Der Name stellte eine direkte Übersetzung des alten Namens der Mannheimer Loge dar. Dies zeigt, dass die Loge angesichts ihrer drohenden Auflösung ihre Aktivitäten in ein benachbartes Territorium verlegte – eine Strategie, der wir auch in späteren Jahren wieder begegnen. Dennoch herrschte in Mannheim nach wie vor ein vergleichsweise liberales, aufgeklärtes und intellektuelles Klima, bekanntlich verkörpert in Schillers „Räubern", die hier 1782 ihre begeisterte Uraufführung erlebten.

Es bleibt festzuhalten, dass in der Kurpfalz und in Mannheim vorzugsweise der von Frankreich maßgeblich beeinflusste Kulturkreis den Gedanken der Freimaurerei aktiv in die Stadt- und Hofgesellschaft einpflanzte. Dabei spielten neben Offizieren insbesondere die französischen Hofschauspieler und auch Musiker der Mannheimer Schule eine nicht unmaßgebliche Rolle.

Als der Kurfürst dann 1778 nach Bayern abreiste und Mannheim seinen Status als Residenz verlor, war Karl Theodors Abschiedsgeschenk das von Dalberg geleitete Nationaltheater. Diese Spielstätte trat gewissermaßen bis in die frühe badische Zeit, vor allem als die beiden Freimaurer Heribert von Dalberg und Anton von Klein (Abb. 2) das Theaterleben bestimmten, das Erbe der Aufklärung an. Zwar gelang es nicht, den führenden deutschen Freimaurer Gotthold Ephraim Lessing als Leiter des neuen Nationaltheaters zu gewinnen, der durch die Freimaurergespräche „Ernst und Falk" 1778 hervorgetreten war,[15] doch die Mannheimer Theaterszene, ob in der Leitung oder im Ensemble, stand in großen Teilen der Freimaurerei und ihrem Streben nach Weltverbesserung und Menschheitsveredelung nahe. Offiziell wurden die Logen ab 1806, wenn auch nur für kurze Zeit, wieder zugelassen. So erlebte das „Logenhaus" des Großherzoglichen Hof- und Nationaltheaters am Donnerstag, dem 15. Januar 1818, vor fast 200 Jahren, die Erstaufführung eines Stückes, das den bezeichnenden Titel „Der Freimaurer" (Abb. 3) trägt.[16] Sechs Monate zuvor hatte es am 9. Juni 1817 seine Uraufführung am Weimarer Hoftheater erlebt.[17]

Abb. 2
Anton von Klein (1746-1810)
Neben Wolfgang Heribert von Dalberg (1750-1806) war der Jesuit, Buchhändler, Dichter und Verleger von Klein einer der führenden Freimaurer der Kurpfalz. Seine mehr als 20.000 Blätter umfassende Sammlung an Druckgraphiken verschiedener Techniken bildet den Kernbestand der graphischen Sammlung der Kunsthalle Mannheim. StadtA Ma - ISG, Bildsammlung, KF Nr. 41745

Das Vier-Personen-Stück, ein Einakter und Lustspiel mit damals bekannten Schauspielern wie Valentin Weigand, Karl Müller und Karl Ludwig Kaibel besetzt, stammte aus der Feder des Vielschreibers und Freimaurers August von Kotzebue. Die Handlung ist rasch erzählt: Ein Graf von Hecht und dessen Nichte Karoline versuchen hinter das Geheimnis der ihnen ominös erscheinenden Freimaurer zu kommen und deren Versammlungen auszuspähen. Beide hegen große Vorbehalte gegen diese Vereinigung, zugleich ist die Neugier und Wissbegierde groß. Der Graf begehrt die Aufnahme, wird als Aspirant aber wegen mangelnder Eignung nicht aufgenommen. Deshalb bringt er seine Nichte Karoline dazu, ihrem Verlobten, einem Baron und Freimaurer, dessen Name ungenannt bleibt, auszuhorchen, ihm gleichsam das Messer auf die Brust zu setzen. Der Konflikt ist vorgezeichnet, der Baron, der keinen Geheimnisverrat an seinem Bund begehen will, versucht auszuweichen, weiß schließlich aber, im Rahmen des Erlaubten, der Braut genügend Einblicke in die Freimaurerei zu geben, um ihre Neugierde zufriedenzustellen. Als Schlusswort, gleichsam als Resümee, deklamiert der Baron:[18]

„Der Maurer ist ein Mann,
Den nicht die Schale reizt, wenn er den Kern gewann.
Der stets in Rang und Stand ein Flittergold nur findet,
Und in dem Menschen nur das Menschliche ergründet.
Dem Bruder reicht er gern die treue Bruderhand,
Für Wahrheit ist sein Wort ein heilig Unterpfand.
Im Wohltun findet er ein himmlisches Vergnügen,
Die Leidenschaften sucht er standhaft zu besiegen.
Was er als recht erkannt, bekennt er mutig laut,
Er fürchtet nicht den Tod, macht sich mit ihm vertraut.
Er beugt die Knie nicht, ihm gilt kein stummer Götze,
Allein, er ehrt Gott, den Fürsten, die Gesetze!

Großherzogl. Hof- und Nationaltheater in Mannheim.

952. Donnerstag, den 15. Januar 1818. 1.

Zum ersten Male:

Der Freimaurer.

Lustspiel in einem Aufzuge, von Kotzebue.

Der Graf von Hecht	Herr Müller
Karoline, seine Nichte	Mad. Brandt
Der Baron	Herr Kaibel
Hans, des Grafen Bediener . . .	Herr Weygand

Zwei Worte,

707. oder: 12.

Die Nacht im Walde.

Schauspiel mit Gesang in 1 Akt, nach dem Franz. des Marsollier.

Musik von d'Alayrac.

Valbelle, Offizier	Herr Nieser
La France, sein Bediener	Herr Finke
Die Wirthin	Mad. Müller
Rose, ein junges Mädchen, im Dienste der Wirthin	Mlle Lindner
Lafleur, Valbelle's Reitknecht . . .	Herr Richter
Valbelle's Kutscher.	

Vier Räuber. Streifwache. Holzhauer und Köhelr.

Die Handlung geht in einem schlechten, im Walde gelegenen, Gasthause vor.

Der Anfang ist um sechs Uhr, das Ende nach 8 Uhr.

Freitag, den 16. Januar: Zweites Liebhaber-Konzert.

Sonntag, den 18 Januar: Die Hochzeit des Figaro.

Abb. 3
Erstmals auf dem Programm des Nationaltheaters: „Der Freimaurer. Lustspiel in einem Aufzuge. von Kotzebue."
Theaterzettel
1818
rem, Theatersammlung

Und wenn ein holdes Weib sein liebend Herz gewann,
So ist der Maurer auch der beste Ehemann."

Lassen wir einmal dahingestellt, ob die Scheidungsrate bei Freimaurern wirklich signifikant anders ausfällt als beim Durchschnitt der Bevölkerung, aber dass so manche Bürgerstochter im 19. Jahrhundert Angst davor hatte, einen Freimaurer zu ehelichen, ist auch für Mannheim verbürgt. So schrieb um 1865 Amalie Kauffmann,[19] deren Söhne die berühmte Kauffmann-Mühle am Hafen gründeten, über ihren Gatten Eduard, den sie 1840 ehelichte und der in der Loge Carl zur Eintracht später das Amt des Redners versah: „Nicht lange nach meiner Abfahrt vertraute mir Eduard an, dass er Freimaurer sei; dieses versetzte mich in rechten Schrecken, denn von Jugend auf hatte ich so große Vorurteile eingesogen, dass ich diese Corporation für Teufelsbeschwörer und gottlose Leute gehalten hatte. Ich weinte bitterlich und Eduard hatte große Mühe mich zu beruhigen und mich zu überzeugen, dass sie ebenfalls an Gott und Christtum glaubten und dass es nur ein Tugendbund wäre. Dieses war mein erster Kummer in meiner Ehe."[20]

Insofern war Kotzebues Lustspiel also durchaus nahe am Puls der Zeit. Und allein die Tatsache, dass in Mannheim 1818 und auch in den folgenden Jahren ein solches Sujet problemlos gespielt werden konnte, ist Indiz einer selbstbewussten, offenen Bürgerstadt. Immerhin kam es im selben Jahr in Graz wegen dieses Schauspiels zu einem großen Theaterskandal, in dessen Folge das dortige Theater unter polizeiliche Zensur gestellt und das Stück nur noch in Wien auf der Bühne zu sehen war. Der Mannheimer Theaterbetrieb, der damals zu vier Fünfteln von der Stadt getragen und nur zu einem Fünftel vom Staat Baden unterstützt wurde, hatte dagegen nie ein Problem, das Stück auf die Bühne zu bringen – obwohl die Freimaurerei seit 1813 im Staat Baden wieder einmal verboten war. Die Mannheimer Freimaurer waren deswegen nach Frankenthal ausgewichen und hielten dort ihre Zusammenkünfte ab. Das Verbot galt in Baden übrigens bis 1830. Immerhin ein Dutzend Aufführungen des „Freimaurers" konnte das Mannheimer Theaterpublikum bis 1828 auf der Bühne sehen und auch in den 1840er Jahren stand der Einakter gelegentlich auf dem Spielplan des Theaters – übrigens weit häufiger als im benachbarten Karlsruhe.[21]

Mittlerweile ist das eher seichte Bühnenspiel Kotzebues, wie nahezu alle Stücke des Autors, in Vergessenheit geraten. Der Name Kotzebue ist aus einem ganz anderen Grund bis heute präsent. Seine Ermordung (Abb. 4) am 23. März 1819 in A 2, 5 – unweit des Schlosses – lieferte bekanntermaßen den Anlass, um mit den Karlsbader Beschlüssen ein restauratives System im Deutschen Reich zu begründen. Die Burschenschaften wurden aufgelöst, missliebige Professoren ebenso wie Journalisten und Redakteure mit Berufsverbot belegt, die Universitäten unter staatliche Aufsicht gestellt. Eine geradezu allgegenwärtige Zensur suchte die Presse mundtot zu machen und jeglichen Freigeist zu ersticken. Versammlungsfreiheit war nicht mehr gegeben. Davon waren wieder einmal auch die Freimaurer betroffen.

Und die Karlsbader Beschlüsse haben mit dazu geführt, dass sich das Urteil des zeitgenössischen Malers Wilhelm von Kuegelgen (1802-1867) im kollektiven Geschichtsbild durchsetzte, wonach der Freimaurer Kotzebue „ein literarischer Giftmischer, ein russischer Spion, ein Vaterlandsverräter und Abgrund alles Verderbens" gewesen sei.[22] Dagegen habe, so Kuegelgen, der „Heldenjüngling" Sand „diesen Höllenpfuhl mit seinem Pestqualm geschlossen, sich selbst als ein anderer Curtius fürs Vaterland und seine heiligsten Interessen opfernd". Insofern hat im heutigen Geschichtsbild eine merkwürdige Rollenverdrehung stattgefunden: Der Freimaurer Kotzebue erscheint als der geistige Täter der deutschen Unfreiheit, hingegen Sand als das heldenhaften Opfer, als Bannerträger von „Freiheit, Gleichheit und Brüderlichkeit" und damit gleichsam als ein „Freimaurer im Geiste". Im Sinne des Lessing'schen Diktums, wonach der Mensch, besonders der Freimaurer, „Laut denken mit Freunden" solle, wäre es gewiss reizvoll, über dieses Geschichtsbild näher zu debattieren. Jedenfalls hat es die Mannheimer Stadtgesellschaft damals in Teilen durchaus noch anders gesehen. Der zeitgenössische Chronist des Nationaltheaters äußerte sein Entsetzen über die grauenvolle Tat, die Schauspieler sahen sich außerstande, am Tag des Mordes eine Aufführung zu geben, weshalb der Theaterbetrieb ruhte.[23] Viele Theaterleute defilierten am Tage der Beerdigung, dem 25. März, am Sarg des Toten vorbei; das Grab wurde kunstvoll vom Mannheimer Künstler Pozzi gestaltet. Und das Mannheimer Theaterpublikum liebte weiterhin die Stücke des angeblichen russischen Spions.[24] Kotzebue war der mit weitem Abstand meistgespielte Autor des 19. Jahrhunderts, auch und gerade in Mannheim, wo er die letzten sieben Monate seines Lebens verbracht und wo er offensichtlich auch intensive Kontakte zu Mannheimer Freimaurern gepflegt hatte.[25]

Ambivalent, wie in der Geschichte so oft, setzt aber auch in Mannheim sofort die Verehrung, ja Verklärung von Kotzebues Mörder ein. Nicht wenige Mannheimerinnen und Mannheimer tauchten Taschentücher in Sands Blut, schnitten Locken von seinem Kopf ab oder versuchten Späne vom Schafott abzubrechen – nicht als profane Souvenirjäger, sondern um geradezu einem magischen Heilsbringer zu huldigen. Der Ort von Sands Hinrichtung 1820, dort, wo heute der Wasserturm steht, wurde übrigens lange als „Sands Himmelfahrtswiese" bezeichnet.

Sand wurde wie Kotzebue auf dem lutherischen Kirchhof bestattet, die Gräber bettete man dann mit Spendenmitteln der Bürgerschaft 1869/70 auf den Mannheimer Hauptfriedhof um, wo seitdem beide, Schriftsteller und Theologiestudent, in unmittelbarer Nähe bestattet sind. Das wirkt heute wie eine bemerkenswerte, versöhnende Geste der Stadtgesellschaft und -verwaltung, war aber damals in konservativen Kreisen alles andere als unstrittig.[26]

Abb. 4
Kotzebues Ermordung nach einem zeitgenössischen Stich
StadtA Ma - ISG, Bildsammlung, KF Nr. 13474

Die Stadtpolitik wurde zu jener Zeit vom bürgerlichen Flügel der Fortschrittspartei und der daraus erwachsenden Deutschen Volkspartei geprägt, die im politischen Spektrum als linksliberal etikettiert werden kann. Bedeutende Freimaurer haben in ihr eine gewichtige Rolle gespielt: Zum einen den Kaufmann Karl Nestler, Meister vom Stuhl der Johannis-Loge Carl zur Eintracht von 1852 bis 1854 und Bürgermeister der Stadt Mannheim von 1849 bis 1869, zum anderen Eduard Moll (Abb. 5), der erstmals 1870 als Stadtoberhaupt gewählt und

Abb. 5 (links)
Eduard Moll (1814-1896)
Von 1870 bis 1891 stand er Mannheim als Oberbürgermeister vor.
Fotoaufnahme
Um 1891
StadtA Ma - ISG, Bildsammlung, KF Nr. 7645

1875 und 1885 wiedergewählt wurde. Er trug in dieser Funktion den Titel des ersten bzw. dann des Oberbürgermeisters.[27] Er war Kaufmann von Beruf, hatte lange im Bürgerausschuss und im Stadtrat fungiert und stand der Handelskammer als Präsident vor. Von 1852 bis 1865, mithin 13 Jahre, stand er als Meister vom Stuhl der Johannis-Loge Carl zur Eintracht vor.

Karl Nestler (Abb. 6), der zugleich die Mannheimer „Räuberhöhle" mitbegründete, wie auch Moll waren führende Freimaurer und Kommunalpolitiker. Sie prägten nahezu vier Jahrzehnte das lokalpolitische Geschehen der rasch wachsenden Handels- und Industriestadt Mannheim, in der 1886 der Benzwagen patentiert und im gleichen Jahr mit dem Bau des Wasserturms begonnen wurde. In ihrer politischen Grundhaltung verkörperten beide eine eigenständige, stark vom Geist der 1848er-Revolution bestimmte bürgerlich-demokratische Position, die auf die strikte Trennung von Staat und Kirche pochte, worin sich beispielhaft ihre freimaurerische Grundhaltung widerspiegelte. Doch sollten die von ihnen repräsentierten Demokraten in Mannheim ab den 1870er Jahren zwischen den nun heraufziehenden führenden Antipoden, den Nationalliberalen und den Sozialdemokraten, allmählich zerrieben werden, so dass ihre dominierende Ära mit Eduard Molls Rücktritt im August 1891 endete.

An den Namen Moll erinnern in Mannheim fast nur noch die Mollstraße und die Mollschule, und dies völlig zu Recht. Denn Moll war ein entschiedener Bildungsreformer.[28] Seinem Einsatz war es zu verdanken, dass 1863 die erste Höhere Töchterschule eröffnet und 1870 in Mannheim die gemischt-konfessionelle Volksschule begründet wurde – was die liberalen Kräfte im Kulturkampf in Baden zäh verteidigten und was übrigens bis in die 1970er Jahre in Baden-Württemberg eine der großen Konfliktlinien zwischen den großen Volksparteien beschrieb. Noch in einer anderen Hinsicht verdient es Moll, wieder stärker ins Gedächtnis der Stadt gerückt zu werden. So betonte sein Nachfolger im Amt, Otto Beck, bei der Verabschiedung Molls aus dem Amt des Oberbürgermeisters unter großem Beifall der Anwesenden, dass er jeglicher politischen und religiösen Hetze – auch dem im

Abb. 6 (rechts)
Karl Nestler (1810-1872)
Lithographie
Ca. 1850
StadtA Ma - ISG, Bildsammlung, KF Nr. 38424

deutschen Kaiserreich wieder anwachsenden Antisemitismus – energisch die Stirn geboten habe. Das war auch Ausdruck seines Verständnisses von Humanität oder, wenn man so will, Ausdruck seiner freimaurerischen Überzeugungen. Es ist daher nicht verwunderlich, dass führende jüdische Intellektuelle und Bürgersöhne wie Bernhard Herschel, Max Hachenburg oder Julius Hirschhorn der Loge Carl zur Eintracht (Abb. 7) angehörten. Und die 1877 von der Badenia-Loge abgespaltene Spinoza-Loge rekrutierte ihre Mitglieder sogar überwiegend aus jüdischen Kreisen.[29] Als Eduard Moll dann 1896 verstarb, erlebte Mannheim die bis dahin größte Trauerkundgebung seiner Geschichte, was für Molls ungebrochene Popularität sprach.

Welches Schicksal war den Mannheimer Logen in der Weimarer Republik und der NS-Zeit beschieden? Es waren auch Mannheimer Freimaurer, die um den Erhalt der ersten deutschen Republik kämpften und für eine Aussöhnung mit dem Nachbarn Frankreich warben,[30] gerade weil es nach dem deutsch-französischen Krieg 1870/71 auch in Mannheim zum Bruch zwischen den Logen in Deutschland und Frankreich gekommen war. So kam es in den ersten Jahren des 20. Jahrhunderts zu einer behutsamen Wiederannäherung auf Treffen der Internationalen Freimaurerischen Friedensmanifestation. Ein Treffen im August 1914 musste allerdings wegen Ausbruchs des Ersten Weltkriegs gestrichen werden. Danach belasteten zunächst der Status der von Frankreich besetzten Pfalz bzw. separatistische Strömungen das Verhältnis zwischen den Ländern.

Im Lessingjahr 1929 zu Pfingsten – am 200. Geburtstag des berühmten Freimaurers Lessing – fand jedoch die IX. Internationale Freimaurerische Friedensmanifestation in Mannheim statt (Abb. 9). Aber auch hier scheint die lokale Szene noch gespalten gewesen zu sein, denn fünf Mannheimer Logen nahmen an der Kundgebung offiziell nicht teil. Getragen wurde die Kundgebung vor allem von der Loge „Sonne der Pfalz" des Mannheimer Berufsschullehrers und Alt-Stuhlmeisters August Friedrich Hauck, der später noch seine freimaurerischen Unterlagen im Garten vergraben und so vor den Nazis retten sollte. 1929 haben verschiedene Redner, darunter der Ludwigshafener Logenbruder Dr. Friedrich Wilhelm Wagner, auf die deutsch-französische Verständigung abgehoben. Den Faschismus sahen Wagner wie andere Redner schon als Bedrohung für Europa, weshalb ein „Pan-Europa" gefordert wurde. Man traf sich bezeichnenderweise im Logenhaus der August-Lamey-Loge des befreundeten jüdischen B'nai-B'rith-Ordens in C 4, 2, ferner bei einer Vorstellung im gerade erst zwei Jahre zuvor

Abb. 7 (links)
Das erste Logenhaus „Carl zur Eintracht", 1885 erbaut in L 8, 3
Ausschnitt aus einer Postkarte
1910
StadtA Ma - ISG, Bildsammlung, Album 1549, Nr. 42

Abb. 8 (rechts)
Logenhaus „Wilhelm zur Dankbarkeit" in der ehemaligen Schulhofstraße 4, heute Rosengartenplatz
Ausschnitt aus einer Postkarte
1910
StadtA Ma - ISG, Bildsammlung, Album 1549, Nr. 43

Abb. 9
Postkarte zum IX. Internationalen Freimaurertreffen zur Friedenskundgebung in Mannheim
StadtA Ma - ISG, Bildsammlung, Album 1549, Nr. 11

eröffneten Planetarium im Luisenpark und – wie könnte es anders sein – im Nationaltheater bei Mozarts Freimaureroper „Die Zauberflöte".

Dann zog die Diktatur auf und bereits im Winter 1932/33 waren die meisten Logenhäuser verkauft. Ende März, Anfang April löste sich der Freimaurerbund „Zur aufgehenden Sonne" in Berlin für das Gebiet des Deutschen Reiches auf. Gleichwohl verlief die Entwicklung reichsweit uneinheitlich. Während es bei den altpreußischen Großlogen durchaus Versuche der Anbiederung gegenüber der NS-Diktatur gab, scheint es im Südwesten von Anfang an einen klaren Willen zur Selbstauflösung gegeben zu haben. So beschloss am 22. April 1933 die Loge Carl zur Eintracht nach eingehender Aussprache einstimmig die Selbstauflösung.[31] Darin kann man, wenn man diesen Beschluss mit der Entwicklung des damals noch jungen Service-Clubs „Rotary Mannheim" oder mit der einer gesellschaftlichen Vereinigung wie der Mannheimer „Räuberhöhle" vergleicht, durchaus eine aufrechte Haltung gegen die Gleichschaltungsbemühungen der neuen Herren sehen. Die Freimaurer standen allerdings weit stärker als andere gesellschaftliche Vereinigungen unter dem Generalverdacht, von Juden unterminiert zu sein, die nach der Weltherrschaft strebten – ein Vorwurf, der seit ihren Anfängen zum ideologischen Grundrepertoire der NS-Bewegung gehörte. Nach 1933 beargwöhnte das NS-Regime aber auch logenähnliche Organisationen wie die „Anthroposophische" oder „Theosophische Gesellschaft" und auch „Schlaraffia". Selbst ehemalige Mitgliedschaften waren für alle Beamten und Beamtenanwärter den vorgesetzten Stellen zu melden.[32]

Inwieweit der Schutz der freimaurerischen Brüder bei den nach 1933 einsetzenden Verfolgungsmaßnahmen gegen die ehemaligen jüdischen oder politisch verdächtigen Mitglieder der Logen im Stillen vonstattenging, ist bislang eine völlig offene Forschungsfrage. Sie kann nur dann näher geklärt werden, wenn anhand der schriftlichen wie mündlichen Überlieferung genauer untersucht wird, welche jüdischen Mitglieder oder politischen Nonkonformisten es in den Logen gab und welche Lebensschicksale sie erfahren haben. Die Frage ist schlicht, ob es stille Helfer in den Reihen der Logen gab. So muss beispielsweise offen bleiben, ob der Jurist Max Hachenburg, eine reichsweite Koryphäe auf dem Gebiet des modernen Aktien- und Handelsrechts, bei seiner Flucht 1939 auch brüderliche Hilfe erhielt. Er überlebte den Holocaust, wohingegen ein Großteil seiner Familie und viele seiner Kanzleimitarbeiter umkamen. Auch wäre es interessant zu wissen, welche Rolle Franz Hirschler, Vorsitzender der SPD-Stadtratsfraktion, als Freimaurer spielte. Durch glückhafte Umstände konnte er 1933 zunächst ins Saargebiet, später nach Paris und Buenos Aires flüchten. In diesem Zusammenhang wäre auch erhellend zu wissen, ob und inwieweit er noch nach 1945 Kontakt zu seiner Mannheimer Loge hielt. Einer solchen Aufarbeitung der jüngeren Geschichte sollten sich die Logen des Rhein-Neckar-Raums stellen, der geschichtlichen Wahrheit wegen, doch mit Blick auf ihre humane und tolerante Identität auch um ihrer selbst willen.

Nach 1945 erfolgte die Wiederbelebung der Freimaurerei bemerkenswert schnell und unaufgeregt, auch wenn die Rückgabe und Entschädigungsfrage des im Zweiten Weltkrieg zerstörten, einst unter Eduard Moll 1885 gebauten Logenhauses in L 8, 3 auf sich warten ließ.[33] Mit dem neuen Haus in L 9, 9, geweiht am 2. März 1952 (Abb. 10), fand die älteste Mannheimer Loge „Carl zur Eintracht“ eine würdige neue Heimstatt. Inzwischen gibt es mit der 1981 gegründeten „Unitas“ nicht nur eine Loge für Freimaurerinnen in Mannheim und Umgebung, sondern auch gemischte Logen. Die Vielzahl und die Selbstverständlichkeit, mit der die Logen innerhalb der Stadt wirken, ist durchaus ein Indiz für das Maß an libertärer Toleranz von Stadt und Gesellschaft insgesamt und Spiegel einer gelebten ethisch-sozialen wie integrativen Praxis, in der Brüderlichkeit und Geschwisterlichkeit keine verstaubten Mottenbegriffe sind. Für den Außenstehenden erschließt sich der geheime Ritus nur ansatzweise; andererseits bietet dies Gewähr dafür, sich zunächst grundsätzliche Eindrücke von der Freimaurerei und ihren Werten zu verschaffen, bevor man sich auf ihre Initiationsgemeinschaft einlässt.

Was bleibt, ist die ständige Aufgabe, sich in einer sich wandelnden Stadtgesellschaft im Sinne einer auf Humanität, Toleranz und Gerechtigkeit gegründeten brüderlichen Vision einzubringen. Der „Tempel der Humanität“ wird zwar nie fertiggestellt – doch wo keine Vision ist, kann nur schwerlich Zukunft sein.

Abb. 10
Grundsteinlegung des neuen Logenhauses „Carl zur Eintracht“ in L 9, 9
Hammerschlag durch Bankdirektor Heinrich Aberle, Meister vom Stuhl
StadtA Ma - ISG, Bildsammlung, Album 658, Nr. 10

1 Der Aufsatz ist eine für die Drucklegung überarbeitete Festrede, die der Verfasser am 16. Juni 2017 im Rittersaal anlässlich der Veranstaltung „300 Jahre Freimaurerei“ hielt. Diese wurde von der Interessengemeinschaft Rhein-Neckar-Logen ausgerichtet. Ein besonderer Dank gilt dabei den Herren Dr. Ranko Pavlovic, Rainer Kautsch, Michael Heitmann und Julius Waldkirch, die mich in mehreren Gesprächen über das Wesen der Freimaurerei informiert und mir ihre Gemeinschaft nahegebracht haben. Diese Gespräche waren für mich ausgesprochen bereichernd. Herzlich zu danken habe ich ferner meinem Kollegen Dr. Hanspeter Rings, der mir viele Hinweise zum Thema gab und diesen Aufsatz einer kritischen Korrektur unterzog. – Gewidmet sei der Beitrag der leidenschaftlichen Stadthistorikerin und tiefen Kennerin des bürgerlichen Mannheims Frau Dr. Grit Arnscheidt zum 80. Geburtstag. Nur der Spezialist der Mannheimer Stadtgeschichtsforschung kann ermessen, wie viel diese den Arbeiten von Grit Arnscheidt verdankt.

2 Vgl. Wilhelm Schwarz: Geschichte der gerechten und vollkommenen St. Johannisloge „Karl zur Eintracht“ in Mannheim. Mannheim 1896, S. 10ff.

3 Vgl. W. Schwarz (1896), S. 6ff.

4 Vgl. Julius Waldkirch: Ein Beitrag zur Geschichte der Freimaurerei in Mannheim anläßlich des 225jährigen Jubiläums der Johannis Freimaurerloge „Carl zur Eintracht“. Mannheim 1981, S. 6ff; ders.: Geschichte der ersten Freimaurerlogen. Mannheim 2017, S. 20ff.

5 Vgl. J. Waldkirch (2017), S. 22f.

6 Vgl. Stefan Mörz: Glanz der Residenzzeit zur Karl-Theodor-Zeit, in: Ulrich Nieß, Michael Caroli (Hrsg.): Geschichte der Stadt Mannheim,

Bd. 1 (1607-1801). Heidelberg u.a. 2007, S. 485f.

7 Zur Person vgl. Hans Rall: Kurfürst Karl Theodor. Regierender Herr in sieben Ländern (Forschungen zur Geschichte Mannheims und der Pfalz N.F. 8). Mannheim u.a. 1993, S. 11f. und 75 sowie J. Waldkirch (2017), S. 37f.

8 Vgl. S. Mörz (2007), Glanz der Residenzzeit, S. 505; J. Waldkirch (2017), S. 40ff.

9 Vgl. S. Mörz (2007), Glanz der Residenzzeit, S. 512.

10 Zit. nach S. Mörz (2007), Glanz der Residenzzeit, S. 514.

11 Vgl. Stefan Mörz: Hauptstadt ohne Kurfürst, in: Ulrich Nieß, Michael Caroli (Hrsg.): Geschichte der Stadt Mannheim, Bd. 1 (1607-1801). Heidelberg u.a. 2007, S. 573ff.

12 Vgl. Übersicht bei W. Schwarz (1896), S. 55-57.

13 Vgl. S. Mörz (2007), Hauptstadt ohne Kurfürst, S. 573-575.

14 Vgl. W. Schwarz (1896), S. 57ff.

15 Vgl. J. Waldkirch (2017), S. 47ff.

16 Vgl. Theatersammlung rem, Theaterzettel Nationaltheater, Jahrgang 1818, Signatur THZB 38 1818 unter dem Datum 15. Jan. 1818. Diese wichtige Quelle der Theatersammlung der rem wurde unlängst digitalisiert und soll der Forschung bald online zugänglich werden.

17 Vgl. Benjamin Schwarz: Der Freimaurer, in: Kotzebues Dramen. Ein Lexikon, hrsg. von Johannes Birgfeld, Julia Bohnengel und Alexander Kofienina. Hannover 2011, S. 76f. Für Auskünfte dankt der Verfasser ganz herzlich Frau Liselotte Homering, Leiterin der Theatersammlung der rem.

18 Zitiert nach der Onlineausgabe unter http://gutenberg.spiegel.de/buch/der-freimaurer-5185/1 (URL-Abfrage 22.07.2017).

19 Zur Person vgl. Ulrike Brummert, Sylvia Schraut: Zwischen bürgerlichem Frauenbild und Selbstbehauptung: Amalie Kauffmann (1816-!869), in: Frauenbeauftragte der Stadt Mannheim (Hrsg.): Stadt ohne Frauen? Frauen in der Geschichte Mannheims. Mannheim 1993, S. 63-76.

20 Vgl. StadtA Ma - ISG, NL Kauffmann, Amalie, Zug. 20/2004, Nr. 6. Den Hinweis verdanke ich Frau Dr. Heidrun Pimpl vom Stadtarchiv Mannheim - ISG. Die Aufzeichnungen sind nicht datiert und nur in einer späteren maschinenschriftlichen Abschrift überliefert, vgl. Brummert, Schraut (1993), S. 75 mit Anm. 2.

21 Für die Auswertung anhand der Theaterzettel der rem danke ich meiner Mitarbeiterin Jennifer Heinemann. Am Großherzoglichen Hoftheater in Karlsruhe wurde „Der Freimaurer" 1818 viermal, je einmal 1819 und 1855 sowie zweimal 1856 gespielt, vgl. Onlinekatalog der Badischen Landesbibliothek unter https://digital.blb-karlsruhe.de/blbtheater/topic/titles/3522233 (URL-Abfrage am 22.7.2017).

22 Zitate nach der Onlineausgabe von Wihelm von Kuegelgen: Jugenderinnerungen eines alten Mannes, Kap. 38 unter http://gutenberg.spiegel.de/buch/jugenderinnerungen-eines-alten-mannes-4674/38 (URL-Abfrage am 22.7.2017).

23 Vgl. die beiden Einträge: Theatersammlung rem, Theaterzettel Nationaltheater, Jahrgang 1819, Signatur THZB 38 1819 unter dem Datum 23. März 1819 (ohne Paginierung).

24 Vgl. Hanspeter Rings: Die Quadratur des Goethe. Der Dichter und Mannheim, in: Badische Heimat 79 (1999), S. 734. Kotzebues Zeitgenosse Jean Paul hatte für die Schreibwut seiner Kollegen nur Spott übrig und bezeichnete die Stücke „als Jämmerlichkeiten [...], die kaum 1 mal gelesen zu werden verdienen". Zit. nach Hanspeter Rings: Das Mannheimer Nationaltheater, in: Jörg Schadt (Hrsg.): Das Nationaltheater Mannheim (Kleine Schriften des Nationaltheaters 6). Mannheim 1996, S. 28.

25 Vgl. Gottlieb Graeff: Georg Hepp. Ein Mannheimer aus der Konvents-, Empire- und Burschenschaftszeit, in: Mannheimer Geschichtsblätter 28 (1927), Sp. 121f.

26 Vgl. Hans-Joachim Hirsch: In „kargen Zeiten", in: Ulrich Nieß, Michael Caroli (Hrsg.): Geschichte der Stadt Mannheim, Bd. 2 (1801-1914). Heidelberg u.a. 2007, S. 104f.

27 Vgl. Anja Gillen: Die Großstadt kündigt sich an, in: Ulrich Nieß, Michael Caroli (Hrsg.): Geschichte der Stadt Mannheim, Bd. 2 (1801-1914). Heidelberg u.a. 2007, S. 420ff.

28 Vgl. Walter Spannagel: Eduard Moll, in: Ulrich Nieß (Hrsg): Die höchste Auszeichnung der Stadt. 42 Mannheimer Ehrenbürger im Porträt (Kleine Schriften des Stadtarchivs Mannheim 18). Mannheim 2002, S. 54f.

29 Vgl. A. Gillen (2007), S. 473.

30 Vgl. Hans-Detlef Mebes: Internationale Friedensbemühungen Mannheimer Freimaurer. Ein Beitrag zur Stadtgeschichte der Weimarer Zeit, in: Mannheimer Hefte 1992/1, S. 39-49.

31 Vgl. J. Waldkirch (1981), S. 22 und ders. (2017), S. 105ff.

32 Vgl. Erlass des Ministers des Kultus und Unterricht an alle Dienststellen vom 8.3.1937, in: StadtA Ma - ISG, Bestand Karl Friedrich Gymnasium, Zug. 4/1977, Nr. 143.

33 Vgl. J. Waldkirch (1981), S.27ff. sowie ders. (2017), S. 113ff.

Zeitzeuge einer verführten Jugend. In memoriam Dieter Wolf (1928-2016)

Dieter Wolf am Rednerpult im Friedrich Walter-Saal des Stadtarchivs 2007
Foto: Sarah Hähnle-Balastegui, StadtA MA - ISG, Bildslg. KF041977

Ein Zeitzeuge ist verstummt. Dieter Wolf, ehrenamtlicher Mitarbeiter im Stadtarchiv Mannheim - ISG und Sprachrohr einer „verführten Generation", verstarb nach langer Krankheit am 1. November 2016 im Alter von 88 Jahren. Wolf schrieb die exemplarische Geschichte seiner Mannheimer Jugend auf, wie er als begeisterter Pimpf vollkommen für die Nazi-Ideologie entflammt war, wie er als 15-jähriger ab 1943 stolz und todesmutig am Flak-Geschütz für Volk und Vaterland kämpfte und am Ende des „Tausendjährigen Reiches" als Kriegsgefangener in einem Lager der 7. US-Army in Frankreich landete. Erst sein dritter Fluchtversuch glückte; 1947 kehrte er als ein anderer heim nach Mannheim. Im Rentenalter ging er auf Spurensuche und trat als Streiter für Frieden und Freiheit auf. Zusammen mit Karl Heinz Mehler, der wie er die Mannheimer Mittelschule besucht hatte, ging er in die Schulen und erzählte über die Erlebnisse und Irrungen der frühen Jahre. Die beiden boten Zeitgeschichte aus erster Hand.

Engagiert erstellte Dieter Wolf als Ehrenamtlicher für das ISG einen akribisch recherchierten Katalog der „Luftkriegsereignisse in Mannheim". Darin verzeichnete er jeden Angriff vom Alarm bis zur Entwarnung. Zusammen mit Karen Strobel wertete er danach die Standesamtsunterlagen aus und zählte die Zahl der Kriegstoten in Mannheim nach, wobei überproportional viele Zwangsarbeiter unter den Opfern nachgewiesen wurden.

Stets begleitete Dieter Wolf die Arbeit des Stadtarchivs mit größter Sympathie, gab Hinweise und suchte nach neuen Quellenzeugnissen zu seinen Themen. Freundschaften entstanden, gerne lud er zu sich nach Hause ein. Anlässlich des 60. Jahrestags des Kriegsendes in Mannheim hielt er am 29. März 2005 vor über 400 Interessierten den Festvortrag, der mit einem Ausspruch des Aufklärers Georg Christoph Lichtenberg (1742-1799) endete: „Ich kann freilich nicht sagen, ob es besser werden wird; aber so viel kann ich sagen, es muss anders werden, wenn es gut werden soll." Dieter Wolf hat seinen Beitrag hierzu geleistet; seiner Tochter Iris und der Familie gilt unser tiefes Mitgefühl.

Ulrich Nieß und Susanne Räuchle

Kirchengeschichte als Teil moderner Regional- und Stadtgeschichte.
Zum Tode von Günther Saltin (1939-2016)

Am 23. November 2016 verstarb Lic. theol. Günther Saltin nach langer Krankheit im St. Marien-Krankenhaus in Ludwigshafen. Nur wenige Stunden später folgte ihm seine ebenfalls schwer erkrankte Ehefrau Ursula im Universitätsklinikum Mannheim.

Günther Saltin war weit über die Grenzen des katholischen Stadtdekanats Mannheim als Religionslehrer, langjähriges Mitglied des Dekanatsrates der katholischen Kirche Mannheims und fleißiger Publizist für Kirchengeschichte bekannt. Über Jahrzehnte erschien seine beliebte Kolumne „Zeichen am Weg" im Kirchenblatt „Kirche aktiv".

1939 in der Nähe von Trier geboren, hatte Günther Saltin katholische Theologie in Bonn, Würzburg und Trier studiert und mit dem Lizentiat der Theologie bei Professor Dr. Wilhelm Breuning abgeschlossen. Beruflich zog es ihn an die Universität des Saarlandes nach Saarbrücken, wo er auch als Schullehrer für katholische Religionslehre wirkte, ehe er in den siebziger Jahren an das Mannheimer Liselotte-Gymnasium wechselte. Dort blieb er bis zu seiner Pensionierung im Jahre 2005.

Günther Saltin mit seiner Ehefrau Ursula im September 2009 anlässlich seines 70. Geburtstages
Foto: Reiner Albert

Über 40 Jahre war Günther Saltin mit der am Mannheimer Ursulinengymnasium unterrichtenden Oberstudienrätin für Deutsch und katholische Religionslehre Ursula Saltin glücklich verheiratet. Sie stand ihm in Alter und Krankheit aufopfernd und mit tiefer Liebe zur Seite, obwohl sie selbst schwer erkrankte. Diese tiefe Harmonie im Hause gab Günther Saltin Raum, um zahlreiche Fach- und Rundfunkbeiträge zur Religionspädagogik, Frömmigkeitsgeschichte und zur regionalen Kirchengeschichte zu veröffentlichen, zuletzt im März 2016 das kirchengeschichtliche Lesebuch „Am Strom der Zeit". Gewichtig waren seine Beiträge zur Ordensgeschichte in dem zweibändigen Grundlagenwerk „Katholisches Leben in Mannheim", das 2009 bzw. 2012 erschien.

Bereits als Schüler war Saltin Alfred Delp und dessen Texten aus der Haft begegnet, die ihn prägten. Seiner Beharrlichkeit war es zu verdanken, dass im Oktober 2005 eine Alfred-Delp-Gesellschaft gegründet werden konnte. Bundeskanzler a. D. Dr. Helmut Kohl, Fritz Delp sen. und Karl Kardinal Lehmann sollten in den Folgejahren Ehrenmitglieder des Vereins werden. Renommierte Wissenschaftler und Personen des öffentlichen Lebens, wie zuletzt Prof. Dr. Hans Maier im September 2016, hielten in Kooperation mit dem Historischen Institut Gedenkvorlesungen an der Universität Mannheim. Saltin betreute bis einschließlich September 2016 alle erschienenen Jahrbücher der Gesellschaft. Seine Verdienste für die Alfred-Delp-Forschung sind unschätzbar. Sein Buch „Durchkreuztes Leben. Alfred Delp: Weg-Kampf-Opfer" eignet sich besonders für Schüler und Studierende.

Persönlich gilt der Dank einem geradezu väterlichen Freund und liebenswerten Menschen für die vielfältige Unterstützung, die Heranführung an das Thema „Christlicher Widerstand" und das kollegiale wie herzliche Miteinander der vergangenen Jahrzehnte.

Reiner Albert

In memoriam Hansjörg Probst
(10. Mai 1932 - 1. Dezember 2016)

Foto: rem

Am 1. Dezember 2016 verstarb im Alter von 84 Jahren der langjährige Vorsitzende und Ehrenvorsitzende des Mannheimer Altertumsvereins Hansjörg Probst. Am 10. Mai 1932 in Mannheim geboren, blieb Hansjörg Probst als Schulmann, Historiker und Politiker sein ganzes Leben der Heimatstadt eng verbunden. Als Mannheimer, genauer als Seckenheimer, hat er sich immer gefühlt und blieb zeitlebens in seiner Vaterstadt. Abgesehen von einem kurzen Heidelberger Intermezzo in Folge der Kriegswirren ging er in Mannheim zur Schule und besuchte das humanistische Karl-Friedrich-Gymnasium, an dem er Lehrer und von 1974 bis 1996 Direktor wurde. Nach dem Abitur studierte er in Heidelberg Geschichte, Latein und Germanistik. Prägend wurde für ihn der renommierte Mittelalter-Historiker Fritz Ernst, mit dessen illustrem Schülerkreis er eng verbunden blieb. Schon seine wissenschaftliche Staatsexamensarbeit zeigte die künftige Richtung seiner historischen Interessen, war sie doch in einer begriffsgeschichtlichen Untersuchung dem historischen Pfalzbegriff gewidmet. Der alten Kurpfalz galt denn lebenslang nicht nur seine Zuneigung, sondern auch sein wissenschaftliches und pädagogisches Wirken. Die Untersuchung erschien 1984, ausgestattet mit exzellentem Kartenmaterial, und ist bis heute ein Standardwerk zum Thema geblieben – wie alle übrigen historischen Werke Hansjörg

Probsts, die sich nie ausschließlich an ein Fachpublikum richteten, sondern immer auch die historisch interessierte Öffentlichkeit in den Blick nahmen.

Wie der von ihm sehr geschätzte Historiker Franz Schnabel – auch er ja Zögling und zeitweiser Lehrer des Mannheimer humanistischen Gymnasiums – wandte sich auch Hansjörg Probst einem Beruf zu, nämlich dem des Gymnasiallehrers, der für ihn in idealer Weise Wissenschaft und Lebenspraxis verband. Der liebevolle Familienvater und Gatte verlor nie den Kontakt zu der geliebten Wissenschaft, auch wenn er sich zunächst vor allem um schulische Vermittlung historischen Wissens bemühte – etwa in der frühen Erarbeitung von Materialien zur 48er-Revolution, deren demokratische Grundstimmung sein politisches Weltbild bestimmte. Hansjörg Probst war überzeugter und leidenschaftlicher Demokrat, eine Überzeugung, die sich für ihn nicht zuletzt aus den Erfahrungen mit der Hitlerdiktatur ergab.

Seit 1981 erschienen dann von ihm in rascher Folge grundlegende Arbeiten zur Geschichte Mannheims und der Kurpfalz, zunächst die große Geschichte seines engeren Heimatortes Seckenheim, dann die zweibändige Geschichte Neckaraus 1988/89. Dazwischen lag eine Arbeit zu Ilvesheim 1983. 1998 fügte sich diesen umfangreichen Arbeiten die verantwortliche Herausgabe der großen Stadtgeschichte Ladenburgs an, in der er selbst die mittelalterliche Geschichte der ältesten Stadt unserer Region bearbeitete.

Krönung seiner ausgedehnten historiographischen Arbeit für die alte Kurpfalz ist das monumentale Werk „Mannheim vor der Stadtgründung" in vier Bänden, das Hansjörg Probst im Auftrag des Mannheimer Altertumsvereins zur Vierhundertjahrfeier der Stadt 2007 nicht nur herausgab, sondern wichtige Teile auch selbst bearbeitete.

Mit diesen Arbeiten – weitere wie das große Buch zu den Mannheimer Flurnamen wären zu nennen – erwarb sich Hansjörg Probst rasch den Ruf eines exzellenten Kenners, Erforschers und Darstellers seiner kurpfälzischen Heimat weit über die engere Region hinaus. Nach der Zur-Ruhesetzung als Gymnasialdirektor nahm er einen historischen Lehrauftrag an der Universität Mannheim wahr und brachte vielen Studierenden die Geschichte der Region nahe.

Sein im humanistischen Menschenbild wurzelndes Selbstverständnis ließ es ihm unabdingbar erscheinen, über die mit Hingabe ausgeübte berufliche Tätigkeit als sehr erfolgreicher Pädagoge und Gymnasialdirektor hinaus seine Arbeitskraft dem Wohl der Allgemeinheit zu widmen. Als Politiker und Gründungsmitglied der Mannheimer Liste und als Oberbürgermeisterkandidat der bürgerlichen Parteien 1991 wie als Initiator eines Bürgerentscheids zur Wiedererrichtung des Alten Kaufhauses am Paradeplatz schrieb Probst als leidenschaftlicher homo politicus Stadtgeschichte und wirkte als hoch geachtetes Vorbild, wenn auch nicht allen seinen Vorhaben Erfolg beschieden war.

Dem Mannheimer Altertumsverein von 1859 gehörte Probst schon als junger Historiker und Lehrer an und leitete ihn mit großem Engagement und ebensolcher Tatkraft lange Jahre, von 1982 bis 2007. In seine Ägide fallen wichtige Entscheidungen wie die Wiederaufnahme der „Mannheimer Geschichtsblätter", deren „Neue Folge" er nicht nur initiierte, sondern auch mit großem Arbeitsaufwand redigierte und durch wichtige Beiträge bereicherte. Er war Mitinitiator der großen Carl-Theodor-Ausstellung 1999/2000 und Mitherausgeber und Mitautor des wichtigen Kataloges „Lebenslust und Frömmigkeit. Kurfürst Carl Theodor zwischen Barock und Aufklärung", ebenso einer Ausstellung im Jahre 1998 zu Karikaturen aus der 48er-Revolution unter dem Titel „Mit Zorn und Eifer". Mit zahlreichen Vorträgen, Publikationen und Exkursionen vermittelte er sein reiches Wissen einem großen interessierten Publikum. Nach dem Ausscheiden aus dem Amt des Vorsitzenden wurde er 2007 auf Antrag des Verfassers zum Ehrenvorsitzenden des Mannheimer Altertumsvereins ernannt.

So konnte es nicht ausbleiben, dass Hansjörg Probst bedeutende Ehrungen erfuhr: Im Jahr 2000 wurde er in seiner Vaterstadt Bloomaulordensträger und 2009 wurde ihm das Verdienstkreuz am Bande des Verdienstordens der Bundesrepublik Deutschland verliehen. Beide Ehrungen sind hoch verdient und würdigen ein Lebenswerk im Dienst der Heimat, das für die Nachgeborenen vorbildlich ist und bleibt.

Der Mannheimer Altertumsverein von 1859 verdankt Hansjörg Probst eine glanzvolle und erfolgreiche Ära seiner Geschichte. Probsts Kennerschaft und sein Rat werden uns fehlen. Wir werden ihm stets ein ehrendes Andenken bewahren.

Hansjörg Probst hat sich um den Altertumsverein und seine Vaterstadt Mannheim in besonderem Maß verdient gemacht.

Hermann Wiegand

In memoriam Dr. Karl Wilhelm Beinhauer

(18. April 1938 - 5. November 2016)

Foto: Privat

Karl Wilhelm Beinhauer studierte Vor- und Frühgeschichte, Klassische Archäologie und Völkerkunde an der Universität Marburg, wo er 1980 mit der Arbeit „Untersuchungen zu den eisenzeitlichen Bestattungsplätzen von Novilara (Provinz Pésaro und Urbino/Italien)" zum Doktor der Philosophie promoviert wurde. Am 1. Oktober 1981 trat er als wissenschaftlicher Mitarbeiter in die Abteilung Archäologische Sammlungen des Städtischen Reiß-Museums (heute die Reiss-Engelhorn-Museen) in Mannheim ein, deren Leitung er dann vom 1. Februar 1990 bis zum 30. April 2003 innehatte.

Seine vielfältigen Interessen, die sich auch auf fachfremde Gebiete wie Naturwissenschaften und hier vor allem auf die Mathematik erstreckten, spiegeln sich in den Schwerpunkten seiner Arbeit wider. Zunächst galt sein Augenmerk der Neueinrichtung der archäologischen Dauerausstellung im auf D 5 neugebauten Museum für Archäologie und Völkerkunde (heute Museum Weltkulturen), die am 26. November 1988 eröffnet wurde. Neben dieser Präsentation informierten zahlreiche von ihm konzipierte und thematisch sehr unterschiedliche Sonderausstellungen das archäologisch interessierte Publikum, zum Beispiel „Die Tempel von Malta. Fotografien von Sigrid Neubert, München" im Jahr 1990; „SCHICHTEN – 85 Jahre Homo erectus heidelbergensis VON MAUER" 1992/93 oder „Die

Sache mit Hand und Fuß – 8000 Jahre Messen und Wiegen" 1994/95. Auch an der Neukonzeption und Neupräsentation der Schausammlung zur Steinzeit unter dem Titel „MenschenZeit – Geschichten vom Aufbruch der frühen Menschen" (eröffnet im Dezember 2002) hat Karl Wilhelm Beinhauer intensiv mitgearbeitet.

Einen weiteren Schwerpunkt seiner Arbeit sah er in einer systematischen digitalen Registrierung sämtlicher Objekte, die von der bis dahin praktizierten Erfassung auf Karteikarten wegführte. In Zusammenarbeit mit dem Joanneum Research Graz entstand im Rahmen des Projektes IMDAS-Pro eine Datenbank, die seit 1999 zur Erfassung verschiedener Sammlungsbestände Verwendung findet, nicht nur in den Reiss-Engelhorn-Museen.

Da sich einige historische Sammlungsbestände seit dem Ende des Zweiten Weltkrieges schwer zugänglich und ohne Dokumentation in Depots befanden, entwickelte Karl Wilhelm Beinhauer ein System, um die Stücke nach und nach zu entnehmen und dabei ihren ursprünglichen Aufbewahrungszusammenhang zu dokumentieren. So konnten über Jahre hinweg viele Tausende von altsteinzeitlichen Objekten Schublade für Schublade geborgen, gereinigt und gezeichnet werden. Erst danach wurden sie in sinnvolle Einheiten wie Fundstellen und/oder Sammlungskonvolute neu eingeordnet und modern inventarisiert. Bei diesen sehr verdienstvollen Arbeiten wurden auch wahre Sammlungsschätze wiederentdeckt, wie zum Beispiel lange als verschollen gegoltene altsteinzeitliche Kleinkunstgegenstände aus Fundstellen in der Dordogne in Südwestfrankreich.

Die Gewinnung und Einbindung von ehrenamtlichen Mitarbeiterinnen und Mitarbeitern war Karl Wilhelm Beinhauer ein wichtiges Anliegen. Ob beim Fotografieren archäologischer Objekte, der Mithilfe beim Ausstellungsaufbau oder bei der Aufnahme neuer Bücher in die archäologische Fachbibliothek, es fanden sich Menschen mit entsprechenden Fähigkeiten, die bereitwillig und freudig einen Teil ihrer Zeit unter fachlicher Anleitung in den Dienst der Archäologie stellten.

Sein Engagement für ein streng wissenschaftliches Vorgehen ließ Karl Wilhelm Beinhauer immer wieder etablierte Schulmeinungen des Faches in Zweifel ziehen, wenn er nach gründlicher Überprüfung der Faktenlage zu abweichenden, neuen Ergebnissen kam. So ist es ihm zu verdanken, dass die bearbeiteten Steinfunde aus den Mauerer Sanden von Mauer bei Heidelberg, der namengebenden Fundstelle des Homo heidelbergensis, neu untersucht und eindeutig als Werkzeuge dieses etwa 600.000 Jahre alten Ureuropäers bestimmt werden konnten. Mit einer Forschungsbohrung an der Fundstelle im Jahr 1991 sowie der Mitorganisation verschiedener Fachtagungen zur Megalithik und zu Mauer hat sich Karl Wilhelm Beinhauer um die moderne Erforschung des bedeutenden Urmenschenfundes sehr verdient gemacht. Er war Mitherausgeber von Publikationen zu diesen Themen: „Studien zur Megalithik", Weissbach 1999; „SCHICHTEN - 85 Jahre Homo erectus heidelbergensis VON MAUER", Heidelberg 1992; „Homo heidelbergensis von Mauer - Das Auftreten des Menschen in Europa", Heidelberg 1997; „Homo erectus heidelbergensis von Mauer, Kolloquium I, Resümees", Sigmaringen 1996.

Seine fachliche Offenheit lenkte seinen Blick auch auf ungewöhnliche Objekte, wie zum Beispiel auf bearbeitete Hölzer aus Kiesgruben. Darunter befand sich ein Fragment des möglicherweise ältesten Schießbogens der Welt, der vor über 17.000 Jahren aus einem Kiefernast angefertigt wurde.

Wünschen von Kollegen aus anderen Abteilungen des Museums kam er bereitwillig entgegen. So bekamen Museumspädagogen immer wieder Originale in die Hand, wenn sie diese für Führungen mit verschiedenen Besuchergruppen zum Zwecke besserer Anschaulichkeit benötigten. Als eine Kollegin im Zuge des Ausstellungsaufbaus „Schichten von Mauer" den Wunsch äußerte, einmal den Unterkiefer des Homo heidelbergensis ohne Glasscheibe betrachten zu können, ließ er sie eigens aus einer Sitzung rufen, als das Objekt in die Vitrine eingebracht wurde, sodass sie die Gelegenheit für einen unverstellten Blick auf den Unterkiefer erhielt. Solche kleinen Begebenheiten werfen ein Licht nicht nur auf den geschätzten Wissenschaftler und Kollegen, sondern auch auf den Menschen dahinter.

Patricia Pfaff, Gaëlle Rosendahl, Wilfried Rosendahl und Klaus Wirth

Rolf Kentner zum 70. Geburtstag

Kultur und Geschichte stehen im Zentrum seiner Interessen; Fundierung von Wissen durch Forschung bestimmt die Grundhaltung seines Denkens; Beharrlichkeit und Zuverlässigkeit sind die charakteristischen Merkmale seines Handelns – die Rede ist von Rolf Kentner, von 2009 bis 2015 Vorsitzender des Fördererkreises für die Reiss-Engelhorn-Museen e.V., der am 20. Januar 2017 seinen 70. Geburtstag feierte.

Für den Banker Kentner, als Direktor und Bereichsleiter bis Januar 2009 bei der BW-Bank und späteren LBBW tätig, begründet sich das Interesse an Kultur und Geschichte zum einen aus der Gewissheit, dass die Kenntnis von Herkunft und kultureller Verankerung für das Individuum notwendig ist, zum anderen aus seinem Zugang zu allen Kunstgattungen, zu Musik wie Bildender und Darstellender Kunst, zu Architektur und Literatur. Eine solcherart geprägte Persönlichkeit bringt dies auch in einem strukturierten Engagement zum Ausdruck.

Das Interesse an der Forschung zur transatlantischen Kommunikation begründet Kentners Engagement für die Einrichtung und Finanzierung eines Lehrstuhls für Amerikanische Geschichte an der Universität Heidelberg, bis heute der einzige in Deutschland. Die Universität ernannte ihn dafür zum Ehrensenator. Der Rolf-Kentner-Dissertationspreises zur Förderung der Forschung über die deutsch-amerikanischen Beziehungen wird seit 2010 vergeben.

Seit 1996 war Rolf Kentner Mitglied des Vorstandes des Fördererkreises für die rem. Es ist die Zeit, in der sich der Verein unter seinem damaligen Vorstandsvorsitzenden Dr. Klaus Cantzler grundlegend strukturell veränderte. Kentner wirkte daran aktiv mit. Die Einrichtung einer Fördererstiftung für die rem, die unabhängig neben der Curt-Engelhorn-Stiftung und der Brombeerenstiftung besteht, verdankte sich wesentlich seiner Initiative. So stellte er die Weichen für eine effektive strategische Orientierung, was nachweisbare Erfolge in der Förderung der Museumsarbeit zeitigte.

Eingebunden in die Entwicklung dieses Strukturgefüges übernahm Rolf Kentner nach dem Ausscheiden des damaligen Vorstandsvorsitzenden 2009 fast selbstverständlich dessen Funktion und brachte seine berufliche Erfahrung zur Steuerung des komplexen Gefüges der Servicegesellschaften und der Fördererstiftung ein. Ab 2015 gehörte Rolf Kentner dem Stiftungsrat der Fördererstiftung für die rem an.

Rolf Kentner 2017 Foto: rem, Maria Schumann

In Kentners Amtszeit fällt auch eine Reihe von Erwerbungen des Vereins für die Museen, die ihre Bestände um wissenschaftlich höchst bedeutsame Objekte erweiterte: Den Schwerpunkt des Skulpturenbestandes der Kunst- und Kulturgeschichte bildet die Sakralfiguration. Mit Mitteln aus den vom Fördererkreis unter der damaligen Leitung von Ingrid Philipp betriebenen Museumshops war es 2012 möglich, aus der renommierten Wiener Sammlung Dr. Leopold zwei Skulpturen vom Ende des 15. Jahrhunderts zu erwerben. Keramik, Textilien und vor allem ein einmaliges Opfermesser aus der frühen Nasca-Kultur drohten 2013 den Sammlungen Weltkulturen verlustig zu gehen. Dank des Fördererkreises blieb diese kostbare Sammlung Moos den rem erhalten. Die Brombeeren-Stiftung und der Fördererkreis ermöglichten 2014 den Erwerb von vier altägyptischen Statuen, heute Highlights im neuen Sammlungsschwerpunkt Ägypten.

Und wenn bald die Fotosammlung Artur Pfau in das Eigentum des Fördererkreises und damit in den Bestand der rem übergeht, wirkt auch hier noch Rolf Kentners Engagement nach. Unter seiner Ägide wurde 2014 das Stipendium Museum SchillerHaus eingerichtet, eine Initiative, die auch von der Karin und Carl-Heinrich-Esser-Stiftung finanziell unterstützt wird.

Herzliche Geburtstagsgrüße und Dank vom Fördererkreis und den rem für Rolf Kenter!

Dr. Hans-Jürgen Buderer
Vorstandsvorsitzender des Fördererkreises für die rem
Prof. Dr. Alfried Wieczorek
Generaldirektor der rem

Foto: Sturm, Salzburg

In memoriam Ellen Bassermann

Großzügige Mäzenin aus einer bedeutenden Mannheimer Familie

Mit Ellen Bassermann ist eine feinsinnige und kultivierte Persönlichkeit von uns gegangen, der die Stadt Mannheim, unsere Region und ganz besonders die Reiss-Engelhorn-Museen viel zu verdanken haben. Als Mitglied einer außergewöhnlichen Mannheimer Familie, die mit der Entfaltung und Blüte der bürgerlichen Stadt Mannheim intensiv verbunden ist, nimmt Ellen Bassermann einen bedeutenden Platz unter den Stifterinnen und Stiftern unserer Stadt ein.

Das nach ihrem Familiennamen benannte „Bassermannhaus für Musik und Kunst" und die damit einhergehende „Bassermann-Kulturstiftung Mannheim" bereichern die Musikstadt Mannheim seit vielen Jahren und stellen einen bedeutenden kulturellen Anziehungspunkt dar.

Die existenzielle Verbindung von gesellschaftlichem Engagement mit Kunst und Kultur ist in der Familie Bassermann keineswegs ein Einzelfall: Über viele Generationen verband sich in dieser Familie die bedeutende badisch-pfälzische Kaufmannstradition mit hochrangigem künstlerischem und akademischem Interesse.

Bereits in die erste Hälfte des 18. Jahrhunderts datiert die Heirat zwischen Johann Christoph Bassermann und Sarah Katharina Lang. Zwei Söhne aus dieser Verbindung begründeten letztendlich zwei Linien: die sogenannte Linie „Bassermann am Markt", deren Name Bezug auf einen späteren, imposanten Wohnsitz der Familie Bassermann nimmt. Der zweite Sohn begründete die Linie „Eisen-Bassermann".

Einer der Enkel der genannten Eheleute, Friedrich Ludwig Bassermann, hatte 1805 Wilhelmine Reinhardt, die Tochter des Mannheimer Oberbürgermeisters Johann Wilhelm Reinhardt, geheiratet. Dadurch war er auch in die Reinhardt'sche Tuch-, Wein-, Tabak-und Bankhandlung eingetreten. Wilhelmine Bassermann, geborene Reinhardt, galt als eine energische, tatkräftige Frau. Zahlreiche Anekdoten sind mit der couragierten und engagierten Mannheimer Bürgerin verbunden.

Weitere bekannte Persönlichkeiten finden sich in der Nachkommenschaft der Familie Bassermann, so der im 19. Jahrhundert bedeutende Konzertcellist Ludwig Alexander Bassermann und die beiden bemerkenswerten Theatergrößen, Dr. August Bassermann und Albert Bassermann.

Friedrich Daniel Bassermann, der wohl berühmteste Repräsentant der Familie, war Unternehmer und Politiker. Auch sein Engagement für das Mannheimer Kulturleben war Zeichen dafür, wie sehr er in das gesellschaftliche Leben der Stadt Mannheim integriert war. Als einer der populärsten Abgeordneten in der Zweiten Kammer der Ständeversammlung des Großherzogtums Baden war er maßgeblich an der Schaffung des ersten frei gewählten Parlaments für einen deutschen Nationalstaat, der Nationalversammlung in der Frankfurter Paulskirche, beteiligt. Er war einer der Söhne von Wilhelmine und Friedrich Ludwig Bassermann und mit der Pfarrerstochter Emilie Karbach verheiratet. Insgesamt fünf Kinder entstammten dieser Ehe, darunter auch Emil Bassermann-Jordan, Besitzer des gleichnamigen Weinguts in Deidesheim.

Dieser familiären Tradition folgte Ellen Bassermann, Ur-Ur Enkelin der Wilhelmine Bassermann.

1925 in Mannheim geboren, hat sie schon in jungen Jahren ihr Leben mit großem Ernst und Hingabe der Musik gewidmet. Bereits mit sieben Jahren gelang es ihr, in der Klavierklasse von Hans Bruch, Pianist im berühmten Mannheimer Trio, Unterricht zu erhalten. Nach dessen Flucht vor den Nationalsozialisten kam sie zu Else Rehberg, einer der fähigsten und erfolgreichsten Klavierpädagoginnen im Mannheimer Raum. Ellen Bassermanns Traum war es, Konzertpianistin zu werden!

In den Kriegsjahren hat sie sich so oft wie möglich aus Garmisch, wohin sie von den Eltern 1939 in Sicherheit gebracht worden war, nach Mannheim aufgemacht, um dort dann fast täglich und intensiv mit Frau Rehberg am Flügel zu proben. Das war nicht nur wegen des Bombenkriegs gefährlich, sondern auch, weil längere Abwesenheiten vom Wohnort unter dem Naziregime keineswegs vorgesehen waren: Die Vorstellung der nationalsozialistischen Partei war, dass ein junges Mädchen in ihrem Alter am Wohnort eine zweijährige „hauswirtschaftliche Lehre" zu absolvieren hatte. 1941, noch während dieser Lehrzeit, gelang ihr jedoch der erste Konzertauftritt in Garmisch, mit einem Gastorchester aus Neustrelitz in Mecklenburg. Ergänzt durch einen zusätzlichen Programmpunkt, einem Klavierkonzert von Mozart, wurde diese gemeinsame Präsentation noch im selben Jahr wiederholt. Mozart sollte ein Leben lang die Spitzenposition in ihrem musikalischen Herzen einnehmen.

Nach Abschluss der Hauswirtschaftslehre konnte Ellen Bassermann dann ihrem Wunsch gemäß mit dem Studium an der Musikhochschule in Mannheim beginnen. Trotz Bombenterror hat sie sich diesem Vorhaben gewidmet, bis die Zerstörung des Bassermann'schen Hauses im Oktober 1944 wieder den Rückzug nach Garmisch erzwang.

Nach Kriegsende konnte sie sich schließlich als Konzertpianistin entfalten. Gemeinsam mit ihrem Lehrmeister und Konzertpartner Prof. Johannes Hobohm aus München hat es über 25 Aufführungen des Mozart'schen Doppelkonzerts an zwei Klavieren gegeben.

Bald jedoch zeigten sich Spätfolgen der körperlichen Belastung aus den Mannheimer Kriegsjahren, als sie mehrfach am Tag zentnerschwere Lasten in den Bunker hatte schleppen müssen. Das Ergebnis war eine Schädigung der Wirbelsäule, die sich im weiteren Verlauf leider mehr und mehr auf die rechte Hand auswirkte. Sie musste daher letztendlich ihre selbstgewählte Lebensaufgabe als Konzertpianistin aufgeben.

Es ist bezeichnend für ihre großartige Persönlichkeit, dass Sie trotzdem nicht resignierte, sich ein neues Ziel suchte und sich nun in zunehmendem Maße der musikalischen Ausbildung junger Menschen widmete. Ihr Engagement als Klavierlehrerin zeitigte schöne Erfolge. Langjährige Freundschaften entwickelten sich zwischen Ellen Bassermann und ihren Schülern.

Im August 2008 gründete Ellen Bassermann die „Bassermann-Kulturstiftung Mannheim". Vor allem die Bereiche Musik und Kunst erhalten durch die Stiftung eine besondere Förderung. Sichtbares Zeichen dafür ist die Errichtung des „Bassermannhauses für Musik und Kunst" aus Stiftungsmitteln. Im Dezember 2011 wurde darin die Ausstellung „MusikWelten" eröffnet, eine völlig neue Art der Musikausstellung, die sich erfolgreich der Herausforderung stellt, etwas an sich Unsichtbares und damit auf den ersten Blick auch „Unausstellbares" wie Musik zu präsentieren.

Gegenstand der Ausstellung ist die Musik selbst. Instrumente aus allen Erdteilen helfen dabei, das Menschheitsphänomen Musik zu visualisieren. Eine qualitativ hochstehende und sinnlich gestaltete Hörführung geleitet den Besucher durch die Ausstellung.

Ein Anreiz, die Entwicklung einer solchen Ausstellung mit Exponaten aus allen Erdteilen zu fördern, war für Ellen Bassermann, neben der lebenslangen Verbundenheit mit ihrer Heimatstadt Mannheim, auch die außergewöhnliche Schenkung des Stifter-Ehepaars Dieter und Evamaria Freudenberg. Deren Sammlung erweiterte den Bestand an Musikinstrumenten der Reiss-Engelhorn-Museen ganz entscheidend, insbesondere durch ihre europäischen und indischen sowie die altamerikanischen Instrumente. Die altamerikanischen Musikinstrumente sind die größte Sammlung ihrer Art außerhalb Amerikas.

Einen Kontrapunkt zum Thema Musik bilden die Fotografie-Ausstellungen in den Ausstellungsbereichen des „ZEPHYR - Raum für zeitgenössische Fotografie" im ersten Stock des „Bassermannhauses für Musik und Kunst".

Die zahlreichen Schulklassen sowie die vielen begeisterten Besucher, die in den vergangenen Jahren die Ausstellungen im Bassermannhaus besucht haben, sind ein sichtbares Zeugnis dafür, dass Ellen Bassermann mit ihrer Stiftung etwas geschaffen hat, das für alle Menschen eine Bereicherung bietet. Ellen Bassermann war stolz auf die museale Präsentation von Musik und freute sich über die vielfältigen Aktivitäten im neuen „Bassermannhaus für Musik und Kunst". Unser Gedenken an sie lebt darin und durch die „Bassermann-Kulturstiftung Mannheim" dauerhaft fort.

Wir danken unserer Stifterin Ellen Bassermann, der großzügigen Mäzenatin unseres Hauses und Nachfahrin einer bedeutenden Familie unserer Stadt Mannheim, die am 4. Februar 2017 verstorben ist.

Prof. Dr. Alfried Wieczorek
Generaldirektor der Reiss-Engelhorn-Museen und
Vorstandsvorsitzender der Bassermann-
Kulturstiftung Mannheim

Dr. Susanne Wichert
Direktorin Stiftungsmuseen und
Vorstandsmitglied der Bassermann-
Kulturstiftung Mannheim

Traudl Engelhorn zum 90. Geburtstag

Traudl Engelhorn-Vechiatto, geboren 1927 in Wien, errichtete 2013 zur Erinnerung an ihren Ehemann Peter Engelhorn die Brombeeren-Stiftung.

Peter Engelhorn, geboren 1924 und 1991 früh verstorben, zählt zu den Mitbegründern des Fördererkreises für die Reiss-Engelhorn-Museen, der bereits 1968 seine Gründungsversammlung im Florian-Waldeck-Saal des Museums Zeughaus abhielt. Der Fördererkreis für die Reiss-Engelhorn-Museen wie auch der Mannheimer Altertumsverein von 1859 sind bis heute Ausdruck großen bürgerschaftlichen Engagements und einer von kultureller Unterstützung geprägten Gesellschaft.

1955 heiratete Peter Engelhorn, Urenkel des BASF-Gründers Friedrich Engelhorn und Boehringer-Gesellschafter, die aus Wien stammende Verlagsbuchhändlerin und Lektorin Traudl Vechiatto.

In den vielen Jahren, in denen sie mit ihrem Ehemann und den vier Töchtern in Mannheim gelebt hat, engagierte sich die Familie intensiv für das gesellschaftliche Leben der Stadt.

Foto: rem, Carolin Breckle

Den von ihrem Mann noch im Jahr 1991 gegründeten Verein „PE-Förderungen für Studierende der Musik", der bedürftige, hochbegabte junge Musikerinnen und Musiker individuell fördert und jährlich bei einem hochkarätigen Klassikkonzert im Museum Zeughaus präsentiert, finanziert Traudl Engelhorn weiter großzügig. Vorsitzende des Vereins ist ihre Tochter Angelika Milos-Engelhorn.

Über lange Zeit hatte das Ehepaar auch die Entwicklung der Reiss-Engelhorn-Museen verfolgt. Daraus reifte der Entschluss, gemeinsam mit dem heutigen Generaldirektor Alfried Wieczorek ein Stück Zukunft nachhaltig zu gestalten.

Zusammen mit einem weiteren wichtigen Stifter der Reiss-Engelhorn-Museen und Vetter ihres verstorbenen Ehemannes, Curt Engelhorn, hatte Traudl Engelhorn schon im Jahr 1999 eine Sammlung historischer Kostüme für das Museum gestiftet, die erstmalig im Jahr 2001 in einer Ausstellung präsentiert wurde.

Seit März 2012 steht im Foyer des Museums Zeughaus eine zwei Meter hohe Glasskulptur des Künstlers Gernot Schluifer, die ein Geschenk von Traudl Engelhorn an die Reiss-Engelhorn Museen gewesen und in gewisser Weise als ein Vorbote für die zukünftige Ausstellung ihrer Glassammlung im geplanten „Peter und Traudl Engelhornhaus" zu verstehen ist. Die von ihr und ihrem Ehemann mit viel Liebe und Leidenschaft gesammelten kunstvollen Glasskulpturen waren zum Teil bereits in einer kleinen, aber erlesenen Überblicksausstellung (ZART & RAU. Neues Glas aus der Sammlung Peter und Traudl Engelhorn des mudac Lausanne) zu sehen, die im November 2015 im Museum Zeughaus eröffnet wurde.

Immer im Gedanken, etwas besonders Gutes für die von ihr geförderten Institutionen zu tun, wurde Traudl Engelhorn auf das im Kunsthandel aufgetauchte Kaufangebot für ein überaus rares und vollständig erhaltenes Kaffee- und Teeservice aus Frankenthaler Porzellan aus den 60er Jahren des 18. Jahrhunderts aufmerksam, das von dem bedeutendsten Porzellanmaler der Frankenthaler Manufaktur, Christian Heinrich Winterstein, mit Bataillen-Motiven bemalt worden ist, und hat es spontan im Jahr 2016 für das Museum erworben.

Die Reiss-Engelhorn-Museen verfolgen das Ziel, kulturgeschichtliche Vergangenheit und Gegenwart im internationalen Kontext zu vermitteln. Das entsprach auch immer dem Anliegen von Traudl Engelhorn, die bis zum Verkauf der Firma Boehringer-Mannheim Gesellschafterin des Pharma-Unternehmens war und allein schon dadurch versiert in internationalen Beziehungen ist.

Die Reiss-Engelhorn-Museen in Mannheim entsprachen daher völlig ihren Vorstellungen, sie wählte sie als Sitz für ihre Brombeeren-Stiftung, um hier in enger Kooperation mit ihrer weiteren Stiftung Les Murons in der Schweiz und dem Musée de design et d'arts appliqués contemporains (mudac) im schweizerischen Lausanne die von ihrer Familie gesammelten Glasskulpturen der Gegenwartskunst zu präsentieren.

Um diesem Engagement auch eine Hülle zu geben, hat sie sich entschlossen, mit Hilfe der Brombeeren-Stiftung und einer beträchtlichen Fördersumme das „Peter und Traudl Engelhornhaus" zu bauen und zu gestalten. Dieses neue Museum wird in unmittelbarer Nähe der schon vorhandenen Museumsgebäude der Reiss-Engelhorn-Museen entstehen. Hier soll es Raum für Glasausstellungen ebenso wie für Wechselausstellungen zum Thema Musik, Kunst und Kultur geben.

Durch ihre ideellen und materiellen Zuwendungen unterstützt Traudl Engelhorn nun schon seit vielen Jahren zusammen mit ihren Nachkommen zahlreiche Forschungsprojekte, Publikationen, wissenschaftliche Tagungen sowie kulturelle Vorhaben, unter anderem im Bereich der Glaskunst, der ägyptischen Kunst und der Musik.

Am 21. Januar 2017 feierte Traudl Engelhorn-Vechiatto ihren 90. Geburtstag in Mannheim, nachdem sie zuvor ihren eigentlichen Geburtstag am 19. Januar 2017 in ihrer Geburtsstadt Wien gefeiert hatte. Ort der Festlichkeit in Mannheim waren einerseits die evangelische Christuskirche und andererseits das Restaurant C-Five, das im Hofgebäude des Museums Zeughaus sein Domizil hat.

Die evangelische Christuskirche, am Werderplatz in der Mannheimer Oststadt gelegen, ist Mittelpunkt jener Kirchengemeinde, der sich die Familie von Traudl Engelhorn seit langem eng verbunden fühlt.

So hat Traudl Engelhorn auch die Projekte der „Stiftung Christuskirche - Kirche Christi", die durch Dr. Karl und Renate Schneider ins Leben gerufen wurde, stets wohlwollend und effektiv unterstützt. Die „Stiftung Christuskirche - Kirche Christi" und die Reiss-Engelhorn-Museen freuten sich daher sehr über die willkommene Gelegenheit, ihrer großzügigen langjährigen Förderin und Mäzenin ein Geburtstagsfest ausrichten zu dürfen.

Zusammen mit der Jubilarin Traudl Engelhorn konnte der große Kreis der Geburtstagsgäste in der Christuskirche ein festliches musikalisches Geburtstagsgeschenk zu ihren Ehren erleben, eingebettet in einen Gottesdienst, der durch Pfarrer Scholpp geleitet wurde.

Sowohl die Solisten Sarah Traubel und Sabine Goetz (Sopran), Sophia Marie Schmitt (Harfe), Falk Zimmermann (Trompete) und Anna Linß (Orgel) als auch die „Sinfonietta Mannheim" begeisterten unter der Leitung von Johannes Michel mit Stücken von Mozart, Debussy und Bach.

Auf den musikalischen Genuss folgte der kulinarische im Restaurant C-Five in festlicher Atmosphäre und begleitet von Musikbeiträgen des Auryn-Quartetts, einem bezaubernden Duett zwischen Sarah Traubel und Daniel Böhm sowie einer weiteren Darbietung der Harfenistin Sophia Marie Schmitt.

Das Fest ging bis weit in die Nacht, und die Jubilarin wurde nicht müde, die Gelegenheit zu nutzen, sich ihren Geburtstagsgästen auch in persönlichen Gesprächen zuzuwenden. So viele haben selbst eine weite Anreise nicht gescheut, um an diesem besonderen Tag dabei sein zu können. Auch Oberbürgermeister Dr. Peter Kurz und der ehemalige Landesbischof Dr. Ulrich Fischer zählten zum Kreis der Geburtstagsgesellschaft aus Familie, lebenslangen Freundschaften und Repräsentanten der Mannheimer Gesellschaft.

Die beeindruckende Vitalität und Lebensfreude von Traudl Engelhorn sowie ihr unermüdlicher Tatendrang bieten auch für die nächste Geburtstagsfeier eine Vielfalt an Möglichkeiten, auch dieses Fest wieder feierlich in Mannheim mit ihr zu begehen.

Wir freuen uns darauf!

Prof. Dr. Alfried Wieczorek
Generaldirektor der Reiss-Engelhorn-Museen und
Vorstandsvorsitzender der Brombeeren-Stiftung

Dr. Susanne Wichert
Direktorin Stiftungsmuseen und
Vorstandsmitglied der Brombeeren-Stiftung

Claudia Braun

Starke Frauen in der Antike[1]

Dr. Grit Arnscheidt zum 7. Juni 2017 gewidmet

Bescheiden, still und unauffällig – diese Idealvorstellung von der ehrbaren bürgerlichen Frau im antiken Athen überliefern zahllose Kunstwerke und literarische Quellen, die – wie nicht anders zu erwarten – alle aus der Hand männlicher Autoren stammen. Weitere wünschenswerte weibliche Tugenden waren Gehorsam, Besonnenheit, Fleiß und Sittsamkeit, selbstverständlich war auch Schönheit von Vorteil. Diesem Bild stehen jedoch Zeugnisse in Kunst und Literatur entgegen, in denen Frauen mit den gesellschaftlichen Normen brachen, indem sie sich wie Männer verhielten und daher im wahrsten Sinne des Wortes als ‚ungeheuerlich' empfunden wurden. Sie sind allerdings keine realen Figuren, sondern gehören in den Bereich der Mythologie. Darstellungen derartig ‚starker' Frauen lassen sich auch auf verschiedenen Objekten in der Antikensammlung der rem finden: die von Legenden umwobenen Amazonen, die lydische Königin Omphale, die Königstochter Elektra und die Nymphe Arethusa.

Wie sah aber die Realität aus? Es waren Männer, die das öffentliche Leben im antiken Athen bestimmten, die bürgerlichen Frauen waren weitgehend davon ausgeschlossen.[2] Es galt sogar als ungebührlich, öffentlich über diese Frauen zu sprechen.[3] Sie durften keine politischen Ämter übernehmen, im religiösen Bereich spielten sie jedoch eine wichtige und den Männern durchaus ebenbürtige Rolle. Als Priesterinnen leiteten sie Kult- und Opferhandlungen, nahmen Weihungen vor und richteten Feste für die Gottheiten aus. Eine ebenso große Bedeutung kam den Frauen im Totenkult zu. Sie bereiteten den Leichnam für die Bestattung vor, und vorrangig oblag es ihnen, sich um die Pflege der Gräber zu kümmern und über die Einhaltung der Opferrituale für die Toten zu wachen.

Das Alltagsleben der bürgerlichen Frauen konzentrierte sich also auf die Familie und das Haus (oikos), wie es die patriarchalisch geprägte Gesellschaft vorsah. Ihr Leben spielte sich häufig in separaten Räumen (gynaikonitis) innerhalb des Hauses ab, die sich entweder im Obergeschoss oder im hinteren Teil befanden. Auf einer Vielzahl von griechischen Vasen finden sich Darstellungen von Frauen in ihren Gemächern, die das oben geschilderte Idealbild transportieren. In der Mannheimer Antikensammlung verdeutlicht dies eine in Athen gefertigte und in rotfiguriger Technik bemalte Schale des sogenannten Sabouroff-Malers[4] (Abb. 1 bis 3).

Auf den Außenseiten sitzen oder stehen Frauen in Chiton und Mantel, die sich in einem Spiegel betrachten oder einen Spiegel halten. Ihnen reichen weitere Frauen (eventuell Dienerinnen) Gegenstände wie ein gemustertes Tuch mit Fransenenden, ein Kästchen, ein Salbölgefäß (Alabastron) oder eine Blütenranke. Auch auf dem Innenbild hält eine stehende Frau ein Salbölgefäß und ein gemustertes Tuch in ihren Händen. Dass die Szenen im Hausinnern spielen, zeigen Einrichtungsgegenstände wie Stühle mit breiter Rückenlehne, Körbe auf dem Boden oder ein Tuch an einer (nicht eigens gezeichneten) Wand.

Die Frauen waren auch für das ‚Haushaltsmanagement' verantwortlich, daher übernahmen sie Einteilung und Überwachung der Arbeiten für die Sklaven und Diener und sorgten für die Ausbildung der im Haus lebenden Personen. Daneben kümmerten sie sich um die Vorratshaltung und insbesondere um die Herstellung und Pflege von Textilien.

Abb. 1
Attisch rotfigurige Schale des Sabouroff-Malers mit Frauengemachszenen
Innenbild
Um 460 v. Chr.
Foto: rem, Jean Christen

Abb. 2 und 3
Attisch rotfigurige Schale des Sabouroff-Malers mit Frauengemachszenen
Außenbilder
Um 460 v. Chr.
H 7,4 cm, Dm 27,2 cm
Fotos: rem, Jean Christen

Auch dieser Zuständigkeitsbereich fand seinen Niederschlag auf griechischen Vasen, wie ein ebenfalls in Athen gefertigtes und in rotfiguriger Technik bemaltes Salbölgefäß (Lekythos) zeigt[5] (Abb. 4).

Die Frau in Chiton, Mantel und Haube steht neben einem Stuhl mit hoher Rückenlehne und hält in der linken Hand eine Spindel. Auf dem Boden darunter steht ein hoher, mit Wolle gefüllter Korb.

Selbständiges Handeln zur Erhaltung und Vermehrung des Besitzes war aber nur im eigenen Haus gestattet, sonst waren Frauen rechtlich unmündig und vom Vater oder Ehemann, dem Haushaltsvorstand (kyrios), abhängig, wenn sie zum Beispiel Geschäftsvorgänge ausführen wollten. Ihre Identität war also immer über einen Mann definiert.

Heiraten basierten selten auf Liebe, über die Verbindung bestimmten allein die Männer aus der Familie eines Mädchens, in der Regel, um wirtschaftliche, politische oder soziale Verbindungen zu festigen. Das Mädchen ging somit aus der Vormundschaft des Vaters in diejenige des Ehemannes über. Die Verlobung (engye) war der Abschluss eines Vertrages zwischen dem gesetzlichen Vertreter des Mädchens und dem Bräutigam.[6] Die Braut selbst musste daran nicht teilnehmen, wohl aber Zeugen, um die Festsetzung der Mitgift zu beurkunden. Das Wichtigste bei der Hochzeitszeremonie stellte die Überführung der meist im Teenageralter stehenden Braut in das Haus des Gatten dar, in eine ihr fremde Umgebung, was teilweise traumatische Auswirkungen haben konnte. Erst mit der Geburt eines Kindes wurde sie zur ‚richtigen' Ehefrau (gyne). Kinderlosigkeit galt als Scheidungsgrund.

Ein weiteres Salbölgefäß (Lekythos), ein Neuzugang in der Antikensammlung der rem, zeigt eine Szene, die symbolisch für die Hochzeit stehen kann[7] (Abb. 5).

Auf dem gedrückten bauchigen Körper der in Kampanien gefertigten Lekythos ist in der Mitte des Bildfeldes ein blockförmiger Altar zu erkennen, auf dem zwei unbestimmbare Gebilde stehen. Links vom Altar sitzt auf einem Felsbrocken ein geflügelter nackter Jüngling, wohl Eros, der mit Armreifen und einem diagonal über die Brust geführten Perlenband geschmückt ist. In der vorgestreckten Rechten hält er einen Zweig. Rechts sitzt ebenfalls auf einem Felsen eine reich geschmückte junge Frau, die mit einem dünnen Chiton bekleidet ist, der die Brustwarzen erkennen lässt. Sie hält in der vorgestreckten Rechten einen üppigen Kranz. Der Eros auf dem Felsen, der einer Frau einen Kranz überreicht, steht als Symbol für die Hochzeit. Durch ihn wird der Wunsch nach einer glücklichen und harmonischen Ehe deutlich. Eros vertritt sozusagen Aphrodite, das göttliche Vorbild für jede Braut.[8]

Von diesen Bildern der Zurückhaltung und Sittsamkeit sind die im Folgenden vorzustellenden Frauengestalten weit entfernt.

Amazonen – Frauen kämpfen wie Männer

Kriegerinnen, die in einer (nahezu) männerlosen Gesellschaft leben, die reiten, Waffen tragen und wie Männer gegen Krieger in der Schlacht kämpfen, tapfer, unbarmherzig und furchtlos – für den griechischen Mann eine aufregende und faszinierende Vorstellung, wohl weil damit die herrschende Ordnung der Geschlechter ins Gegenteil verkehrt wurde![9] Die Amazonen bilden einen „Gegenpol in der griechischen Welt: einerseits als Gegner der bekannten Heroen und andererseits als Erschei-

Abb. 4
Attisch rotfigurige Lekythos des sogenannten Karlsruher Malers
Frau mit Spindel und Wollkorb
Um 450 v. Chr.
H 21 cm, Dm 6,6 cm
Foto: rem, Maria Schumann

nung des ganz Anderen im gängigen antiken Geschlechterverhältnis".[10]

Schon bei Homer erzählt der Troianerkönig Priamos von seinem Kampf gegen die Amazonen (Ilias 3,184-190) in seiner Jugend. Offenbar waren sie früh Teil der zuvor nur mündlich tradierten Sagen, denn es bedarf für die Zuhörer des Priamos keiner langen Erläuterungen zu diesen Frauen.[11] Ein Kampf zwischen Amazonen und Kriegern konnte in der antiken Vorstellung allerdings nur dann stattfinden, wenn beide Gegner als ebenbürtig galten. „Ein Sieg [über die Amazonen] verleiht dem Helden höchsten Ruhm, ähnlich dem Kampf gegen andere äußerste Herausforderungen, und bezwungen werden sie erst nach heldenmütigem Kampf bzw. durch zahlenmäßige Unterlegenheit."[12] Helden und Krieger konnten daher gegen diese starken Frauen kämpfen, ‚normale' Frauen im Krieg zu bekämpfen, zu erschlagen oder von solchen getötet zu werden, wäre jedoch in höchstem Maße unehrenhaft gewesen!

Diese Gleichheit hat jedoch in der Bildkunst Grenzen: Während die Helden zumeist nackt dargestellt sind, sind die Amazonen immer bekleidet (anfangs mit einem kurzen Chiton wie ein griechischer Krieger, später mit der Tracht eines Orientalen oder Fremden) und mit einer Schutzbewaffnung ausgestattet.[13] Und bei aller Ebenbürtigkeit, die von Homer und anderen Schriftstellern betont wird, und allem Kampfesmut, den man ihnen zugesteht, bleiben sie dennoch zumeist die Verliererinnen.[14]

Auch in der Mannheimer Antikensammlung gibt es Objekte mit Bildern von Amazonen. Zunächst seien zwei Vasen aus Athen genannt. Im zweiten Viertel des 6. Jahrhunderts v. Chr. setzt auf den in schwarzfiguriger Maltechnik verzierten Tongefäßen eine große Zahl an Amazonendarstellungen ein. Anfangs treten sie als Hopliten auf, also zu Fuß kämpfend und mit schwerer Bewaffnung. Dazu zählen Speer, Schwert und Axt. Um die Amazonen von den Kriegern zu unterscheiden, nutzen die

Abb. 5
Kampanische rotfigurige Lekythos
Mitte 4. Jahrhundert v. Chr.
H 14,5 cm, Dm13,4 cm
Schenkung F. Blanck
Foto: rem, Maria Schumann

Starke Frauen in der Antike

Vasenmaler weiße Farbe zur Kennzeichnung der Hautfarbe der Frauen.[15]

Ab der Mitte des 6. Jahrhunderts v. Chr. sind die Kämpferinnen zunehmend mit orientalischen Elementen ausgestattet und nähern sich dem Aussehen von Angehörigen östlicher Reitervölker an, welche die Griechen während der Kolonisation der Gebiete am Schwarzen Meer kennenlernten. Es vollzieht sich damit „nicht einfach die Orientalisierung des Amazonenbildes, sondern dessen Barbarisierung".[16] An Waffen erscheinen nun der halbrund geformte Pelta-Schild mit Aussparungen, der Bogen und der Bogenköcher (Goryt), bei der Kleidung die Ärmel- und Hosentracht, die für Skythen bzw. andere Steppennomaden und Iraner typisch ist, sowie eine Kopfbedeckung aus weichem Material, deren runder oberer Abschluss nach vorn überfällt (zumeist als sogenannte persische Tiara angesprochen).[17]

Ein bedeutendes Objekt in der Mannheimer Antikensammlung überliefert die geschilderte Tracht und Bewaffnung, die seit der Mitte des 5. Jahrhunderts v. Chr. geradezu kanonisch wird. Die in Athen gefertigte Weinkanne (Oinochoe) des sogenannten Mannheimer Malers zeigt drei (ehemals wohl vier) Amazonen, die einander gegenüber stehen[18] (Abb. 6). Sie stecken in eng anliegenden, trikotartigen Hosen und Oberteilen, die mit Rauten und Zickzacklinien verziert sind.[19] Darüber tragen die Amazonen einen kurzen Chiton und einen Panzer aus Lederstreifen (ganz links) bzw. ein ärmelloses Gewand aus dickerem Tuch mit Punkten an den Säumen (Mitte). Von der rechten Figur sind nur Kopf, Gesäßpartie, Unterschenkel und Füße erhalten. Alle halten in einer Hand einen Bogen und spannen die Sehne mit der anderen Hand. Bei der Amazone ganz links hängt an der linken Hüfte der Köcher.

Abb. 6
Attisch rotfigurige Kanne (Oinochoe, Form VII) des sogenannten Mannheimer Malers
Amazonen
460-450 v. Chr.
H 19,7 cm, Dm 11,6 cm
Foto: rem, Jean Christen

Eine besondere Rolle spielen die Amazonen auch im Heraklesmythos. Zu den Taten, die der Held für König Eurystheus von Argos vollbringen muss und deren erfolgreiche Ausführung ihm schließlich die Aufnahme in den Olymp sichern soll, gehört der Kampf des Heros gegen die Kriegerinnen (die neunte im Kanon der zwölf Heraklestaten). Als Auslöser werden mehrere Geschichten überliefert, in einer davon soll Herakles für Admete, die Tochter des Eurystheus, den goldenen Gürtel der Amazonenkönigin Hippolyte holen. Begleitet von tapferen Freunden macht er sich auf den Weg an die Nordküste Kleinasiens, zur Stadt Themiskyra am Fluss Thermodon (heute der Terme Cay östlich von Samsun), wo nach antiker Vorstellung die Amazonen zuhause waren. Die zunächst vorhandene Bereitschaft Hippolytes, den Gürtel, ein Geschenk ihres Vaters Ares, freiwillig zu übergeben, wird von Hera hintertrieben, die Herakles scheitern sehen möchte. Hera stachelt die Kriegerinnen mit dem Hinweis auf, der Held wolle ihre Königin rauben.[20]

Der darauf folgende Kampf bildet seit dem späten 6. Jahrhundert v. Chr. ein beliebtes Bildmotiv, wenngleich nie der Gürtel als Ausgangspunkt des Geschehens dargestellt ist! Wir kennen mehr als 300 schwarzfigurige Vasenbilder, die Herakles in der Regel nackt und ohne Waffen zeigen – so wird seine Unbezwingbarkeit betont –, während die Amazonen die übliche Rüstung der Hopliten tragen. In der ersten Hälfte des 5. Jahrhunderts v. Chr. nimmt die Zahl der Bilder von diesem Kampf dann wieder ab.

Aus einem Grab (tomba a cassone) in Vulci stammt die in Athen gefertigte Halsamphora, auf deren einer Seite Herakles eine auf die Knie gefallene Amazone bezwingt, während in Mäntel gehüllte Figuren mit Stab oder Lanze und nackte Jünglinge mit Lanzen die Szene rahmen[21] (Abb. 7).

Claudia Braun

Für einen weiteren berühmten Helden ist ebenfalls ein Kampf gegen die Amazonen überliefert. Nach Hektors Tod vor Troia, so der Mythos, erscheinen neben den Aithiopiern unter ihrem Anführer Memnon die Amazonen mit ihrer Königin Penthesilea vor den Mauern der umkämpften Stadt, um ihr als Verbündete zu Hilfe zu kommen. In der Schlacht tötet Penthesilea viele Griechen und erlangt wegen ihrer Tapferkeit großes Ansehen. Doch letztlich stirbt die Königin von der Hand Achills, wie es in der sogenannten „Aithiopis" berichtet wird. Das Werk, nur in späteren Schriften fragmentarisch überliefert, wird Arktinos von Milet zugeschrieben und schildert diejenigen Ereignisse in Troia, die nicht in der Ilias vorkommen. In einer Überlieferungsvariante des Kampfes soll sich der siegreiche Held in eben jenem Moment in Penthesilea verliebt haben, in dem er ihr den tödlichen Stoß versetzte. Zu spät hatte er gemerkt, dass die Amazone um ihr Leben flehte.[22]

Dieses tragische Ereignis gestaltet die Bildkunst vor allem als Stützgruppe, bei der Achill die zusammenbrechende Penthesilea im Arm auffängt oder ihren Oberkörper mit seinem Bein stützt. Das Motiv erscheint im 2. Jahrhundert v. Chr. als rundplastische Gruppe, die in zahllosen Kopien zumeist kleineren Formates noch bis weit in die römische Kaiserzeit eine weite Verbreitung fand. Ein Beispiel aus der Kleinkunst ist eine Scharnierfibel, die als Leihgabe aus einer Privatsammlung derzeit in der Antikensammlung aufbewahrt wird[23] (Abb. 8).

Die Oberfläche der silbernen Fibel ist stark abgerieben, aber es lässt sich noch erkennen, dass sie in Nachahmung des rundplastischen Vorbildes Achill zeigt, wie er die zusammenbrechende Amazone im Arm auffängt. Penthesilea sinkt auf ihr am Boden zusammengebrochenes Pferd – ein Detail, das in dieser Form selten ist!

Abb. 7
Attisch schwarzfigurige Halsamphora (Gruppe von Brüssel R 309)
Kampf des Herakles gegen eine Amazone
Ende 6. Jahrhundert v. Chr.
H 19,8 cm, Dm 13 cm
Foto: rem, Jean Christen

Omphale – eine Königin beherrscht einen Helden

Herakles musste sich nicht nur mit der Amazonenkönigin Hippolyte auseinandersetzen, sondern sich auch einer Königin im heutigen Kleinasien stellen.[24] Die verwitwete Omphale hatte einer Überlieferung zufolge die Herrschaft von ihrem Vater Iardanos von Mäonien, später Lydien, übernommen und regierte ein in den Augen der Griechen verweichlichtes Volk, das ein Leben in Luxus führte. Für den Philosophen Klearchos (4. Jahrhundert v. Chr.) im Übrigen der Grund, dass eine Frau die Rolle der Herrscherin überhaupt übernehmen konnte!

Herakles tötete im Wahn seinen Freund Iphitos und wurde dafür von den Göttern mit einer schweren Krankheit bestraft. Nachdem ihm das Orakel von Delphi die Heilung verweigerte, raubte er den Dreifuß des Heiligtums und erzürnte damit Apollon. Schließlich wurde er auf Geheiß von Zeus zur Sühne für den Mord als Sklave an die Königin Omphale verkauft. Er musste ihr drei Jahre lang auf vielfache Weise dienen und bekämpfte für sie ihre

Abb. 8
Römische Scharnierfibel mit Achill und Penthesilea
Silber
1.-2. Jahrhundert n. Chr.
H 3 cm, B 3 cm, T 1 cm
Leihgabe Klaus Parlasca
Foto: rem, Maria Schumann

Feinde. So erschlug und fesselte er die plündernden Kerkopen in der Gegend von Ephesus und tötete den brutalen König Syleus in Aulis. Außerdem nahm er an der Jagd auf den Kalydonischen Eber teil.

Aufgrund der tapferen Taten erhielt der Held seine Freiheit wieder und wurde sogar zum Gemahl der Königin. Mehr und mehr war Herakles jedoch von der Schönheit Omphales gefesselt und wurde sozusagen ihr willenloses ‚Opfer'. Nicht nur überließ er ihr seine Keule und sein Löwenfell, mit denen sie sich schmückte, er übernahm auch Frauenarbeiten wie Spinnen und Weben. Herakles trug sogar Frauenkleider! Seine Männlichkeit bewahrte er jedoch, immerhin zeugte er mit der Königin zwei Söhne. Nach dem Ende seines Dienstes kam er wieder ‚zur Besinnung' – und verließ die Königin.

Der Mythos um Omphale und Herakles entstand im 6. Jahrhundert v. Chr., zumindest legen dies die griechischen Kunstzeugnisse nahe. Besonders beliebt war er in der hellenistischen Zeit und in der römischen Kunst des 1. Jahrhundert v. Chr.[25] In der Antikensammlung der rem ist seit kurzem eine Leihgabe ausgestellt, die nicht nur aufgrund ihrer herausragenden Qualität, sondern auch durch ihre Herkunft eine Besonderheit darstellt: Aus Taxila, der Hauptstadt des Gandhara-Reiches im heutigen Afghanistan und Pakistan, stammt eine reliefierte Steinschale, die Herakles und Omphale auf einzigartige Weise zeigt[26] (Abb. 9).

Auf steinigem Untergrund steht rechts der bärtige Held in einem kurzärmeligen Gewand, das ihm

Abb. 9
Schale aus Taxila/Pakistan
Omphale und Herakles
Tonschiefer (?)
1. Jahrhundert v. Chr.
H 2,2 cm, Dm 10,3 cm
Leihgabe Klaus Parlasca
Foto: rem, Maria Schumann

von der linken Schulter herabgeglitten ist. Er beugt sich zu einer sitzenden Frau in einem plissierten Gewand, die in ihrer erhobenen Rechten einen nicht zu deutenden Gegenstand hält. Köcher, Keule und Löwenfell sichern die Identifizierung der Szene.

Derartige Schalen werden häufig als Schminkpaletten bezeichnet in Verkennung der Tatsache, dass auf einer reliefierten Fläche keine Kosmetik verrührt oder anderweitig hergestellt werden kann. Vermutlich hatten die Schalen eher eine Funktion im häuslichen Kult. Wie andere Objekte der Kunst von Gandhara verwendeten sie mythologische Motive aus dem Mittelmeerraum, waren aber in der Regel lokale Produkte.

Diese Schale ist ein Beleg für die späthellenistische, also früheste Phase dieser Kunst, die von griechischen, indischen, skythischen oder sakischen sowie parthischen Einflüssen geprägt ist. Von der indischen Kunst beeinflusst ist bei der Schale in Mannheim zum Beispiel die betont sinnliche Wiedergabe von Omphales Körper.

Elektra – eine Königstochter nimmt Rache

Homer überliefert in der Odyssee (Odyssee 1, 29-43; 298-300; 3, 306-310) die Ermordung des Königs Agamemnon nach seiner Rückkehr aus Troia durch seine Frau Klytaimnestra und/oder deren Geliebten Aigisthos sowie die Rache seines Sohnes Orestes für diese Tat. Elektra, die Schwester, wird jedoch nicht mit Namen genannt.[27] Dagegen ist sie im 5. Jahrhundert v. Chr. in den Tragödien des Aischylos (Choephoren), des Euripides (Elektra; Oresteia) und des Sophokles (Elektra) die titelgebende Hauptgestalt. Sie wird bei Aischylos und Sophokles als Gefangene im Palast bezeichnet, während ihr Bruder nach Phokis in Sicherheit gebracht worden war. Ihrem Vater und seinem Totengedenken bleibt sie treu ergeben.[28] Geduldig wartet sie auf die durch das Orakel von Delphi veranlasste Rückkehr von Orest, um danach mit ihm und dessen Freund Pylades die Ermordung von Klytaimnestra und Aigisthos zu planen.

Die Tragödiendichter betonen Elektras Begier nach Rache und ihre Unnachgiebigkeit. Sie wird als die treibende Kraft charakterisiert und soll ihren Bruder mit den Worten „Schlag zu, wenn du die Kraft hast, zum zweiten Mal" geradezu aufgestachelt haben (Elektra 1415). Bei Euripides mordet Elektra gemeinsam mit Orest (Elektra 1165). Elektra versucht, den verzweifelten Bruder zu trösten, indem sie sich als die treibende Kraft an dem Muttermord bezeichnet und die Schuld für das schreckliche Geschehen auf sich nimmt.[29] Es fällt auf, dass die Elektra der Dichter und die in der bildenden Kunst völlig unterschiedliche Wesen sind. In den Tragödien ist die Königstochter eine aktive Mörderin, in der Bildkunst erscheint sie als pietätvolle Tochter, die ihren Bruder unterstützt. Oder wie es Susanne Lorenz formuliert: „Nicht sie mordet, sondern sie lässt morden."[30] Die Elektra der Bilder zeigt also das Verhalten einer gehorsamen Frau.

In der Oresteia des Euripides und zu Beginn der Choephoren des Aischylos wird das Zusammentreffen der Geschwister am Grab des Vaters geschildert – eine Szene, die seit der Mitte des 5. Jahrhunderts v. Chr. in der Kunst großen Nachhall findet. Besonders beliebt ist dieses Motiv auf Vasen aus Unteritalien, die ins 4. Jahrhundert v. Chr. datieren und die vor allem im Grabkult Verwendung fanden. Das Innenbild einer paestanischen Schale in der Antikensammlung zeigt dieses Treffen[31] (Abb. 10).

In der Mitte des Bildfelds steht auf einem Sockel eine ionische Säule, die als Grabmal zu verstehen ist. Der Sockel ist mit Zweigen und eiförmigen Gebilden bemalt, auf ihm liegen ebenfalls eiförmige Gegenstände. Unterhalb des Kapitells ist noch ein Palmettenband erkennbar, auf der Säule ist ein Korb mit einem Granatapfel und runden Gebilden platziert. Links vom Grabmal steht ein nackter junger Mann mit langen Haaren, auf denen der Pilos sitzt, einer Binde am linken Oberschenkel und Schnürstiefeln. Über seine linke Schulter und den linken Arm ist eine Chlamys drapiert. Der als Orest zu deutende Mann blickt mit gesenktem Kopf zu einem Schwert in seiner Rechten, während er in seiner Linken die Schwertscheide hält. Rechts steht mit auffallend kurzen Haaren Elektra, die mit ihrem rechten Arm das Grabmal des Vaters umgreift. Ihre Kleidung besteht aus einem schwarzen Chiton mit senkrechten Zierstreifen, um ihren linken Unterarm und den Unterkörper hat sie einen Mantel geschlungen. Die Haarlänge und die schwarze Kleidung sind Ausdruck der Trauer um Agamemnon.[32] In der linken Armbeuge hält Elektra ein großes Gefäß mit Wasser (Hydria) zur Reinigung des Grabmals. Auch die am oberen Bildfeldrand hängenden Kränze sowie die lange Binde (rechts) und die kaum

Abb. 10
Paestanische Schale des Malers von Neapel 2585
Innenbild: Orest und Elektra am Grab des Agamemnon
320-310 v. Chr.
H 10,9 cm, Dm 34,6 cm (ohne Henkel)
Foto: rem, Jean Christen

noch zu erkennende Perlenschnur mit einer Blüte (links) gehören zu den im Totenkult gebräuchlichen Gegenständen.

Arethusa – eine Frau verweigert sich, wenn auch erfolglos

Ähnlich wie die Nymphen Daphne oder Syrinx, die sich auf der Flucht vor dem zudringlichen Apollon bzw. Pan in einen Lorbeerbaum oder ein Schilfrohr verwandelten, entzog sich in der Umgebung von Olympia auch die – laut Pausanias (5,7,2) heiratsunwillige – Nymphe Arethusa einem Verehrer. Nach dem von Ovid in seinen Metamorphosen (5, 573-641) am besten überlieferten Mythos war sie eine begeisterte Jägerin, die sich eines Tages ermattet und erhitzt in einem Fluss erfrischen wollte. Alpheios, die Gottheit dieses Flusses, entdeckte und begehrte sie, so dass Arethusa erschreckt davoneilte. Nach langer Flucht half ihr Artemis und verwandelte sie in Wasser, sie floss in dieser Gestalt unter dem Meer bis nach Sizilien, wo sie als Quelle auf der Insel Ortygia vor Syrakus wieder auftauchte. Allerdings verfolgte Alpheios sie weiter, als Fluss durchquerte er ebenfalls das Mittelmeer und ver-

Abb. 11
Tetradrachme
Prägung des Gelon von Syrakus
Silber
485-479 v. Chr.
Dm 24 mm, 17,39 g
Foto: rem

Abb. 12 (rechts oben)
Tetradrachme
Silber
415-405 v. Chr.
Dm 26 mm, 15,78 g
Foto: rem

einigte sich schließlich in Sizilien doch mit Arethusa. Dieser Mythos diente dort als Erklärung für die Besonderheit einer Süßwasserquelle auf der Insel.[33]

Auf den Münzprägungen von Syrakus erscheint ab dem 5. Jahrhundert v. Chr. der Kopf der Nymphe, von Delphinen umgeben, zumeist auf den Rückseiten.[34] Im Altbestand der Antikensammlung gibt es davon mehrere Exemplare, darunter eine Tetradrachme, die in den Jahren zwischen 485 und 479 v. Chr. unter dem Tyrannen Gelon geprägt wurde.[35] (Abb. 11) Die Silbermünze zeigt auf der Vorderseite ein Viergespann in langsamer Fahrt nach rechts, darüber fliegt Nike mit einem Kranz, möglicherweise als Hinweis auf die Teilnahme und den Sieg Gelons bei den Olympischen Spielen 488 v. Chr. Auf der Rückseite ist der Kopf der Arethusa nach rechts wiedergegeben, mit streng gebundenem langem Haar, Perlhaarband und Halskette, umgeben von vier Delphinen. Die Beischrift nennt die Bürger der Stadt als Prägeherren (ΣΥΡΑ ΚΟΣΙΟΝ, ... der Syrakusaner).[36]

An das Ende des 5. Jahrhunderts und in die zweite Hälfte des 4. Jahrhunderts v. Chr. gehören zwei weitere Silbermünzen aus Syrakus mit dem gleichen Motiv, wenn auch mit dem Kopf der Nymphe nach links. Eine im Zeitraum von 415-405 v. Chr. geprägte Tetradrachme zeigt auf der Vorderseite eine Quadriga nach links, auf der Rückseite Arethusa.[37] Sie trägt nun die für die klassische Zeit typische Haarkranzfrisur, bei der die Haare um ein Band geschlungen sind,[38] sowie schlangenförmigen Ohrschmuck. (Abb. 12) Eine Hemidrachme von 344-317 v. Chr. stellt den Arethusakopf ausnahmsweise auf der Vorderseite dar, umgeben von drei Delphinen[39] (Abb. 13). Auf der Rückseite ist eine Pegasusprotome nach links dargestellt, über ihr ein Stern.

Abb. 13
Hemidrachme
Silber
344-317 v. Chr.
Dm 13 mm, 1,20 g
Foto: rem

Zu den Raritäten der Antikensammlung gehört eine Goldmünze aus Syrakus, da dieser Typus heute nur noch in nur sehr wenigen Exemplaren (wohl weniger als fünf) überliefert ist.[40] Die Tetradrachme (zu 20 Litren) wurde 408-406 v. Chr. geprägt, also in einer Zeit, als Dionysios I. (ca. 430-367 v. Chr.) zwar noch nicht Tyrann war, aber bereits maßgeblichen Einfluss auf die Politik von Syrakus besaß. Auch bei diesem Stück ist der Kopf der Arethusa auf der Vorderseite dargestellt, vor ihm – nach rechts blickend – sind am rechten Rand die Buchstaben ΣΥΡΑ zu erkennen, während die Delphine fehlen[41] (Abb. 14). Die Frisur der Nymphe weicht deutlich von den anderen Prägungen ab – das Haar ist kürzer und wie vom Wind aus dem Gesicht nach hinten geweht. Auf die Rückseite hat der Stempelschneider einen Dreizack gesetzt.

Männer stehen Frauen im Kampf gegenüber, werden von einer Königin „entwaffnet", von einer Königstochter zum Mord angestiftet und müssen ihre Gestalt verwandeln, um zum Ziel zu kommen – das Unerhörte fand zwar Bewunderung, aber im realen Leben hätten Männer dieses Verhalten und Auftreten nie akzeptiert.[42] So viel Gleichheit hätte man(n) dann doch nicht ertragen... Als Fazit bleibt daher: starke Frauen ja, aber bitte nur im Mythos!

1 Titel und Gliederung des Beitrags lehnen sich bewusst an die herausragende Ausstellung „Starke Frauen" in den Staatlichen Antikensammlungen München (4.6.2008-1.8.2010) an; gleichnamiger Katalog hrsg. von Raimund Wünsche, München 2008 (im Folgenden abgekürzt: AK München).

2 Aus der großen Zahl von Untersuchungen zur Stellung der Frau im antiken Griechenland seien hier genannt: Pierre Brulé: Women of An-

cient Greece, Edinburgh 2003; Sian Lewis: The Athenian Women. An Iconographic Handbook, London/New York 2002; Winfried Schmitz: Haus und Familie im antiken Griechenland, München 2007; Jenifer Neils: Die Frau in der Antike, Stuttgart 2012. Zur Sonderstellung der Frauen in Sparta s. Sarah B. Pomeroy: Spartan Women, New York 2002. – Vgl. auch AK München, S. 25ff. (M. Steinhart/S. Lorenz). Von unserer Betrachtung ausgenommen sind gewerbetreibende Frauen wie Hetären oder Tänzerinnen, aber auch Marktfrauen und Händlerinnen, zu letzteren vgl. S. I. Rotroff und R. D. Lamberton: Women in the Athenian Agora (Agora Picture Book Nr. 26), Athen 2006.

3 Neils, wie Anm. 2, S. 17.

4 Inv. Nr. Cg 182, in: Adolf Greifenhagen: Corpus Vasorum Antiquorum (CVA) Mannheim Bd. 1, München 1958, S. 37, Taf. 23,3-4; 21,4+6; 32,4.

5 Inv. Nr. Cg 190, publiziert in: Greifenhagen, wie Anm. 4, S. 42, Taf. 32,9; Italien vor den Römern. Aus der Antikensammlung des Reiß-Museums Mannheim, hrsg. von Karin von Welck und Reinhard Stupperich, Mainz 1996, S. 108 Nr. 60. – Vgl. auch The Material Sides of Marriage. Women and Domestic Economies in Antiquity (Acta Instituti Romani Finlandiae, 43), hrsg. von Ria Berg, Rom 2016.

6 Ellen D. Reeder u. a.: Pandora. Frauen im klassischen Griechenland (Ausstellung Basel, Antikenmuseum und Sammlung Ludwig 28.4.-23.6.1996), Baltimore 1995, S. 126-128.

7 Schenkung F. Blanck, publiziert in: F. Jurgeit: Mannheimer Miszelle, in: Forschungen und Funde. Festschrift für Bernhard Neutsch, hrsg. von Fritz Krinzinger, Brinna Otto und Elisabeth Walde-Psenner, Innsbruck 1980, S. 219-222, Taf. 42-43.

8 Griechische Vasen aus westfälischen Sammlungen (Ausstellung Münster, Archäologisches Museum der Universität 1984), hrsg. von Bernard Korzus, Münster 1984, S. 128-132, bes. 131 u. 140-142 (H. Froning).

9 Jochen Fornasier: Amazonen. Frauen, Kämpferinnen und Städtegründerinnen, Mainz 2007; AK München S. 32ff. (B. Kaeser), S. 39ff. (F. S. Knauß); Amazonen zwischen Griechen und Skythen. Gegenbilder in Mythos und Geschichte, hrsg. von Charlotte Schubert und Alexander Weiß, Berlin/Boston 2013.

10 Schubert/Weiß, wie Anm. 9, S. 2; Wolfram Martini: Die visuelle Präsenz der Amazonen in Athen im 6. und 5. Jh. v. Chr., in: Schubert/Weiß, wie Anm. 9, S. 171.

11 Zur Lokalisierung ihrer Heimat vgl. AK München S. 39-40 (F. S. Knauß), dort auch S. 40-41 zur Diskussion über angeblich reale Amazonen, die im skythischen oder sauromatischen Siedlungsgebiet zu verorten wären. Zitiert sei hierzu Hermann Parzinger in einem Interview mit dem Eurasischen Magazin: „Es gibt zwar den Amazonenmythos, aber den darf man nicht so ernst nehmen. Sicher ist es vorgekommen, dass Frauen das Lager der Jurten verteidigt haben, wenn die Männer alle zum Kampf unterwegs waren, oder neue Weidegründe gesucht haben. Es wurden auch Frauen mit männlicher Bewaffnung in den Eiskurganen des Altais gefunden. In anderen Regionen der skythischen Welt, in der Steppe, sind solche Funde ebenfalls gemacht worden. Aber es gab keine archäologischen Belege für Amazonenheere – das ist eine Ausschmückung der Geschichtsschreibung." (www.eurasischesmagazin.de/artikel/Amazonen – Frauen, Kämpferinnen und Städtegründerinnen [21.02.2017]) Festzuhalten bleibt allerdings „das Prinzip der ‚räumlichen Wanderung' ... die Amazone eine Figur, die mit der Verschiebung der geographischen oder territorialen Grenzen der bekannten Welt weiter wandert und mit den neuen (Grenz-)Regionen identifiziert wird." (Schubert/Weiß, wie Anm. 9, S. 4).

12 Claudia Tiersch: Von den Gründen, eine Amazone zu besiegen – Bezähmung des gefahrvoll Weiblichen? in: Schubert/Weiß, wie Anm. 9, S. 111-135, bes. S. 114-115; s. auch AK München S. 41 (F. S. Knauß).

13 AK München S. 41-42 (F. S. Knauß); Lexicon Iconographicum Mythologiae Classicae (LIMC), Bd. 1, Zürich/München 1981, S. 586-653, s.v. Amazones (Pierre Devambez - Aliki Kauffmann-Samaras); Martini, wie Anm. 10, S.174, 176-177.

14 Martini, wie Anm. 10, S. 178.

15 AK München S. 71-75 (B. Kaeser).

16 Tiersch, wie Anm. 12, S. 120.

17 AK München S. 93-98 (F. S. Knauß); Fornasier, wie Anm. 9, S. 55-58; Martini, wie Anm. 10, S. 176-177.

18 Inv. Nr. Cg 61, 1890 in Orvieto für das Großherzogliche Antiquarium erworben, publiziert in: Federico Utili: Corpus Vasorum Antiquorum (CVA) Mannheim Bd. 2, München 2003, S. 29-30, Taf. 19, Beil. 9,2; Heidrun Pimpl: Die Oinochoe des „Mannheimer Malers" in den rem, in: Mannheimer Geschichtsblätter 15, 2008, S. 120-122. Bei einer 1975 durchgeführten Restaurierung kam es offenbar zu einer irrtümlichen Zusammensetzung von Fragmenten in der rechten Bildhälfte, vgl. Pimpl S. 121-122.

19 Zu derart gemusterten Gewändern vgl. Dagmar Drinkler: Die Rekonstruktion von eng anliegenden, antiken Bekleidungsstücken, in: Mannheimer Geschichtsblätter 19, 2010, S. 147-151.

20 AK München S. 105-112 (R. Wünsche); Fornasier, wie Anm. 9, S. 40-42.

21 Inv. Nr. Cg 41, 1883 erworben, publiziert in: Greifenhagen, wie Anm. 4, S. 29, Taf. 16, 1-3; Italien vor den Römern, wie Anm. 5, S. 115, Nr. 189. – Auf der anderen Seite der Halsamphora steht der in einen Mantel gehüllte Dionysos zwischen Mänaden und Silenen.

Abb. 14
Tetradrachme
Vorder- und Rückseite
Gold
408-406 v. Chr.
Dm 9 mm, 1,39 g
Fotos: rem,

Starke Frauen in der Antike

22 AK München S. 179-185 (M. Steinhart); Fornasier, wie Anm. 9, S. 37; Homer. Der Mythos von Troia in Dichtung und Kunst (Ausstellung Basel, Antikenmuseum und Sammlung Ludwig, 17.3.-17.8.2008; Mannheim, Reiss-Engelhorn-Museen, 14.9.2008-18.1.2009), hrsg. von Joachim Latacz et al., München 2008, S. 386-387, S. 400; Lexicon Iconographicum Mythologiae Classicae (LIMC), Bd. 1, Zürich/München 1981, S. 161-171, s.v. Achilleus [XXII. Achilleus und Penthesilea] (Anneliese Kossatz-Deissmann).

23 Leihgabe Klaus Parlasca (P 101), unveröffentlicht.

24 AK München S. 233-235 (M. Steinhart); Lexicon Iconographicum Mythologiae Classicae (LIMC), Bd. VII, Zürich/München 1994, S. 45-53, s.v. Omphale (John Boardman).

25 Zu Darstellungen in der römischen Kunst s. Stefan Ritter: Hercules in der römischen Kunst von den Anfängen bis Augustus, Heidelberg 1995; ders.: Ercole e Onfale nell'arte romana dell'età tardo-repubblicana e augustea, in: Héraclès. Les femmes et le féminin. IIe Rencontre Héracléenne. Actes du Colloque de Grenoble, 22.-23.10.1992, hrsg. von Colette Jourdain-Annequin und Corinne Bonnet, Brüssel/Rom 1996, S. 91-102. – Ritter hat überzeugend dargelegt, dass sich die Beliebtheit des Mythos in der römischen Bildkunst der reizvollen Verbindung von der Überzeugungskraft weiblicher Schönheit und der Nachgiebigkeit des Herakles verdankt.

26 Leihgabe Klaus Parlasca (P 016 E), publiziert in: Wechselwirkungen. Aus der Sammlung Klaus Parlasca. Sonderausstellung 2000/2001 in der Antikensammlung der Friedrich-Alexander Universität Erlangen-Nürnberg, Erlangen 2000, S. 13 Nr. 15; Benjamin Rowland: Hellenistic Art in Asia, Fogg Art Museum, Cambridge, Mass. 1955, Nr. 27 mit Datierung 1.-3. n. Chr.; Klaus Parlasca in: XI. Int. Congress of Classical Archaeology 1978, S. 70; Henri-Paul Francfort: Les palettes du Gandhara, Paris 1979, S. 23 Nr. 16, Taf. 8; Klaus Parlasca in: Gnomon 53, 1981, S. 696 Anm. 14. – Die Schale ist offenbar ohne Parallele und gehört in die Gruppe A bei Francfort, die er als hellenisierend bzw. indo-griechisch klassifiziert, und dort in die Untergruppe A 2, die leicht indisch beeinflusst sei.

27 Lexicon Iconographicum Mythologiae Classicae (LIMC), Bd. III, Zürich/München 1986, S. 709-719, s.v. Elektra I (Ian McPhee). – S. auch Mythos Troja (Ausstellung München, Staatliche Antikensammlungen 2006), hrsg. von Raimund Wünsche, München 2006, S. 378-387 (S. Lorenz).

28 AK München S. 304-305 (S. Lorenz).

29 AK München S. 305-306 (S. Lorenz).

30 AK München, S. 306 (S. Lorenz).

31 Inv. Nr. Cg 361, 1980 aus Kunsthandel erworben, publiziert in Utili, wie Anm. 18, S. 66-67, Taf. 46, Farbtaf. 3,3, Beil. 17,2; Lexicon Iconographicum Mythologiae Classicae (LIMC), Bd. III, Zürich/München 1986, S. 714 Nr. 40, s.v. Elektra I (Ian McPhee); vgl. auch Titelbild der Mannheimer Geschichtsblätter 31, 2016.

32 Auch auf einer paestanischen Halsamphora im Museum of Fine Arts in Boston ist Elektra mit kurzen Haaren und schwarzem Chiton dargestellt (Inv. 99540, um 335-320 v. Chr.), s. J. Michael Padgett: Vase Painting in Italy: Red-figure and related works in the Museum of Fine Arts (Boston 1993) Nr. 105.

33 Lexicon Iconographicum Mythologiae Classicae (LIMC), Bd. II, Zürich/München 1984, S. 582-584, s.v. Arethousa (Herbert A. Cahn); AK München, S. 253 (M. Steinhart).

34 Die syrakusanischen Prägungen aus dem 5. Jahrhundert v. Chr. zählen zu den künstlerischen Höhepunkten der griechischen Münzkunst und dokumentieren in sehr vielfältigem Spektrum die in der Stadt praktizierten religiösen Kulte. Neben dem mehr als 200 Jahre lang geprägten Motiv von Zwei- (Didrachme) bzw. Viergespann (Tetradrachme) und weiblichem Kopf (Artemis, Arethusa, Persephone) zählen Athena, Apollon und Zeus zu den bevorzugten Darstellungen (vgl. ungedrucktes Manuskript von Heinz-Joachim Schulzki zum Münzbestand der rem von 1999).

35 Inv. Nr. 998:8577, publiziert in: Italien vor den Römern, wie Anm. 5, S. 119 Nr. 302; s. auch Schulzki, wie Anm.34, S. 42-43, S. 202 Nr. 77.

36 Vgl. auch AK München S. 253 Nr. 17.13.

37 Inv. Nr. 998:8579, unpubliziert. Vgl. aber Schulzki, wie Anm. 34, S. 202 Nr. 78.

38 S. Mairi Gkikaki: Die weiblichen Frisuren auf den Münzen und in der Großplastik zur Zeit der Klassik und des Hellenismus. Typen und Ikonologie (Diss. Würzburg 2011) S. 20ff.

39 Inv. Nr. 998:8583, unpubliziert; s. aber Schulzki, wie Anm. 34, S. 204 Nr. 82.

40 Prägungen in Gold gehörten im 5. Jahrhundert v. Chr. im griechischen Mutterland sowie in seinen Kolonien am westlichen Mittelmeer zu den großen Ausnahmen, ihre Herstellung erfolgte nur in Notsituationen. Der Anlass der Prägung der vorliegenden Münze könnte die erste Bedrohung von Syrakus durch die Karthager in den Jahren nach 408 v. Chr. gewesen sein, Schulzki, wie Anm. 34, S.44-45.

41 Inv. Nr. 998:8580, publiziert in Italien vor den Römern, wie Anm. 5, S. 119 Nr. 301, auch Schulzki, wie Anm. 34, S. 44-45, S. 203 Nr. 79.

42 Den starken Frauen im Mythos wird gelegentlich ein Einfluss auf das Frauenbild in den gelebten gesellschaftlichen Verhältnissen nachgesagt. Dafür fehlen jedoch überzeugende Nachweise. Zur Diskussion siehe auch AK München S. 18 (C.S. Kauth/F. Klauser).

Eva-Maria Günther

Weißkraut statt Blumen

Für Frau Dr. Grit Arnscheidt zum 80. Geburtstag in herzlicher Verbundenheit

Welch' originelle, fast verspielte Idee, eine Terrine in Form eines Krautkopfes zu modellieren! (Abb. 1) Die plastischen Tafelzierden der Barockzeit sind von deftiger Sinnlichkeit: Deckelgefäße in Form von abgetrennten Wildschweinköpfen, wildes und zahmes Geflügel, begleitet von Weißkohl und Salat, dazu Teller mit allerlei Schaugerichten. Sie bilden den besonderen Höhepunkt jeder Fayencesammlung und waren einst ein wichtiges Element auf der höfischen Tafel. Dieser naturalistisch geformte Kohlkopf reiht sich nahtlos in die Tradition des Tischschmucks, der vor allem seit der Renaissance die reich gedeckten fürstlichen Festtafeln zierte. Kostbare Tischbrunnen, Tafelaufsätze, Leuchter und Figuren waren ein zentrales Element der höfischen Repräsentation, aber auch des Amüsements. Phantasievolle Aufbauten und Schaugerichte zierten die Tische, denn „das Auge aß mit". Als besondere Attraktion wurden Tiere wie Schwäne, Pfauen oder Eberköpfe „mit aignen Balg" bedeckt, also lebensecht aufbereitet, sowie Obst und Gemüse, etwa Kohlköpfe, Melonen oder Trauben, aufgetragen. Diese waren echt oder aus teils essbaren Materialien wie Zucker, Butter und Rüben oder aus Wachs nachgeformt. Im Barock ersetzten Fayence- und Porzellangefäße die realen Objekte. Die Freude an der Augentäuschung, an der Verblüffung eines irregeleiteten Betrachters mag zudem zur Unterhaltung der Gäste beigetragen haben.

Die seit 1989 in den Sammlungen der Reiss-Engelhorn-Museen befindliche Deckelterrine (H 23,3 cm, Dm 37,1 bzw. 34,1 cm, um 1750) ist ein typisches Erzeugnis aus der Blütezeit der Straßburger Fayencemanufaktur des Paul Anton Hannong (1700-1760).[1] Wichtiger Impulsgeber war der 1750 eingetretene Modelleur Johann Wilhelm Lanz, dem auch ohne dokumentarischen Beleg dieses Trompe-l'œil zugewiesen werden dürfte.[2] Der Untersatz des sehr naturalistischen und recht großen Krautkopfes besteht aus sich etwas überlappenden Außenblättern. Die Schnittfläche am Strunk des Kohls bildet die kleine Standfläche für den Topf, dessen Wandung aus weitergeführten Blattrippen kraftvoll modelliert wurde. Die Deckelauflage ist eingezogen. Alle Blattränder sind als Lippe etwas nach außen gebogen (Abb. 2). Kaum sichtbar als Deckel ausgebildet, konnte die obere Hälfte, die aus weiteren vier sich überlappenden Blättern geformt ist, abgenommen werden. Jene äußerst raffinierte Malerei, die mit sämtlichen Nuancen der Aufglasurtechnik arbeitet, veredelt die kräftigen Formen des individuell geformten Gefäßes, dessen plastische Wirkung vor allem durch die

Abb. 1
Deckelterrine in Form eines Kohlkopfes
Straßburger Fayence
Um 1750
Foto: rem, Lina Kaluza

Weißkraut statt Blumen

Abb. 2
Die geöffnete Terrine zeigt den Auflagerand für den Deckel.

naturalistische Bemalung (Abb. 3) hervorgerufen wird. Die Mannheimer Terrine ist ist sehr detailreich staffiert und sollte dem Naturvorbild möglichst nahe kommen.

Die Mode, naturalistisch gestaltete Gefäße aus Keramik zu modellieren, löste vermutlich der Modelliermeister Johann Joachim Kaendler (1706-1775) 1734 in der Porzellanmanufaktur Meißen aus. Kaendler fertigte (offenbar nach einem asiatischen Vorbild) eine Teekanne in Form eines Hahnes sowie anschließend eine Dose als Schildkröte.[3] Um 1750 wurden vermehrt Früchte und Gemüse aus Porzellan oder Fayence hergestellt.[4] Die Fayencemanufakturen in Straßburg oder auch in Höchst spezialisierten sich in der Folgezeit auf derartige Schaugerichte, deren Vorteil auch darin lag, dass sie im Gegensatz zu echten Esswaren mit begrenzter Lebensdauer nun mehrfach als Tafeldekoration verwendet werden konnten.

Ab circa 1740 erlangten Jagdschlösser beim Adel im Deutschen Reich wachsende Bedeutung.[5] Besonderes Augenmerk lag auf ihrer Ausgestaltung und Ausstattung. Das dort geltende, reduzierte Hofzeremoniell spiegelt sich auch in der Tafelausstattung. Statt von Silber- oder Vermeilservicen oder Porzellan wurde hier oft von Fayence gespeist,[6] sicherlich ein Grund, warum sich Schaugerichte aus diesem Material immer wieder als Teil der Ausstattung von Jagdschlössern erhalten haben. Ihre Gestaltung widmet sich meist dem Thema „Natur", präzisiert in Jagdmotiven. Zudem verweisen Terrinen in Vogelform oder als Eberkopf gestaltet direkt auf die Jagdreviere. Auf Schloss Favorite im Fasaneriewäldchen bei Rastatt feierte und schmauste Markgraf Ludwig Georg von Baden-Baden (1702-1761) mit seinen Jagdgesellschaften. Neben Terrinen in Form jagdbarer Tiere gehören zu den Schaugerichten dort auch eine Terrine in Form eines Wirsings und eine in Form eines Weißkohls. Dass Weißkohlterrinen fester Bestandteil von hochwertigen Fayenceservicen waren, belegt ein umfangreiches Geschirr, das Kurfürst Clemens August von Köln (1700-1761) für sein Jagdschloss Clemenswerth im Emsland 1744 bei der Straßburger Fayencemanufaktur orderte. Es bestand aus 559 Teilen, darunter mehr als 120 Terrinen in figürlicher Ausformung, zwei davon „Kapsköpfe" (Kohlköpfe).[7] Für Schloss Augustusburg erwarb Clemens August ein weiteres Fayencegeschirr, zu dem ebenfalls zwei „boutouilles"[8] in Form eines „Kapeshaupt" gehörten.[9]

Die ursprüngliche Nutzung der hier vorgestellten Deckelterrine ist bis heute strittig. Im 18. Jahrhundert kam in gehobenen Haushalten die französische Tafelkultur in Mode, die neue Tafelgeräte und Geschirrformen verlangte. Bis um 1730 war es üblich, große Schüsseln auf Schaukredenzen zu stellen. Danach setzte sich der Service à la française durch, bei dem die Speisen für jeden Gang in einer speziellen Gefäßform aufgetragen und an einen vorbestimmten Platz auf die Tafel gestellt wurden.

Eva-Maria Günther

Die Speisenden reichten sich zudem gegenseitig die kleineren Schüsseln und Platten mit den Gerichten zu. Die großen, als Mittelpunkt auf dem Tisch gruppierten Terrinen, zu denen der Krautkopf zählt, dienten wohl eher zum Auftragen von warmen Gerichten wie Gemüse oder Suppen und nicht zum Umherreichen bei Tisch – zu schwierig wäre dabei das dauernde Abnehmen und Aufsetzen des façonnierten Deckels. Aufgrund dieses Deckels blieb das Essen nicht nur länger warm, sondern auch vor Verunreinigungen wie Puder oder Haaren geschützt. Zudem konnten in den Töpfen kleinere Gefäße bis zum Vorlegen verborgen werden, mit entsprechendem Inhalt wie Enten- oder Wildschweinpastete oder eben Krautpasteten und -ragouts. Wohlmöglich dienten die Terrinen auch nur der reinen Tafelzier. Nicht unerwähnt bleiben soll an dieser Stelle die Nutzung der Kohlterrine als Bowlengefäß, wie es der Dichter Johann Heinrich Voss (1751-1826) in seiner Erzählung „Luise" schildert: „Dann erfreut uns der purpurne Kohlkopf, unser Genoß, [...] mit Bischof angefüllt".[10] Als „Bischof" wurde eine Festtagsbowle bezeichnet aus Rotwein, Pomeranzen, Zucker und Gewürzen, die im 18. Jahrhundert vor allem in Norddeutschland und Skandinavien beliebt war.

In der keramischen Umformung ist überwiegend Weißkraut dargestellt, daneben gibt es auch Wirsinggefäße, weniger dagegen wurde Rotkraut wiedergegeben. Kochbücher und Nachschlagewerke aus dem 18. Jahrhundert wie Zedlers Lexikon von 1733 erwähnen das „CabusKraut" in „dreyerley Gattungen, als nemlich grünes, rothes und weisses, von welchen aber das letzte zur Speise das lieblichste ist".[11] Darüber hinaus werden Anbau und Zubereitung vieler weiterer Kohlarten beschrieben. Zur Entstehungszeit der Terrine war Kraut bekannt, geschätzt und nicht nur ein Arme-Leute-Essen. Das aus Weißkohl hergestellte, durch Milchsäuregärung relativ einfach zu konservierende Sauerkraut besaß im 18. Jahrhundert als Vitamin-C-Spender darüber hinaus eine wichtige Bedeutung für die Ernährung. Gemüsegerichte aus Kohl bereicherten alltags auch die bürgerliche und höfische Küche, überliefert in Rezepten wie „ein gefüllt Weiß Kraut zu machen", das die Bürgerstochter Juliana Elisabeth Versivion 1769 genauestens in ihrem Kochbuch niederschrieb.[12] Für die gehobene Tafel wurde Kraut schließlich in allerlei Varianten verfeinert und erhielt durch die Verwendung von teuren Gewürzen wie Ingwer, Safran oder Muskat eine herausgehobene Stellung. Viele Rezepte oder Speisefolgen der Barockzeit erwähnen Kraut als Beilage, als Pasteten oder Salate, so servierte etwa der Abt von St. Peter in Salzburg am 22. Juli 1728 den Fürstbischöfen von Passau, Gurk und Chiemsee unter anderem „Rindfleisch mit saurem und süßem Kraut".[13] Friedrichs II. von Preußen Lieblingskoch Andreas Noël, der 1755 aus dem französischen Périgueux als Mundkoch an den preußischen Hof gekommen war und nach dem Tod des ersten Hofküchenmeisters Joyard 1784 dessen Nachfolge antrat, kreierte dem „Alten Fritz" ein neues Gericht. Dazu nahm er einen bescheidenen Weißkrautkopf und füllte ihn mit Speck, Würstchen, Knoblauch und edlem Safran. Friedrich nannte die Schöpfung „Bombe de Sardanapale"[14] und widmete seinem Hofküchenmeister sogar eine Ode, in der er das besondere Talent des Meisters beschreibt. Kein Ragout könne mit diesem „Götteressen" mithalten, lobte der König.[15]

Abb. 3
Die Bemalung bildet die Struktur von Kohlblättern naturgetreu ab.

Fotos: rem, Lina Kaluza

Weißkraut statt Blumen

In den Gemüsegärten der Schlösser war der Anbau von Kohl fester Bestandteil, wie Inventare belegen. Der Hofgärtner Franz Hild in Rastatt hielt im Januar 1772 fest, dass man noch „700 Stück Würsching Kraut", „350 Stück junger Würsching", 200 Köpfe von jungem Weißkraut, 300 Köpfe Rotkraut und 30 Stücke „Carviol", d. h. Blumenkohl, auf Vorrat habe, was gerade im Winter bedeutsam war, wo andere Gemüsesorten fehlten.[16]

Kohl ist ein wertvolles Gemüse, sehr förderlich für die Gesundheit in mehrfacher Hinsicht. Einerseits profitieren Stoffwechsel und Verdauungssystem von Kohlmahlzeiten, andererseits hilft Kohl auch als Umschlag bei Wunden, denn er enthält antibiotisch wirkende Substanzen. Den „medicinische Nutzen des weißen Kohles", also seinen Einsatz als Heilmittel, empfahlen zahlreiche Schriften aus dem 18. Jahrhundert. Die „zerquetschten Blätter" dienten als Reinigungsmittel auf Geschwüren, warme Kohlwickel „auf den Brüsten der Wöchnerinnen gelegt" verhinderten das Gerinnen und den starken Ausfluss der Milch.

Gehackter Weißkohl, „in Milch und Wasser gekocht" wurde als bewährtes Mittel zur Linderung der Gichtschmerzen genutzt.[17] Gerade der letztgenannte Tipp ist bemerkenswert, da Gichtanfälle durch üppiges, eiweißreiches Essen – man denke an die fleischgefüllten Krautköpfe – hervorgerufen wurden und dann mit genau demselben Kraut als Medizin bekämpft werden konnten.

1 V. Welk, Karin (Hrsg.): Sammelleidenschaft – Mäzenatentum und Kunstförderung. Von der Kurfürsten zum Land Baden-Württemberg. Kostbarkeiten aus dem Museum für Kunst-, Stadt- und Theatergeschichte im Reiß-Museum der Stadt Mannheim, 1992, S. 38f.; vergleichbare Stücke u. a. im Museum für Kunst- und Gewerbe in Hamburg, im Kunsthandel Langeloh Porcelain.

2 Bastian, Jacques: Strassburger Keramik, Basel 1986, S. 101 und öffentlicher Katalog Langeloh Porcelain.

3 Wiersch, Hayat Dorothea: Zeremoniell im Wandel. Die Fayencemanufaktur Göggingen und die Verwendung ihrer Erzeugnisse im höfischen Alltag, Diss. Bochum 2011.

4 Rudi, Thomas: Augenlust und Gaumenfreude, Fayence-Geschirre des 18. Jahrhunderts im Museum für Kunst und Gewerbe Hamburg, AK, Hamburg 1998, S. 23.

5 Swoboda, Franz: Strassburg-Hagenauer und ostfranzösische Fayencen des 18. Jahrhunderts. AK Mannheim 1982/83, S. 25.

6 Wiersch, wie Anm. 3, S. 7ff.

7 Brickwedde, Fritz u. a. (Hrsg): Clemens August, Fürstbischof, Jagdherr, Mäzen. AK 250jähriges Jubiläum Schloß Clemenswerth, Bramsche 1987, S. 475.

8 Boutouilles = Pot à oille oder Olla potrida, zunächst eine Bezeichnung für ein Mischgericht aus Fleisch, wurde der Begriff schließlich für den Topf, die Terrine genutzt. Das schwierig zu sprechende Fremdwort ist oft „eingedeutscht" worden, im Schäbischen als „Potoline", in der Pfalz/Frankenthal als „Bodolien" oder „Potollien", im Rheinland auch „Boudouillien".

9 Frank Günter Zehnder, Werner Schäfke (Hrsg.): Der Riss im Himmel. Clemens August und seine Epoche, AK Köln 2000, Bd. VI, S. 430.

10 Vgl, Rudi, Thomas, wie Anm. 4, S. 100.

11 Zedler, Johann Heinrich: Grosses Vollständiges Universal-Lexikon aller Wissenschaften und Künste, Halle/Leipzig 1732-54, Bd. 5, S. 27, Spalte 1.; Jablonski, Johann Theodor: Allgemeines Lexicon der Künste und Wissenschaften, oder kurtze Beschreibung des Reichs der Natur (...), Leipzig, 1721, S. 188, Spalte 1.

12 Steuer, Gerd: Elisabethas Kochgeheimnisse – Barocke Tafelfreuden heute, Originalrezepte des 18. Jahrhunderts aus dem Kochbuch der „ehr- und Tugendsamen Jungfer JULIANA ELISABETHA VERSIVOIN", Karlsruhe 2002, S. 95

13 Hahnel, Adolf: Barockes Tafeln in Salzburg, S. 246.

14 Namensgeber für das opulente Mahl war der letzte assyrische König Assurbanipal (669-630 v. Chr.), in die griechische Sagenwelt eingegangen unter dem Namen Sardanapal. Den Griechen galt Sardanapal als das Urbild eines Schwelgers.

15 „Ne goûta rien d'aussi fin, d'aussi bon Que cette bombe à la Sardanapale, Ces mets des dieux qu'aucun ragoût n'égale, Dont vous m'avez régalé ce midi." Nach: Lammel, Hans-Uwe: Friedrich II. von Preußen und die Töpfe des Epikur, oder: Gehörte auch La Bombe à la Sardanapale zum Speisezettel der Kuren in Aachen und Pyrmont?, in: Lutz-Auras, Ludmilla/Gottschlich, Pierre (Hrsg.): Aus dem politischen Küchenkabinett – eine kurze Kulturgeschichte der Kulinarik, FS zum 65. Geburtstag von Professor Jakob Rösel, Baden-Baden 2013, S. 211 und 213.

16 Eberle, Sandra: Ein Wirsingkopf aus Keramik, in: Staatsanzeiger Baden-Württemberg, 3/2012 Stuttgart.

17 Krünitz, Johann Georg: Oekonomisch tecnologische Encyklopdie, Berlin 1782, Bd. 42, S. 504ff.

Wilfried Rosendahl

Der Kurfürstin ins Grab geschaut

Zur Exhumierung von Anna Maria Luisa de' Medici (1667-1743) im Oktober 2012

Dr. Grit Arnscheidt zu ihrem Geburtstag gewidmet

In der Renaissance war es üblich, dass reiche Familien zwecks Selbstdarstellung Kirchen ausstatteten und mit ihren Symbolen versahen. Für die Medici wählte Giovanni di Bicci (1360-1428), der Gründungsvater der berühmten Dynastie, die Kirche von San Lorenzo in Florenz, deren ursprünglicher, aus dem 4. Jahrhundert stammender Bau im 11./12. Jahrhundert erheblich erweitert worden war. Der Architekt Filippo Brunelleschi begann 1421 mit umfangreichen Um- und Anbauten und verwendete statt der gotischen Formen des Mittelalters neue, an der Antike orientierte Strukturen. Zuerst wurde die Alte Sakristei vollendet, in den folgenden 50 Jahren entstanden Pfarrhaus, Querschiff, Chor und schließlich das Langhaus. Erst unter Lorenzo dem Prächtigen (1449-1492) fanden die Arbeiten mit der Neuen Sakristei ihren Abschluss. Die aufwendige, von Michelangelo geplante Fassade wurde allerdings nie ausgeführt. Heute ist das beherrschende Element des Kirchenkomplexes die von einer großen Kuppel gekrönte Fürstenkapelle, die zu Beginn des 17. Jahrhunderts errichtet und in barocker Manier mit farbigen Steinen ausgekleidet wurde. Dort und in den beiden Sakristeien liegen die meisten Mitglieder der Medicifamilie begraben. Cosimo der Ältere, Pater Patriae, ist im Pfeiler des Untergeschosses von San Lorenzo bestattet. Die Alte Sakristei, oft als erster Zentralkuppelbau der Renaissance bezeichnet, ist ein quadratischer Raum mit einem Altar an der Südseite. Die Ausmalung stammt von Donatello. In der Mitte des Raumes befinden sich die Gräber von Giovanni di Bicci und seiner Frau Piccarda Bueri, im Durchgang zum Kirchenraum der Sarkophag von Giovanni und Piero de' Medici. In den von Michelangelo gestalteten Nischen der Neuen Sakristei wurden zuerst Lorenzo, Herzog von Urbino, Alessandro, Herzog von Florenz, und Giuliano, Herzog von Nemours, bestattet. 1559 kamen die Särge von Lorenzo dem Prächtigen und seinem Bruder Giuliano hinzu. Vor der Umbettung waren die Särge in der Alten Sakristei „zwischengelagert". Die Särge aller anderen und später verstorbenen Familienmitglieder, darunter auch der von Anna Maria Luisa de' Medici (Abb. 1), wurden in einem Seitenraum zur Zwischenlagerung aufgestapelt. 1791 veranlasste Ferdinando III. die Überführung aller zwischengelagerten sterblichen Überreste aus den beiden Sakristeien in einen neuen, hinter dem Altar in der Krypta geschaffenen Raum, der mit Holzdielen verschlossen wurde. 1858 wurde schließlich auf Veranlassung Leopolds II. von Lothringen die heutige Ordnung hergestellt. Durch zahlreiche Umbettungen, Grabräuberei und ungenaue Berichte ergaben sich aber große Probleme bei der Zuordnung der Särge. Im Fußboden der Krypta markieren heute schlichte Marmorplatten die Bestattungen der Medici-Großherzöge und ihrer Angehörigen.

Abb. 1
Porträt der Anna Maria Luisa de' Medici (1667-1743)
Jan Frans van Douven
Öl auf Leinwand
Vor 1708
rem
Foto: rem, Jean Christen

Die Kurfürstin und ihre kulturhistorische Bedeutung

Anna Maria Luisa de' Medici (Florenz, 11. Juli 1667 - Florenz, 18. Februar 1743), Kurfürstin der Pfalz, war die letzte Vertreterin der Medicidynastie. Die drei Kinder von Cosimo III. und Marie-Louise d'Orléans teilten das Schicksal der Kinderlosigkeit. Der älteste Bruder starb noch vor seinem Vater. Anna Maria

Luisa heiratete den Kurfürsten Johann Wilhelm II. von der Pfalz und hatte, trotz fehlender Nachkommenschaft, eine glückliche Ehe. Gian Gastone wurde von seinem Vater und seiner Schwester mit Anna Maria Franziska von Sachsen-Lauenburg zwangsverheiratet. Die Ehe entwickelte sich katastrophal und stürzte Gian Gastone in eine schwere Depression. Er wurde gleichgültig, träge, verwahrloste und starb vereinsamt. Seine Besitztümer, darunter bedeutende Kunstschätze, hinterließ er seiner Schwester. Da auch sie ohne Erben blieb, vermachte sie vertraglich alle Kunstschätze der Medici der Stadt Florenz. Einzige Bedingung: Diese sollten für immer dort verbleiben. Aus diesem Grund genießt Anna Maria Luisa de' Medici heute noch ein sehr großes Ansehen in Florenz und ist eine der bedeutendsten kulturhistorischen Persönlichkeiten der Stadt. Für ihre Grablege gibt Luigi Passerini 1888 folgenden Zustandsbericht: „Körper und Skelett sind von einem dunklen Samtstoff bekleidet in einem Sarg aus Zypressenholz, der bedeckt ist von einem dunklen Samt mit einem Kreuz aus gelber Borte." Die Ausstattung bestand damals aus einer vergoldeten Krone, die mit einer großen Silbernadel befestigt war, einem silbernen Kreuz, einer Goldmedaille (auf der Vorderseite die Kurfürstin, auf der Rückseite die Sonne, die die Welt erleuchtet) sowie einer Inschrift auf einer Metallplatte und einem Text auf Pergament (in einer Röhre).

Abb. 2
Grabplatte von Anna Maria Luisa de' Medici im Fußboden der Krypta von San Lorenzo in Florenz
Foto: rem, Wilfried Rosendahl

Ins Grab geschaut – Zur Exhumierung von Anna Maria Luisa de' Medici

Die geographische Lage von Florenz an einem bedeutenden Flusslauf bringt es mit sich, dass die eng bebaute Stadt immer wieder von Hochwasserkatastrophen heimgesucht wird. Extremereignisse sind für die Jahre 1333, 1547 oder 1844 dokumentiert. Eine der größten Überschwemmungen erreichte Florenz im November 1966. Nach intensiven Regenfällen im Hinterland ergossen sich in der Nacht vom 3. auf den 4. November die schlammbeladenen Wassermassen (ca. 45-50 Millionen m³) des Arno in die Innenstadt. 17 Menschen kamen zu Tode und unzählige Gebäude und Kunstschätze wurden zerstört oder beschädigt. Hätte es dieses Umweltereignis nicht gegeben, wäre zu vermuten, dass sich das Grab von Anna Maria Luisa de' Medici (Abb. 2) noch in einem ähnlichen Zustand befände wie 1888 beschrieben. Da aber auch die Krypta von San Lorenzo komplett überschwemmt wurde, war bis heute nicht bekannt, welche Auswirkungen das Hochwasser auf ihre Grablege bzw. den Zustand der Bestattung hatte.

2013 jährte sich der Todestag von Anna Maria Luisa de' Medici zum 270. Mal. Aus diesem Anlass präsentierten die rem vom 17. Februar bis zum 28. Juli 2013 die große Sonderausstellung „Die Medici – Menschen, Macht und Leidenschaft". Sie fand in enger Kooperation mit den zuständigen Kulturbehörden und Museen in Florenz statt, im Besonderen mit Prof. Donatella Lippi vom Medizinhistorischen Institut der Universität Florenz. Im Zuge dieser Zusammenarbeit wurden die rem im April 2012 gefragt, ob es nicht möglich wäre, aus Anlass der Ausstellung und wegen der kulturhistorischen Verbindung und gemeinsamen Verantwortung das Grab von Anna Maria Luisa zu öffnen, um den heutigen Zustand mit modernen Methoden nachhaltig zu dokumentieren und, falls dieser Zustand es erlaubt, weitergehende anthropologisch-bioarchäologische Untersuchungen durchzuführen und konservatorische Maßnahmen zu ergreifen. Dank der Trägerschaft der Curt-Engelhorn-Stiftung für die rem und der Unterstützung durch die Daimler und Benz Stiftung war es möglich, den Projektvorschlag anzunehmen und im Juni 2012 einen Vertrag zwischen den kirchlichen und staatlichen Behörden in Florenz, der Universität Florenz und den rem über die Durchführung der Exhumierung von Anna Maria Luisa de' Medici in der zweiten Oktoberwoche 2012 abzuschließen.

Durchführung der Graböffnung

Vor Beginn der eigentlichen Exhumierungsarbeiten wurde der Grablegebereich in der Krypta mit einer staub- und blickdichten Einhausung aus Plastikfolie überbaut (Abb. 3). Diese Konstruktion hatte auch die Aufgabe, die Luftfeuchtigkeit im Raum über der Exhumierung durch den Einsatz von speziellen Luftbefeuchtern stabil zu halten, um ein zu schnelles Austrocknen des Sarginhaltes nach der Öffnung zu verhindern.

Zuerst wurde eine im Boden eingelassene Marmorgrabplatte mit Inschrift entfernt (Abb. 4). Darunter lag ein großer Verschlussstein aus Kalkstein (Abb. 5). Im nächsten Schritt wurde ein kleines Sondierungsloch in eine Randfuge gestemmt (Abb. 6),

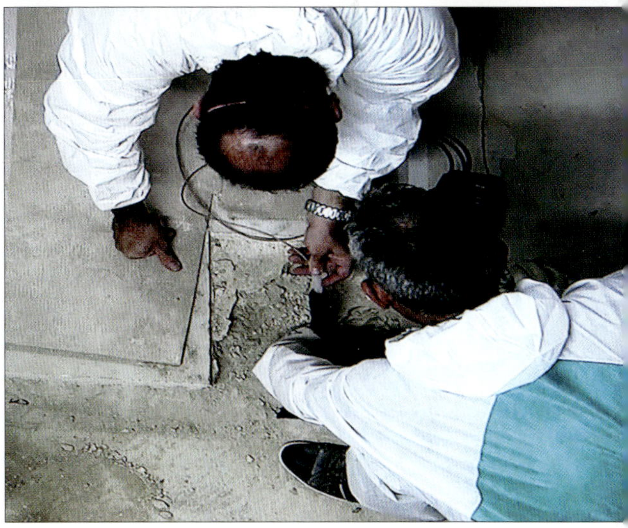

Abb. 3 (links oben) Einhausung des Grablegebereiches von Anna Maria Luisa in der Krypta als Sicht-, Staub- und Klimaschutz

Abb. 4 (rechts oben) Lösung der beschrifteten Marmorgrabplatte aus dem Fußboden der Krypta

Abb. 5 (links unten) Freilegung des Schlusssteines über dem Gruftraum von Anna Maria Luisa

Abb. 6 (rechts unten) Öffnung eines randlich gelegenen Sondagesloches für endoskopische Untersuchungen und Klimamessungen

Fotos: rem, Wilfried Rosendahl

um mit einem Endoskop den Zustand des Außensarges zu begutachten sowie mit Messgeräten die Luftfeuchtigkeit und den Sauerstoffgehalt im Gruftraum zu bestimmen. Die Luftfeuchtigkeit lag bei 98 %, der Sauerstoffgehalt war normal und der Außensarg aus Zypressenholz wirkte fast unversehrt. Unter dem Verschlussstein (Abb. 7) befand sich ein rechteckiger Raum von etwa 80 cm Tiefe, worin der Außensarg lag (Abb. 8). Dessen Deckel zeigte am Rand geringe Beschädigungen. Auf dem Deckel selbst waren Reste von Textilien, ein Kreuz aus Nieten und eine kleine Metallplatte erkennbar. Nach der Hebung des Sarges wurde der Deckel, der mit Randschrauben befestigt war, entfernt. Im Inneren befand sich ein zweiter Sarg aus Blei (Abb. 9), dessen Abdeckung 1875 nicht randdicht aufgelegt, sondern nur eingelegt worden war. Darin lagen die weitestgehend intakten Skelettreste von Anna Maria Luisa de' Medici (Abb. 10, 11 und 12). Der Schädel trug eine Krone, den Körper bedeckten vom Brustbereich abwärts völlig durchnässte, unregelmäßig gefaltete, dunkelrote Textilien. Verschiedene Bereiche waren von Schlamm überdeckt. Die im 19. Jahrhundert erwähnten Beigaben waren alle vorhanden, zeigten aber einen unterschiedlichen Erhaltungszustand (vor allem die Röhre mit dem Pergament war sehr schlecht erhalten). Nach einem 3D-Scann (Abb. 13) der Befundsituation wurden die Schlammablagerungen abgesaugt und zwei Medaillen, das Inschriftentäfelchen sowie die Jesusfigur vom Kreuz zur Restaurierung entnommen. Alle anderen Beigaben verblieben im Sarg, auch die „Krone". Um diese dennoch formenkundlich weiter analysieren und in der Ausstellung präsentieren zu können, wurde über die Scanndaten ein 3D-Druck angefertigt. In Zusammenarbeit mit dem Anna-Maria-Luise de Medici e.V. in Düsseldorf wurde

Abb. 7 (oben)
Hebung des Schlusssteines mit einer Flaschenzughebevorrichtung

Abb. 8 (Mitte)
Der vollständig aus dem Gruftraum gehobene Außensarg vor der Öffnung

Abb. 9 (unten)
Öffnung des Deckels des Außensarges, der Innensarg aus Blei wird sichtbar.

Fotos: rem, Wilfried Rosendahl

Wilfried Rosendahl

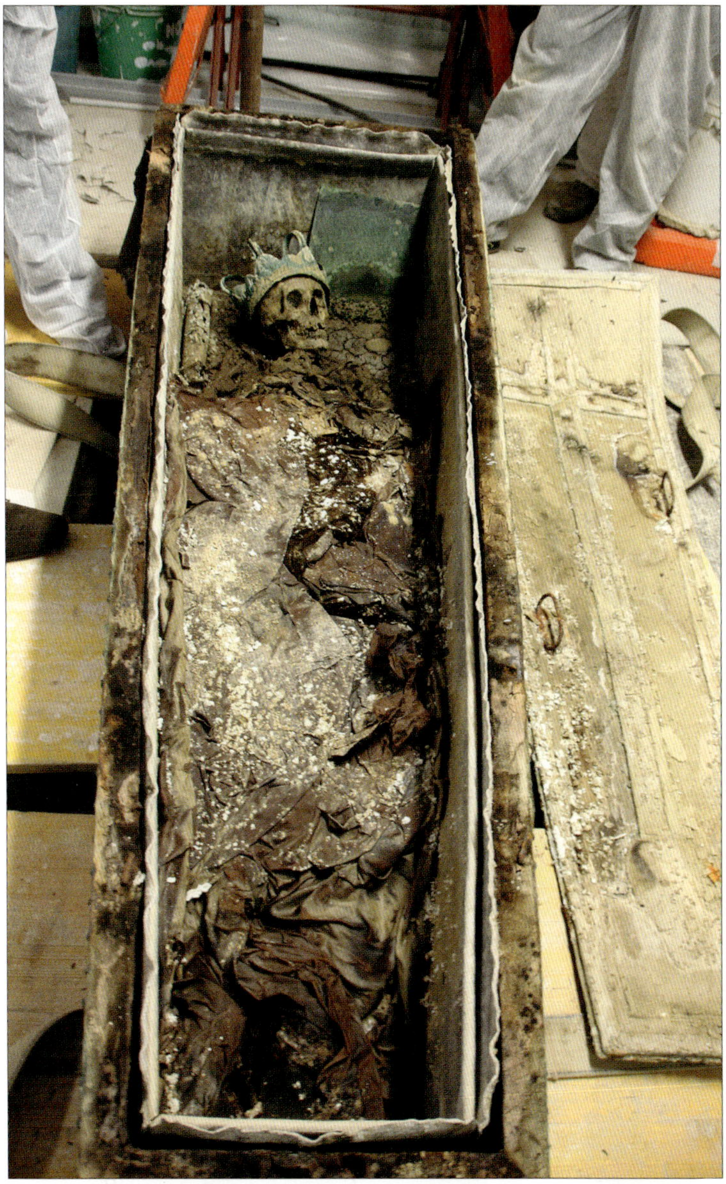

Abb. 10 (links oben)
Öffnung des Innensarges, Skelettreste und Grabbeigaben werden sichtbar.

Abb. 11 (rechts oben)
Detailansicht auf den vollständig erhaltenen Schädel mit einer „Krone“ auf dem Haupt. Links vom Schädel ist die beschriebene Pergamentrolle erkennbar, rechts liegt im Schlamm eine verdreckte Goldmedaille.

Abb. 12 (rechts unten)
Detailansicht des stark verschmutzten Kruzifixes auf dem Brustbereich der Verstorbenen

Abb. 13 (links unten)
Durchführung des 3D-Scanns des gesamten Sarginhaltes durch Frau Dr. Doris Döppes von den rem

Fotos: rem, Wilfried Rosendahl

unter Mitwirkung des Düsseldorfer Schmuckdesigners Georg Hornemann sowie Katja Löhleins und Sylvia Mitschkes von der Textilrestaurierung der rem eine Rekonstruktion in Originalmaßen und mit Originalmaterialien angefertigt. Das Ergebnis zeigt einen Kurhut aus vergoldetem Kupfer mit Samt- und Hermelinbesatz.

Zusammenfassend kann gesagt werden, dass die Exhumierung zeigte, dass das Grab der Anna Maria Luisa de' Medici zwar unter dem Hochwasser von 1966 gelitten hat, jedoch bei weitem nicht so sehr wie zum Beispiel das ihres Bruders Gian Gastone, das vollkommen durcheinander geraten und stark zerstört war.

Hinsichtlich der diskutierten Todesursachen (Syphilis oder/und Brustkrebs) der Kurfürstin konnten am Schädel Spuren erkannt werden, die eine Syphiliserkrankung bestätigten. Im Oktober 2012 wurde die Kurfürstin wieder in ihrer Gruft bestattet (Abb. 14).

Abb. 14
Innen- und Außensarg von Anna Maria Luisa de' Medici wurden in eine moderne Zinkumhüllung eingeschlossen und am Ende des Exhumierungsprojektes im Oktober 2012 im Gruftraum rückbestattet.
Foto: Donatella Lippi

Literatur

Genna, G. (1948): Ricerche antropologiche sulla Famiglia Medici. - Rendiconti Accademia Nazionale dei Lincei, Classe di Scienze Fis., Mat e Nat., Serie VIII, Bd. IV, Heft 5., 589-593, Rom

Lippi, D. (2006): Illacrimate sepolture. Curiosità e ricerca scientifica nella storia delle riesumazioni dei Medici. 1-161, Florenz

Morolli, G. & Ruschi, P. (Hrsg.) (1993): San Lorenzo 393-1993. L'architettura. Le vicende della fabbrica. 1-215, Florenz

Rosendahl, W., Döppes, D., Alterauge, A. & Lipp, D. (2014): Documentazione del contenuto del sarcofago di Anna Maria Luisa de' Medici, tramite sistemi di scansione e stampa tridimensionali.- In: Bietti, M. (Hrsg.): Arte e Politica - L'Elettrice Palatina e l'ultima stagione della committenza medicea a San Lorenzo.- S. 128-131; Florenz

Wieczorek, A., Rosendahl, G. & Lipp, D. (Hrsg.)(2013): Die Medici – Menschen, Macht und Leidenschaft.- 1-414, Regensburg

Andreas Krock

Die Königin und der Maler - Ein fürstliches Geschenk*

Am 22. Mai 1909 schrieb der Porträtmaler Otto Propheter (1875-1927) auf einer Postkarte an seine jüngste und zugleich liebste Schwester Emmy unter anderem: „[...] Die Königin von Schweden war bei mir [...]“[1]

So lapidar wie beiläufig der Künstler hier diese Begebenheit erwähnt, darf man annehmen, dass es sich bei dem Besuch der damaligen Königin Viktoria von Schweden (1862-1930) nicht um einen hochoffiziellen Termin handelte. Seit 1881 war die einzige Tochter von Großherzog Friedrich I. von Baden (1826-1907) und dessen Gemahlin Luise von Preußen (1838-1923) mit dem späteren König Gustav V. von Schweden verheiratet. Nach ihr ist auch die derzeitige Kronprinzessin Victoria benannt. Zum Zeitpunkt des Zusammentreffens mit Propheter 1909 war die 47-Jährige seit zwei Jahren Königin von Schweden, nachdem ihr Mann 1907 den Thron bestiegen hatte.

Der mittlerweile 34-jährige Otto Propheter (Abb. 1) stand bereits auf dem Höhepunkt seiner Karriere. Sein Bildnis von Luise von Baden, der Mutter Viktorias, das er 1901 mit gerade mal 26 Jahren von der 63-jährigen Großherzogin gemalt hatte, gilt heute zu Recht als eines der authentischsten und zugleich persönlichsten Altersporträts von ihr.[2] Es war der Ausgangspunkt für zahlreiche weitere Bildnisse im Auftrag des badischen Hofes gewesen, die seine Popularität als exzellenter Porträtist begründeten. 1912 korrespondierte er mehrmals mit dem Kunsthistoriker Joseph August Beringer (1862-1937) im Zusammenhang mit dessen ein Jahr darauf erscheinenden Publikation über „Badische Malerei im neunzehnten Jahrhundert“.[3] Dabei erwähnte er in einem Brief auch, wie sehr Ihre Königliche Hoheit, die Großherzogin, seine Bilder bevorzuge.[4] Die Großherzogin von Baden, Tochter Kaiser Wilhelms I., und der Großherzog schätzten Propheter aber offenbar nicht nur als Künstler, sondern ebenso als Mensch. Dies zeigt beispielsweise die Eröffnung eines Wohltätigkeitsbazars durch die Großherzogin 1905 in Mannheim, wobei neben den Herren aus Großbürger- und Unternehmertum wie Friedrich Engelhorn, Karl Lanz und August Röchling als einziger Künstler nur Otto Propheter aufgeführt ist.[5] Außerdem war er hin und wieder wohl auch zu Besuch beim Großherzogspaar, wie er auf den Postkarten an seine Schwester Emmy vermerkt.[6]

In den kommenden Jahren sollten sich dem Künstler noch mehr Gelegenheiten zu Porträts des Großherzogspaares bieten. Sein außergewöhnliches Talent, das besonders Charakteristische eines Menschen äußerst prägnant zu erfassen und auf die Leinwand zu bannen, war es auch, was ihn zum Porträtmaler befähigt hatte, nachdem er sich während seines Studiums an der Karlsruher Akademie Ende der neunziger Jahre zunächst dem Landschaftsfach zugewandt hatte. Ferdinand Keller (1842-1922), der selbst als anerkannter Porträtist der Gründerzeit sowie der großherzoglichen Familie galt, unterrichtete ihn fortan in der Porträtmalerei. Verglichen mit Propheter erscheinen Kellers Schöpfungen, der zugleich Historienmaler war, jedoch steifer, ungelenker und weniger individuell. Dies mag auch Propheters zukünftige Klientel überzeugt haben, von der er in den Folgejahren mit Aufträgen förmlich überschüttet wurde.

Abb. 1
Otto Propheter
(1875-1927)
Selbstbildnis
1896
Dauerleihgabe an die rem aus Augustusburg (Sachsen), Schloss Augustusburg
Foto: rem, Andreas Krock

Bis auf eine solide Ausbildung seitens seines Lehrers war Propheter von Ferdinand Keller künstlerisch eher weniger geprägt worden. Dagegen galt der in München lebende und wirkende Malerfürst

Franz von Lenbach (1836-1904) als sein besonderes Vorbild. Als einer der damaligen „Seelenmaler"[7], die es trefflich verstanden, auf den Porträts auch das Innen- und Seelenleben ihrer Dargestellten zum Ausdruck zu bringen, wurde er von einer gewissen Gesellschaftsschicht geradezu vergöttert. Die Wirkung Sigmund Freuds und die Anfänge der Psychoanalyse dürften dazu nicht unmaßgeblich beigetragen haben. Diese „Psychologisierung mit dem Pinsel" unterstützte Lenbach geschickt durch eine entsprechende Lichtführung auf seinen Porträts, wodurch er die Helligkeit der Gesichter vor einem meist dunklen Hintergrund noch steigerte. Otto Propheter folgte ihm darin gewissermaßen, allerdings moderater und weniger effektorientiert.

Ebenso wie bei ihren Eltern fiel auch Viktorias Wahl bei zwei ihrer Porträts, die sie noch als Kronprinzessin zeigen, auf Propheter als Maler. Sie zeugen von der engen und beständigen Verbindung zum Künstler, aber auch zu ihrer Heimat. Die badische Prinzessin, die später die Blumeninsel Mainau erbte und in Ägypten ihr Interesse für die Archäologie entdeckte, wurde in dem nordischen Land auch aufgrund gesundheitlicher Beschwerden nie recht heimisch. Schuld daran mag aber auch das problematische Verhältnis zu ihrem Ehemann Gustav V. von Schweden (1858-1950) gewesen sein, der nach der Geburt des dritten Sohnes 1889 aus seiner Homosexualität immer weniger ein Geheimnis machte. 1890 kam es schließlich auf Capri zur schicksalhaften Begegnung der Kronprinzessin mit dem schwedischen Arzt Axel Munthe (1857-1949), der dort seine sagenhafte Villa San Michele zu bauen begann, die dieser 1929 in seinen zwischen Dichtung und Wahrheit schwankenden Memoiren verewigte.[8] Bis heute ist das Verhältnis zwischen der damaligen Prinzessin und späteren Königin sowie der schillernden Figur des Modearztes nicht eindeutig geklärt. Neben Viktoria von Schweden, deren Leibarzt er seit 1908 war, suchten damals die unterschiedlichsten Berühmtheiten und Geistesgrößen Munthe in dem Ort Anacapri auf und nahmen seine Dienste in Anspruch, so zum Beispiel Kaiserin Elisabeth von Österreich, der russische Geistheiler Rasputin, der Objektkünstler Man Ray, Oscar Wilde mit seinem Geliebten Alfred Lord Douglas, Rainer Maria Rilke, der viermalige britische Premierminister William Gladstone und 1937 gar Hermann Göring, der jedoch hauptsächlich daran interessiert war, die Villa San Michele für sich zu erwerben.[9]

Ein legendärer und magischer Ort zugleich, dem Viktoria von Schweden regelrecht verfallen schien; regelmäßig kehrte sie dorthin zurück und ließ auf der schwedischen Insel Öland zwischen 1903 und 1906 die Villa Solliden als Sommersitz sogar nach dem Vorbild der Villa auf Capri erbauen. Noch heute wird diese Sommervilla auf Öland von der schwedischen Königsfamilie während der Sommerferien genutzt. Für den charismatischen Prominentenarzt auf Capri war seine Villa dagegen vor allem ein Mittel, die damalige High Society zu beeindrucken und sich bei ihr beliebt zu machen. Otto Propheter gelang dies dagegen mit seinen eleganten, feinsinnigen Porträts, mit denen er Adel und aufstrebendem Großbürgertum gleichermaßen zu gefallen wusste.

Sein erstes Bildnis Viktorias von Schweden (Abb. 2) entstand 1902, als sie sich anlässlich des 50-jährigen Regierungsjubiläums ihres Vaters in Karlsruhe aufhielt.[10] Es zeigt sie in Frontalansicht in voller Lebensgröße und nach rechts gewandt in einem äußerst eindrucksvollen Kleid aus cremefarbener Seide mit Spitzenbesatz, der damaligen Mode entsprechend. Das hochgeschlossene Oberteil wird durch ihren kostbaren Perlenschmuck betont; ferner durch eine Krawatte sowie ein Taillenband aus hellblauer Seide, die zusammen mit dem cremegelben Stoff des Kleides dezent auf die schwedischen Nationalfarben verweisen. Eine weitere Besonderheit dieser Zeit ist die kurze Schleppe, die nach vorne drapiert ist und der Darstellung trotz ihrer statuarischen Gesamtwirkung eine gewisse Dynamik verleiht.[11] Bei diesem Porträt handelt es sich vermutlich auch um das Bild, dessen Fertigstellung laut einer weiteren Postkarte Propheters an seine Schwester Emmy an seinen Nerven zehrte. Er klagt dabei über rheumatische Schmerzen in der Schulter sowie eine gerötete Nase und fühlt sich unter Druck gesetzt: „[...] – in 10 Tagen muß Bild der Königin verschickt werden, das ist kein Spaß – ich bin soo müd! [...]" Leider besitzt diese Karte weder Datum noch Poststempel. Das anmutige Bildnis der Kronprinzessin, auf dem ihr Blick allerdings ernst, fast bekümmert wirkt, befindet sich heute mit ungefähr 30 weiteren Porträts gekrönter Häupter Schwedens in der Bernadotte Galerie des Königlichen Palastes in Stockholm.[12]

Auf ihrem zweiten Bildnis im Profil nach rechts, das sie bis zur Hüfte zeigt, trägt sie ein Hermelincape, das die Kleidung darunter komplett verdeckt. (Es ziert übrigens auch den deutschen Wikipedia-Beitrag zu ihrer Person). Auch für dieses Porträt war ein denkwürdiger Anlass am badischen Hof ausschlaggebend gewesen. Am 20. September 1906 feierten das badische Großherzogspaar seine Goldene Hochzeit und das schwedische Kronprinzenpaar seine Silberne Hochzeit gemeinsam in Karlsruhe. Dies gab wohl auch den Anlass zum Porträt des schwedischen Kronprinzen als Pendant zu dem seiner Frau, womit Propheter ebenfalls beauftragt wurde. Ein Jahr darauf wurden beide König und Königin von Schweden.

Otto Propheter dürfte mit dem badischen Hof aufgrund seiner langjährigen und engen Verbindung bestens vertraut gewesen sein. Auch seine Wohnung in der Stephanienstraße 11 befand sich nur fünf Minuten vom Großherzoglichen Schloss und Park entfernt, so dass beides bequem zu Fuß zu erreichen war. Vermutlich hatte er diese ruhige Wohngegend mit ihren eleganten Jugendstilhäusern in direkter Nähe zum badischen Hof nicht ganz unabsichtlich gewählt. Die Stellung des Hofmalers, wie sie seit der Renaissance üblich war, gab es zu dieser Zeit zwar nicht mehr, aber dennoch wird sich Propheter von seinen Porträterfolgen für die großherzogliche Familie weitere Aufträge versprochen haben. Außerdem waren diese Porträts die beste Publicity für ihn, was sowohl die Auftragslage als auch seine Ernennung zum Großherzoglich badischen Professor bestätigten. Damalige Porträt- und Historienmaler wie Carl Theodor von Piloty (1826-1886) und Franz von Lenbach in München, Anton von Werner (1843-1915) in Berlin oder Hans Makart (1840-1884) in Wien ließen sich im unmittelbaren Umfeld der jeweiligen Residenzen nieder, wo sie oft hochrangige Positionen innehatten und mit entsprechenden Aufträgen von Adel und Großbürgertum betraut wurden.

Abb. 2
Otto Propheter (1875-1927)
Kronprinzessin Viktoria von Schweden (1862-1930)
1902
Königliche Sammlungen, Stockholm
Foto: Alexis Daflos/The Royal Court, Sweden

Aus Fürstenmalern wurden Malerfürsten, die meist auch noch geadelt wurden, was sich in ihrem Auftreten und einem entsprechenden Lebensstil bemerkbar machte. Propheters Vorbild Lenbach ließ sich zum Beispiel eine höchst herrschaftliche Neorenaissance-Villa am Münchner Königsplatz erbauen.[13] Ebenso wie auf der Leinwand wollten diese Künstler auch im Leben etwas darstellen, sodass Franz von Stuck (1863-1928), ein weiterer dieser Malerfürsten, 1911 resümierte: „Der Künst-

Abb. 3
Kaminuhr
Geschenk der schwedischen Königin Viktoria an Otto Propheter zu seinem 50. Geburtstag
1925
Privatbesitz
Foto:rem, Maria Schumann

ler verkehrt mit dem Hof, dem Adel und der höchsten Beamtenschaft auf gleichem Fuße."[14] Dies sagt einiges über diese Künstlerpersönlichkeiten und die Einschätzung ihrer Arbeiten aus.

Propheter blieb diesbezüglich bescheidener und wurde auch nie in den persönlichen Adelsstand erhoben wie seine Kollegen in Bayern oder Preußen, wo dies in Folge einer Ordensverleihung durch den jeweiligen Landesherrn üblich war. Anders als auch im Königreich Württemberg gab es im Großherzogtum Baden generell keinen Personaladel.[15] Aufgrund Propheters langjähriger Verbindung und Loyalität zum badischen Herrscherhaus bestand allerdings auch zur Kronprinzessin und späteren Königin Viktoria ein äußerst vertrautes Verhältnis. Die Vorbereitungen zu ihren Porträts dürften dazu ebenfalls beigetragen haben.

Es ist nicht geklärt, ob Viktoria die homosexuelle Veranlagung des Künstlers bekannt war. Sie dürfte aber zumindest etwas geahnt haben, auch aufgrund der Erfahrungen mit ihrem Mann sowie ihrem Cousin Prinz Max von Baden, dem späteren Reichskanzler, zu dem eine enge Bindung bestand. In gewisser Weise waren sowohl Viktoria von Schweden als auch Otto Propheter Opfer ihrer Zeit und der damit verbundenen Repressionen: Die Königin, die trotz der besonderen Beziehung zu ihrem Mann fast 50 Jahre an dessen Seite die Interessen ihres Landes nicht außer Acht ließ. Der Künstler, der sich in der Öffentlichkeit niemals zu seinen Neigungen bekennen konnte und deshalb auch gesundheitlich zeitlebens darunter litt.

1927 verstarb Propheter mit erst 52 Jahren und wurde mit allen Ehren in seiner Heimatstadt Mannheim beigesetzt. Zu seiner Beerdigung ließ Viktoria von Stockholm persönlich einen Kranz schicken.[16] Zwei Jahre zuvor hatte sie ihm noch anlässlich seines 50. Geburtstags eine kostbare Kaminuhr zum Geschenk gemacht, auf deren Vorderseite lediglich ein bekröntes „V" auf die Königin von Schweden verweist (Abb. 3). Der Zeitmesser aus Schwarzwälder Fabrikation und mit majestätischem Schlag befindet sich heute in Privatbesitz und erinnert an diese ungewöhnlich treue Verbindung zwischen dem Maler und seinem berühmten Modell.

*Der Artikel erscheint auch in der Publikation des Verfassers „Belle Époque – Das Zweite Goldene Zeitalter Mannheims und der Region".

1 Aus einem Konvolut von Postkarten Otto Propheters, in der Mehrzahl an seine jüngste Schwester Emmy adressiert. Für die freundliche Überlassung danke ich Edgar Heck, Mannheim.

2 Inv.-Nr. RMM 1995/10 LBW. Das Porträtgemälde wurde durch das Land Baden-Württemberg mit Staatlichen Toto- und Lottomitteln 1995 bei der Versteigerung der Sammlung der Markgrafen und Großherzöge von Baden im Neuen Schloss, Baden-Baden, für die Reiss-Engelhorn-Museen erworben.

3 Joseph August Beringer: Badische Malerei im neunzehnten Jahrhundert, Leipzig 1913 bzw. 2.erw. Auflage 1922: Badische Malerei 1770-1920.

4 Brief vom 28. Oktober 1912, Reiss-Engelhorn-Museen.

5 Informationsblatt zur „Eröffnung des Wohltätigkeits-Bazars, Samstag, 28. Oktober, Vormittags 11 Uhr durch Ihre Königliche Hoheit die Frau Großherzogin von Baden" mit Liste der beteiligten Personen, freundlicher Hinweis von Dr. Christmut Präger.

6 Postkarten-Konvolut, wie Anm. 1 „[...] Großherzogs hatten mich dieser Tage zum Essen haben wollen [...]".

7 Isabel Fechter: Treffender als das Leben selbst, in: Weltkunst, Heft 5, 2007, S. 46.

8 Axel Munthe: The story of San Michele, London 1929. 1931 erschien von Gudrun Uexküll-Schwerin die deutsche Übersetzung des Buches, das 1962 auch unter dem Titel „Axel Munthe – Der Arzt von San Michele" mit O. W. Fischer in der Hauptrolle verfilmt wurde.

9 DER SPIEGEL 8.11.1947, S. 19. (Archiv SPIEGEL-Verlag Rudolf Augstein GmbH & Co KG).

10 Ursula Sjöberg, Kerstin Hagsgård: Two centuries of Bernadotte Portraits, Stockholm 2008, S. 54.

11 Für die freundlichen Auskünfte zu moderelevanten und kostümgeschichtlichen Aspekten dieser Zeit danke ich Dieter Fels, Mannheim.

12 Sjöberg und Hagsgård, wie Anm. 10, S. 3.

13 Siegfried Wichmann: Franz von Lenbach und seine Zeit, Köln 1973, S. 213-226; Brigitte Gedon: Franz von Lenbach. Die Suche nach dem Spiegel, München 1999, S. 220ff.

14 Ulrike Knöfel: Nebel der Ewigkeit, in: DER SPIEGEL. Geschichte, Nr. 3, 2013, S. 132.

15 Roman Freiherr von Procházka: Nobilitierungen durch Ordensverleihungen, in: Herold-Jahrbuch 2 (1973), S. 109-113.

16 Neue Mannheimer Zeitung, Nr. 564, 6.12.1927 (StadtA MA - ISG, S 1 / 2725).

Liselotte Homering

Post von Albert Bassermann (1867-1952)

Anmerkungen zum Leipziger Gastspiel von 1924

Grit Arnscheidt in herzlicher Dankbarkeit

Wer immer einen Brief von Albert Bassermann, dem berühmten Mannheimer Bühnen- und Filmschauspieler, erhielt, der musste sich schon ein wenig Zeit nehmen fürs Lesen. Denn, wie der international geschätzte Mime und zweifache Mannheimer Ehrenbürger[1] vermutlich um 1920 ausführte: „Seit 35 Jahren bedine [sic!] ich mich – viel verlacht und viel gescholten – der phonetischen Schreibweise. Angeregt durch meinen Onkel, den Kapellmeister a.D. Ernst Bassermann, der sich im allgemeinen damit begnügte, das Dehnungs-H und E fortzulassen, war ich im Beginn ganz radikal und schreckte auch von [sic!] der Einführung neuer Zeichen nicht zurück für Laute, die in unserm Alphabet leider fehlen; nämlich für das Sch in dem Wort Schuld und die beiden verschiedenen Ch in den Wörtern Wach [sic!] und frech./ Das ergab nun allerdings ein so exotisches Schriftbild, dass ich wieder davon Abstand nahm. Überhaupt habe ich mit den Jahren wieder so manches geändert, denn die Sache hat ihre Tücken, und erst eine langjährige Erfahrung hat meine Schreibweise auf eine einfache Formel gebracht", die Bassermann anschließend ausführlich darstellt.[2]

Ein Beispiel für diese so originelle wie eigensinnige Schreibweise gibt auch ein Brief, den neuerdings der Mannheimer Altertumsverein für die Theater- und Musikgeschichtlichen Sammlungen der rem erworben hat. Albert Bassermann hat ihn am 21. September 1924 an den Direktor des Leipziger Schauspielhauses Fritz Viehweg (1880-1929) geschrieben. Hier zunächst die Zeilen im Wortlaut, dem man in etwa das Verfahren des Bassermann'schen phonetischen Schreibens gut entnehmen kann (Abb. 1 und 2):

Albert Bassermann
Berlin-Grunewald
Douglasstrasse 30
[Stempel in blauer Farbe]
21.IX.[19]24

Liber fererter her̄ direktor,
haben Si besten Dank für
Ire frdl. zailen fom 19. d. m.! – Also di sache
ist in ordnung u. wir freuen uns, nach so
langer zait wider einmal in Leipzig zu schpilen. –
Nun das repertoar!
„Baumeister Solness" und „Der große Bariton"

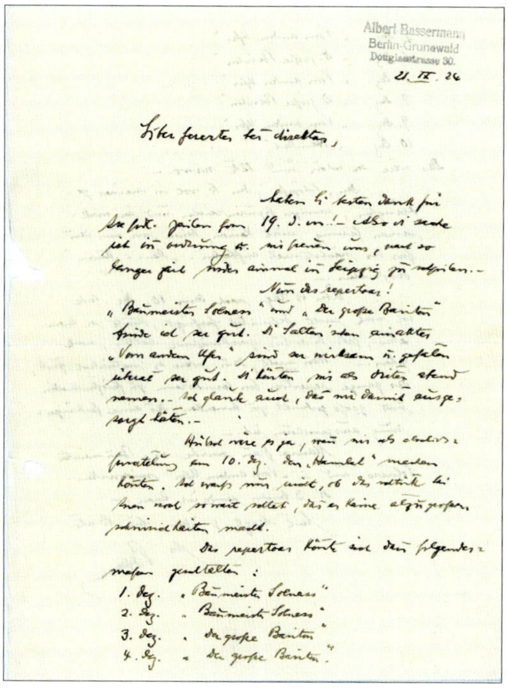
Albert Bassermann
Berlin-Grunewald
Douglasstrasse 30.
21.IX.24

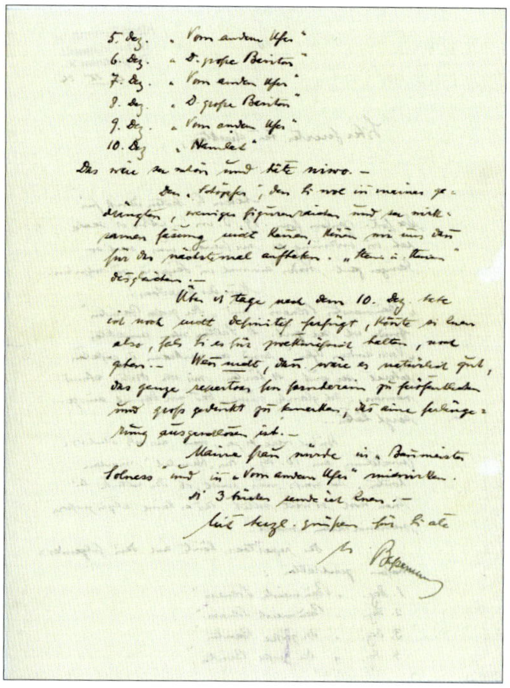

Abb. 1 und 2
Brief von Albert Bassermann an Fritz Viehweg vom 21. September 1924 recto (links) und verso (rechts)
MAV und rem, TMSL

Post von Albert Bassermann (1867-1952)

finde ich ser gut. Di Salten'schen einakter „Vom andern Ufer" sind ser wirksam u. gefal̄en überal̄ ser gut. Si kön̄ten wir als drit̄en abend nemen.- ich glaube auch, das w̄ir damit ausge= sorgt hät̄en.-

Hübsch wäre es ja, wen̄ wir als abschids- forstel̄ung am 10. dez. den „Hamlet" machen kön̄ten. Ich waiß nun nicht, ob das schtük̄ bai Inen noch so wait schtet, das̄ es kaine al̄zu großen schwirichkaiten macht.

Das repertoar kön̄te sich dan̄ folgender= maßen gestalten:

1. dez. „Baumeister Solness"
2. dez. „Baumeister Solness"
3. dez. „Der große Bariton"
4. dez. „Der große Bariton"/

[Rückseite]

5. dez „Vom andern Ufer"
6. Dez. „D. große Bariton"
7. Dez. „Vom andern Ufer"
8. Dez. „D. große Bariton"
9. Dez. „Vom andern Ufer"
10. Dez. „Hamlet"

Das wäre zu schön und hät̄e niwo. –

Den „Schöpfer", den Si wol in mainer ge= drängten, weniger figurenraichen und ser wirk= samen fas̄ung nicht ken̄en, kön̄en wir uns dan̄ für das nächstemal aufheben. „Stein u[nter]. Steinen" desgleichen.-

Über di tage nach dem 10. Dez. habe ich noch nicht definitif ferfügt, kön̄te si Inen also, fals Si es für zwek̄mäßich halten, noch geben. – Wen̄ nicht, dan̄ wäre es natürlich gut, das ganze repertoar fon fornherein zu feröf̄entlichen und groß gedruk̄t zu bemerken [?], das̄ eine ferlänge= rung ausgeschlos̄en ist. –

Maine frau würde in „Baumeister Solness" und in „Vom andern Ufer" mitwirken.

Di 3 bücher sende ich Inen. –

Mit herzl. Grüßen für Si al̄e

Ir Baßermann[3]

An dieser Stelle sei bereits angemerkt, dass Fritz Viehweg das Schreiben am 22. Dezember 1924 zusammen mit einem Brief (der den vom MAV erworbenen Dokumenten nicht beiliegt) des Schriftstellers Anton Wildgans (1881-1932), dessen nicht allzu zahlreiche Dramen auch im Leipziger Schauspielhaus gespielt wurden, an den ihm offenbar bekannten Generalkonsul von Philipp (wohnhaft in der Leipziger Kaiserin-August-Straße 19, heute Richard-Lehmann-Straße) sandte mit dem knappen Hinweis: „Anbei empfangen Sie einen Originalbrief Albert Bassermann's, der freilich inhaltlich nicht bedeutend, aber immerhin wegen der Bassermann'schen Schreibweise interessant ist. Ich sende Ihnen noch einen Brief von Anton Wildgans aus der allerletzten Zeit, der sich in der Sammlung Ihrer Frau Gemahlin vielleicht ganz gut ausnimmt."[4] (Abb. 3 und 4) Man kann mutmaßen, an welchen der beiden Brüder von Philipp der Direktor des Leipziger Schauspielhauses die beiden Briefe gleichsam als Weihnachtsgruß geschickt hat. Zur Auswahl stehen der Königlich Bulgarische Generalkonsul Fritz Gustav Max von Philipp oder der Königlich Bayerische Generalkonsul und Hofrat Dr. rer. nat. Hans Waldemar von Philipp. Da die Mitteilung Viehwegs nur an „Herrn Generalkonsul von Philipp" adressiert ist, dürfte es sich eher um den von akademischen Titeln freien Fritz von Philipp handeln. Außerdem befand sich nur das Bulgarische Konsulat, für das Fritz von Philipp verantwortlich zeichnete, in der 1910/11 erbauten schlossähnlichen Villa der Brü-

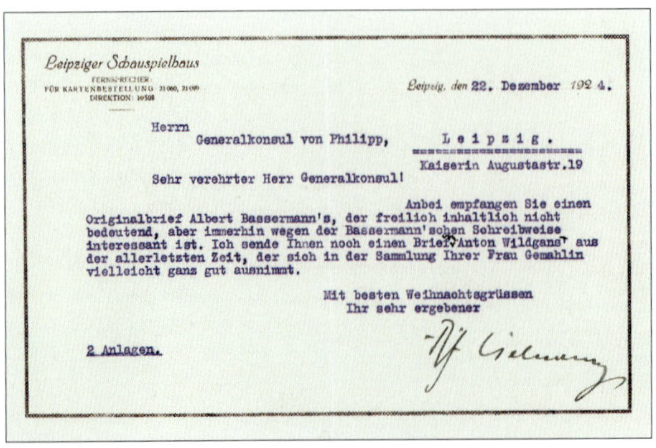

Leipziger Schauspielhaus
FERNSPRECHER:
FÜR KARTENBESTELLUNG 21000, 21099
DIREKTION: 10508

Leipzig, den 22. Dezember 1924.

Herrn
Generalkonsul von Philipp, Leipzig.
Kaiserin Augustastr.19

Sehr verehrter Herr Generalkonsul!

Anbei empfangen Sie einen Originalbrief Albert Bassermann's, der freilich inhaltlich nicht bedeutend, aber immerhin wegen der Bassermann'schen Schreibweise interessant ist. Ich sende Ihnen noch einen Brief von Anton Wildgans aus der allerletzten Zeit, der sich in der Sammlung Ihrer Frau Gemahlin vielleicht ganz gut ausnimmt.

Mit besten Weihnachtsgrüssen
Ihr sehr ergebener

2 Anlagen.

LEIPZIGER SCHAUSPIELHAUS

Herrn
Generalkonsul von Philipp,

Leipzig.
Kaiserin Augustastr.19.

Abb. 3 und 4
Schreiben von Fritz Viehweg an Fritz von Philipp (links) und der Briefumschlag zum Schreiben (rechts)
MAV und rem, TMSL

der in der Leipziger Kaiserin-Augusta-Straße 19.[5] Der mit seiner offiziellen Theaterkorrespondenz recht locker umgehende Fritz Viehweg (Abb. 5) wurde am 3. März 1880 in Dresden geboren, wo er zunächst auch als Schauspieler wirkte. Seit 1903 war er als Regisseur, dann ab 1911 als künstlerischer Leiter, schließlich von 1914 bis 1929 als Direktor des Schauspielhauses Leipzig tätig. Am 30. Juni 1929 ist er plötzlich aus dem aktiven Dienst heraus in Leipzig verstorben.[6]

Nun aber wenden wir uns dem geplanten Leipziger Gastspiel der Bassermanns im Detail zu. Seit 1908 war Albert Bassermann mit seiner Kollegin, der keinesfalls unbedeutenden Schauspielerin und Drehbuchautorin Else Schiff (1878-1961),[7] verheiratet und ging, wann immer es möglich war, gemeinsam mit ihr auf seine zahllosen Gastspielreisen (Abb. 6). Mehr noch: In der Regel machte er zur Vertragsbedingung, dass seine Frau zusammen mit ihm auftrat, wie auch im Fall der geplanten Leipziger Aufführungen im Jahr 1924 („Baumeister Solness" von Henrik Ibsen und „Vom andern Ufer" von Felix Salten). Doch kam es – aus welchen Gründen auch immer – in diesem Fall nur zum eingeschränkten gemeinsamen Erscheinen auf den Brettern, die die Welt bedeuten. Wie nämlich den stets sehr aufschlussreichen kleinen schwarzen Notizbüchern Albert Bassermanns, in denen er jeden seiner Auftritte akribisch und mit allerlei Zusatzinformationen gespickt festhielt, und die im Institut für Theaterwissenschaft der Freien Universität Berlin, Theaterhistorische Sammlungen, Nachlass Albert Bassermann, aufbewahrt werden, zu entnehmen ist, verlief das Leipziger Gastspiel anders als von Bassermann vorgeschlagen. Im Notizbuch VI, das den Zeitraum vom 12. Dezember 1917 bis zum 8. Juli 1925 umfasst, notiert Bassermann unter den laufenden Nummern 6233 bis 6245 für die Daten 1., 2., 3., 5. 7., 9. 10., 12., sowie 13. Dezember 1924 seine Auftritte in der amerikanischen romantischen Komödie in drei Akten von Fred und Fanny Hatton, deutsch von Leo Ditrichstein, „Der große Bariton" und für die Tage 4., 8., 11. und 14. Dezember 1924 sein Auftreten in der Tragischen Komödie „Traumulus" von Arno Holz (1863-1929) und Oskar Jerschke (1861-1928).[8] Damit waren sowohl Ibsens „Baumeister Solness", Saltens drei Einakter „Vom andern Ufer" und Shakespeares „Hamlet" unter den Tisch gefallen. Dass Saltens „Vom andern Ufer" möglicherweise kurzfristig gestrichen wurde, legt die Rezension zum ‚Großen Bariton' von Hans Georg Richter in der Leipziger Volkszeitung (LVZ) vom 3. Dezember 1924 nahe, in der noch „drei Einakter, in denen man sich dreimal umschminken, dreimal ein andrer werden kann" (wohl die Salten'schen) erwähnt sind.[9] Die Reduktion auf zwei Stücke hatte auch zur Folge, dass nur in einem der beiden, „Traumulus", auch Else Bassermann auftrat, und zwar in der Rolle der kapriziösen Lydia Link, „Mitglied des Stadttheaters".[10] So kam es, dass die jeweilige „Frau an seiner Seite" nicht seine Frau, sondern die seinerzeit in Leipzig engagierte, schon damals bekannte Theaterschauspielerin Lina Carstens (1892-1978) war (in den Rollen der italienischen Primadonna Giulia Sabattini im ‚Großen Bariton' und der Jadwiga, Frau von Professor Dr. Niemeyer, den Bassermann verkörperte, in „Traumulus"). Dafür aber dauerte das Gastspiel insgesamt vier Tage länger (bis zum 14. Dezember, nicht, wie geplant, nur bis zum 10. Dezember 1924; Viehweg hatte also diesen Vorschlag Bassermanns angenommen). Wie das schwarze „Notizbuch VI" darüber hinaus verrät, musste Albert Bassermann die „Traumulus"-Aufführung am 6. Dezember 1924 „wegen haiserkait" absagen.[11] Insofern ein kleines Nebenspiel des Schicksals, da Bassermann ohnehin für seine stets etwas heiser klingende Sprechstimme bekannt war[12] und sich das zweite Stück des

Abb. 5 (oben)
Fritz Viehweg (1880-1929)
Aus: 25 Jahre Leipziger Schauspielhaus, 1927
Bild: https://de.wikipedia.org/wiki/Datei:Fritz_Viehweg.jpg.

Abb. 6 (links)
Das Ehepaar Albert und Else Bassermann
Foto: Willinger Wien
Um 1920
Slg. Ernst Leopold Stahl, rem TMSL

Gastspiels, „Der große Bariton", ausgerechnet um die Rolle eines berühmten Sängers drehte, dessen Karriere wegen zunehmender Heiserkeit rasant zu Ende geht. Auch Erich Werbezahl ging in seinem Nachruf vom 22. Mai 1952 auf dieses Faktum und dessen Bedeutung für Bassermanns Darstellung besonders im ‚Großen Bariton' ein: „Bassermanns von Natur aus brüchige und heisere Stimme hat ihm zu Anfang den Erfolg streitig gemacht, bis er dies Gebrechen zu einem Mittel seiner Kunst umgewertet und gerade damit hervorragende Wirkungen erzielt hat. In einem seiner bevorzugten" Stücke, „dem amerikanischen Reißer ‚Der große Bariton', hat Bassermann einen Opernsänger gestaltet, dem während der Vorstellung die Stimme versagt, so daß er abbrechen muß. Bassermann hat hier den Sänger ohne Stimme so täuschend nachgeahmt, was ihm bei normaler Stimmlage kaum möglich gewesen sein dürfte."[13]

Dass beim Gastspiel von 1924 schließlich die großen ernsten Rollen, mit denen Bassermann häufig zuvor in der Messestadt gastiert hatte,[14] diesmal fehlten, monierten – womöglich zum Verdruss Bassermanns, der ja anderes vorgeschlagen hatte – sowohl der Rezensent von der sozialdemokratisch geprägten Leipziger Volkszeitung als auch der des eher liberal ausgerichteten Leipziger Tageblatts. So schrieb Hans Georg Richter von der LVZ: „Vor einigen Jahren noch kam Bassermann mit seinen Ibsenrollen aus der großen Zeit des naturalistischen Theaters unter Otto Brahm, kam als Volksfeind, als Noras Helmer, als Wildenten-Hjalmar nach Leipzig. Nun, da er gänzlich, wie sein Großer Bariton, ein gastierender Künstler geworden ist, hat er sich mehr und mehr auf das eigentlich Komödiantische, auf die große Rolle um ihrer selbst willen geworfen, auf Rollen, die für Bassermann da sind, statt auf Dichter, für die Bassermann da sein könnte."[15] Aber Albert Bassermann wäre nicht der großartige Menschendarsteller Bassermann gewesen, wenn er nicht auch noch so schalen Rollen etwas von seinem stets geradezu fanatisch rollenanalysierenden Geist hätte einhauchen können. (Abb. 7) Und so konzediert auch Richter schließlich, selbst wenn er zunächst nochmals einschränkt: „Es bleibt das Bedauern: der große Schauspieler Albert Bassermann ist eigentlich doch für menschlich wesentlichere Aufgaben da. Er ist kein Pallenberg[...][16], der sich die Rolle zurechtmacht, eigentlich niemals irgendeine bestimmte, sondern nur mit [im Original gesperrt] einer Rolle spielt. Gegenüber dem Stegreifspieler Pallenberg ist Bassermann der geborene Literaturspieler. Man wird seinen Volksfeind, seinen Hamlet immer allen Baritönen beider Hemisphären vorziehen./ Daran ändert nichts, dass er es köstlich macht. Mit jener sanften Noblesse, die dem großen Liebhaber, dem echten Don Juan in allen Volksschichten und bei allen Völkern eigen ist. Einer von denen, die allen Frauen dasselbe sagen, aber bei jeder klingt es wie zum erstenmal. Kindlich egoistisch und kindlich gutmütig zugleich, ohne Gesinnung, aber eigentlich auch ohne Hintergedanken. Der Mensch, der immer sich selber in Szene setzt, auf der Bühne, bei den Frauen, und, wenn es sein muß, auch bei dem Theaterdirektor. Das alles macht Bassermann als ein schöner, schlanker, unendlich überlegener Kavalier, den sein italienisches Temperament wohl mal gelegentlich zu einer kleinen Gassenszene hinreißt, der aber auf den Brettern gelernt hat, sich zu benehmen, und der es darum, weil es sein eigenstes Handwerk ist, weit besser versteht als die Unzähligen, die im Vertrauen auf ihre ‚gute Kinderstube' die allerärgsten Flegel sind."[17]

Auch das berühmte zweite Stück des Gastspiels, die Tragikomödie von Arno Holz und Oskar Jerschke „Traumulus" (Abb. 8), zählte mit der Rolle des allseits betrogenen und doch integer bleibenden alternden Pädagogen Prof. Dr. Niemeyer, „Direktor des Königlichen Gymnasiums", zu den Paraderollen Albert Bassermanns. Trotz aller Schwächen des Stücks ist es wiederum Hans Georg Richter, der die herausragende Darstellung Bassermanns rühmt: „Nur solange Bassermanns Menschengestaltung in der Mitte steht, kann man die falschen Voraussetzungen der Handlung vergessen über dem bezwingenden Wesen eines Mannes, dessen kindlicher Menschen- und Gelehrtenadel über jeden Zweifel erhaben ist, der sich über die moralische Minderwertigkeit seiner Mitmenschen weit mehr wundert als entrüstet. Wenn er die Brille auf die Stirn schiebt, dann guckt er mit seinen kurzsichtigen Augen auf die Welt wie ein lieber Gott, der sich schämt, weil sie ihm nicht recht gelungen ist. [...] Wenn Holz das gedichtet hätte, was Bassermanns Schauspielkunst dazu dichtet, dann wäre es ein ganzes Gedicht."[18]

Uneins im Hinblick auf die Beurteilung der schauspielerischen Durchdringung ihrer Rolle in

Abb. 7
Albert Bassermann
Gastspiel in Leipzig
„Der große Bariton"
Reproduktion einer Zeichnung mit Unterschrift von Albert Bassermann
Leipziger Tageblatt vom 3. Dezember 1924, S. 5.
Illustrator nicht identifiziert
Stadtarchiv Leipzig

Abb. 8
Albert Bassermann als Professor Dr. Niemeyer in „Traumulus"
Rollenfotografie (Repro)
von Hans Boehm
Slg. Ernst Ruess, rem
TMSL

„Traumulus" waren sich die Herren Rezensenten im Hinblick auf Else Bassermann. „M.K.", Rezensent des Leipziger Tageblatts, schrieb wenig schmeichelhaft: „Die schwächste Besetzung fand das libertine Tierchen [Lydia Link, Schauspielerin] durch Else Bassermann [im Original gesperrt gedruckt], die nicht den Charme, nur die Schärfe der versierten Schauspielerin aufweist."[19] Wie es scheint, weniger voreingenommen urteilte Hans Georg Richter: „Frau Schiff-Bassermann macht eine so anmaßende Kokette mit so trefflicher Gemeinheit wie Frau Carstens das gleiche als Professorgattin [sic!] auf bourgeoisem Niveau."[20]

Der künstlerische Erfolg war mit diesem ausgedehnten Gastspiel also durchaus gegeben, ebenso wie der finanzielle. In der wirtschaftlich überaus problematischen Zeit (Stichwort: Hyperinflation) stimmten immerhin die Einnahmen, die Albert Bassermann wiederum akribisch Abend für Abend in seinem Notizbuch festgehalten hat: 16.000 Mark brachte dem Ehepaar der Leipziger Aufenthalt ein, wovon vermutlich noch relativ geringe Kosten für eine vermittelnde Agentur abgegangen zu sein scheinen. Ob davon noch Unterhalts- und Unterbringungskosten abzuziehen waren, könnte nur ein mit Viehweg abgeschlossener Vertrag erweisen. Immerhin gibt das Notizbuch noch Auskunft über die standesgemäße Unterkunft der Bassermanns: Hotel „Der Kaiserhof" (Abb. 9), Zimmer „N° 16 u. N° 17 Schlafzimmer [sic!) mit Bad. N° 25 Eßzim̄er".[21]

Grit Arnscheidt und Peter Galli haben for kurzem gemainsam und auf forbildlichste waise di „Kommentierte Edition einer Schenkung von Papieren aus Familienbesitz" des bedeutenden Mannheimer unternemers und liberalen politikers Friedrich Daniel Bassermann (1811-1855) aus anlas̄ von des̄en 200. geburtstag publizirt.[22] Hirbai gelang es inen auch, waitgehend unbekan̄tes aus der zait von des̄en tätichkeit als mitglid des Mannheimer Hoftheaterkomitees (1843 bis 1848) zu tage zu fördern.[23] Gerade an diser persönlichkait wurde wider deutlich, wivil künstlertum oder zumindest ferständnis für kunst und kultur in der weitferzwaigten Bassermann'schen familie lag und ligt. Wofür nicht nur Friedrich Daniel Bassermann, sondern u.a. auch der beraits erwänte kapel̄maister Ernst Bassermann, der schauschpiler und opernsänger Adolf Bassermann (1866-1943), der schauschpiler und intendant Dr. August Bassermann (1847-1931) oder in neuerer zait die pianistin Ellen Bassermann (1925-2017) baischpilgebend schtehen. Und nicht zuletzt der berümte schauschpiler Albert Bassermann, in dem ekzel̄entes künstlertum, herforragende menschliche aigenschaften, an entschaidenden schtel̄en auch konsekwent praktizirte indiwidualität, wi dis nicht nur, aber auch saine fonetische schraibwaise demonstrirt, zusam̄entrafen in einer warhaftigen, integren persönlichkait, di noch heute, besonders in schwirigen zaiten forbildhaft wirken kan̄.

Abb. 9
Hotel „Der Kaiserhof"
in Leipzig
Historische Ansichtskarte
(Ausschnitt)
Um 1920
Privatbesitz

Post von Albert Bassermann (1867-1952)

1 Zur „zweifachen" Ehrenbürgerschaft vgl. Liselotte Homering: Albert Bassermann. Schauspieler – Ehrenbürger – Weltbürger, in: Badische Heimat Heft 4, 2003, S. 643-652, besonders S. 648f. und S. 651.

2 Albert Bassermann: Die neue Schreibweise, in: Dagmar Walach (Hrsg.): Albert Bassermann, Briefe an den Vater (1889-1891). Berlin 2003, S. 15-18, S. 15 und Anm. S. 60. Ernst Bassermann (1852-1925) war ein jüngerer Bruder von Alberts Vater Wilhelm Bassermann (1839-1906).

3 Hier einige Erläuterungen zu dem Brief Albert Bassermanns, sofern sie nicht im Text ausführlich dargestellt werden: „Baumeister Solness", Schauspiel von Henrik Ibsen (1828-1906), deutsche Erstaufführung 19. Januar 1893, Lessingtheater Berlin; „Der große Bariton" ("The Great Lover"), amerikanische Komödie von Fred (1879-1946) und seiner Ehefrau Fanny Hatton (1875-1939), Uraufführung am 10. November 1915 Longacre Theatre New York, deutsch von Leo Ditrichstein (1865-1928), Berlin 1922; „Vom andern Ufer" (I. „Graf Festenberg", Komödie, II. „Der Ernst des Lebens", Schauspiel, III. „Auferstehung", Komödie), drei Einakter von Felix Salten (1869-1945) Berlin 1908 [Titelblatt 1907]; „Hamlet", Tragödie von William Shakespeare (1564-1616, Uraufführung 1609); „Der Schöpfer", Schauspiel in vier Aufzügen von Hans Müller-Einigen (1882-1950), Stuttgart 1918; „Stein unter Steinen", Schauspiel in vier Akten von Hermann Sudermann (1857-1928), Stuttgart 1905, Uraufführung am 7. November 1905, Lessingtheater Berlin.

4 Das kurze Anschreiben liegt mitsamt dem adressierten Umschlag dem Brief Bassermanns bei und wurde vom MAV miterworben.

5 Vgl. „Fritz Schulz jun. AG" aus Wikipedia, https://de.wikipedia.org/wiki/Fritz_Schulz_jun._AG, abgerufen am 6. März 2017. Mehr zur interessanten Verbindung der Brüder von Philipp zur Firma Fritz Schulz jun. AG Chemische Fabriken und Kieselkreidebergwerke, Blechemballagen und Kartonagenfabriken in diesem Artikel. Dort auch eine Abbildung der Villa der Brüder von Philipp.

6 Zu Fritz Viehweg siehe: http://www.biogramme.de/vita/Viehweg--Fritz.htm, abgerufen am 31. Mai 2917, und „Leipziger Schauspielhaus", aus Wikipedia: https://de.wikipedia.org/wiki/Leipziger_Schauspielhaus, abgerufen am 6. März 2017.

7 Vgl. Gerlinde Waz: Fragmente eines Lebens. Die Schauspielerin und Drehbuchautorin Else Schiff-Bassermann in: FILMEXIL 12/Oktober 2000. Eine Publikation des Filmmuseums Berlin – Deutsche Kinemathek, S. 25-32, und Homering, wie Anm. 1, S. 647.

8 Notizbuch VI, S. 126f. Institut für Theaterwissenschaft der Freien Universität Berlin, Theaterhistorische Sammlungen, Nachlass Albert Bassermann.

9 Hans Georg Richter: Der große Bariton. Albert Bassermann im Schauspielhaus, in: Leipziger Volkszeitung vom 3. Dezember 1924, ohne Paginierung, Stadtarchiv Leipzig.

10 Vgl. die Ankündigungen in der Leipziger Volkszeitung vom 4. Dezember 1924, im Leipziger Tageblatt vom 4. Dezember 1924, S. 14, sowie die Rezensionen in den beiden genannten Zeitungen. Stadtarchiv Leipzig.

11 Notizbuch VI, wie Anm. 8, S. 127.

12 Vgl. u.a. auch Adolf Bassermann: Albert Bassermann, in: Bassermann'sche Familiennachrichten, hrsg. von Ernst und Kurt Bassermann, Heft 4, 21. Mai 1910, S. 135-148, S. 139f. und Homering, wie Anm. 1, S. 644.

13 Erich Werbezahl: Der Grandseigneur unter den deutschen Schauspielern. Zum Tode Albert Bassermanns, in: Die Zeit Nr. 21, 1952, http://www.zeit.de/1952/21/der-grandseigneur-unter-den-deutschen-s..., abgerufen am 6. Juli 2017.

14 Bassermann gastierte mit seiner Frau seit 1908/09 in regelmäßigen Abständen bis 1934 in Leipzig in den unterschiedlichsten Rollen in Schauspielen u.a. von Henrik Ibsen, Gerhart Hauptmann, Franz und Paul von Schoenthan, Arthur Schnitzler, Johann Wolfgang Goethe und Hermann Sudermann. An dieser Stelle sei Dr. Peter Jammerthal vom Institut für Theaterwissenschaft, Theaterhistorische Sammlungen, FU Berlin für seine hilfreichen Informationen herzlich gedankt. Es war gerade das für 1934 geplante Gastspiel von Albert und Else Bassermann im Leipziger Schauspielhaus, das zur Emigration des Paares führte. Else Bassermann, nach nationalsozialistischer Definition „nicht-arischer" Herkunft, sollte ihr Auftritt untersagt werden. Daraufhin sagte Albert Bassermann das Gastspiel ab, erklärte 1934 offiziell seinen Austritt aus der „Genossenschaft Deutscher Bühnenangehörigen [sic!]", deren Ehrenmitglied er seit 1919 war und emigrierte mit seiner Frau und seiner Tochter über mehrere europäische Stationen in die USA (vgl. Homering, wie Anm. 1, S. 648ff.).

15 Max Pallenberg (1877-1934), österreichischer Charakterkomiker.

16 Hans Georg Richter, wie Anm. 5.

17 Derselbe, ebenda.

18 Hans Georg Richter: Traumulus. Bassermann-Gastspiel im Schauspielhaus, in: Leipziger Volkszeitung vom 6. Dezember 1924, Stadtarchiv Leipzig.

19 Die mit „M.K." gezeichnete Kritik stammt aus dem Leipziger Tageblatt vom 6. Dezember 1924, S. 6. Stadtarchiv Leipzig.

20 Leipziger Volkszeitung vom 6. Dezember 1924. Stadtarchiv Leipzig.

21 Notizbuch VI, wie Anm. 8, S. 126.

22 Arnscheidt, Grit und Peter Galli: Friedrich Daniel Bassermann. Zum 200. Geburtstag eines bedeutenden Mannheimers. Kommentierte Edition einer Schenkung von Papieren aus Familienbesitz. Heidelberg/Ubstadt-Weiher/Neustadt a. W./Basel 2011.

23 Ebenda, S. 252-263.

Irmgard Siede

St. Peter in Mannheim

Für Grit Arnscheidt zu ihrem 80. Geburtstag am 7. Juni 2017

Betritt ein Mitarbeiter der rem die Bibliothek des Museums in B 4 und hat das Vergnügen, mit Grit Arnscheidt ins Gespräch zu kommen, so erkundigt sie sich stets nach den aktuellen Forschungs- und Ausstellungsprojekten. Kommt man dann ins Plaudern, so gibt sie fast immer aus ihrem breit gefächerten Wissensborn gute und spannende Hinweise – ein Spiegel ihres großen Interesses an den Projekten des Hauses.

Daher sei ihr im Jahr der Mannheimer Päpste-Ausstellung eine Miszelle zu der einzigen Mannheimer Kirche gewidmet, die das Patrozinium des als erster Papst verehrten heiligen Petrus trägt: St. Peter (Abb. 1) in der Augartenstraße 86 in der Schwetzinger Vorstadt. Als Mannheim 1607 planmäßig gegründet wurde, gab es keine dem heiligen Petrus geweihte Kirche. Die Schlosskirche trug das Patrozinium Mariae Heimsuchung, die Jesuitenkirche wurde den Jesuitenheiligen Franz Xaver und dem heiligen Ignatius von Loyola geweiht; dann gab es St. Sebastian oder die Konkordienkirche, die den beiden reformierten Konfessionen gemeinsam diente. Diese Situation spiegelt die Tatsache, dass mit einer Patrozinienwahl jeweils gewisse Vorstellungen zum Wirken und zur Hilfe der Patrone auch in der Zukunft verbunden waren.

Als in der zweiten Hälfte des 19. Jahrhunderts die südlichen Auen vor der Stadt zunehmend bebaut wurden und neben kleineren Fabriken auch Wohnkomplexe entstanden, wurden neue zusätzliche Orte der Seelsorge notwendig. Zunächst entstand dort die neogotische Kirche Heilig Geist; als die Bebauung weiter ging, kam in den zwanziger Jahren des 20. Jahrhunderts St. Peter hinzu. Es war der Wunsch des damaligen Erzbischofs Karl Fritz (1920-1931), der sich nach dem Ersten Weltkrieg für eine Neubelebung des katholischen Lebens eingesetzt hatte, dass dieses Gotteshaus dem heiligen Petrus geweiht werden sollte.

Der Petruskult lebte bereits im Historismus wieder auf. Im Fuldaer Dom wurde in dieser Zeit eine überdimensionale Bronzekopie der Statue des heiligen Petrus im Petersdom in Rom aufgestellt. Fulda war damals seit etwa einem Jahrhundert Bischofssitz. Im Zuge der nationalen Bewegung wurde Bonifatius zum „Apostel der Deutschen". Aus Anlass des Bonifatiusjubiläums 1855 genehmigte Papst Pius IX. (1846-1878), mit dem übrigens das Unfehlbarkeitsdogma zu verbinden ist, der Gesamtkirche die Verehrung von Bonifatius als Heiligem. Offenbar sollte durch einen gewaltigen Petrus diese Stellung Fuldas als ehemaliges päpstlich autorisiertes Missionszentrum Deutschlands nach außen für alle sichtbar und deutlich werden. Kleinere Bronzekopien der Sitzfigur des heiligen Petrus im Petersdom wurden zum Beispiel auch in Worms oder Eguisheim aufgestellt.

Die Mannheimer Peterskirche, die im Stil der neuen Sachlichkeit von Hermann Otto Künkel entworfen, 1927-1929 errichtet und 1930 geweiht worden war, nahm in der ursprünglichen Gestalt von

Abb. 1
Die heutige Außenansicht von St. Peter in Mannheim
Foto: Irmgard Siede

Architektur und Ausstattung eng auf das Peterspatrozinium Bezug.

Nach starken Kriegsschäden – am 5./6. September 1943 brannte die Kirche aus – wurde das Gotteshaus nach Plänen von Adam Müller wiederhergestellt. Der Wiederaufbau war 1952 vollendet. Es handelt sich heute um ein Langhaus mit hohen Rechteckfenstern und Satteldach sowie einem seitlich angesetzten Turm. Vor dem Zweiten Weltkrieg besaßen die Seitenfenster Dreiecksgiebel, darüber waren Rautenfenster angebracht. Beides wurde beseitigt.

Nur an der Sakristei ist die ursprüngliche Fensterform erhalten. Der Staffelgiebel und das große Spitzbogenfenster der Portalwand, aber auch die Dreiecksgiebel der Portalanlage wurden beim Wiederaufbau entfernt bzw. abgeschlagen. Die Reliefs über den Portalen mit Petrusszenen stammen aus den dreißiger Jahren, ebenso wie die Muttergottes von Emil Sutor im Innern. Der einstige Kreuzweg wurde durch die von Siegfried Fricker 1955-1957 geschaffenen Stationen wieder hergestellt.

Der neugestaltete Innenraum besitzt ein Chorwandbild in Sgraffito und Mosaik von Oskar Martin Amorbach mit Anklängen an Mosaike der päpstlichen Basiliken in Rom, es zeigt die Verklärung Christi.

Die einstige Chorausstattung (Abb. 2) zeigte Anklänge an italienische Verklärungsbilder seit Giotto, die um 1500 auch als Vision Petri formuliert werden konnten. Der Chor wies einen spitzbogigen Triumphbogen und Wandmalereien von Willy Oeser auf, dem 1966 in Heidelberg verstorbenen Kirchenmaler und Glaskünstler. Im Scheitel des Triumphbogens war Christus als Halbfigur mit ausgebreiteten Armen zu sehen, zu beiden Seiten je drei Anbetende. Der Hochaltar war als gotisches Retabel gestaltet, vergleichbar italienischen Retabeln aus dem 14. Jahrhundert, sodass durch die Dreiecksgiebel der seitlichen Chorkapellen, der Fenster und des Altars eine Rhythmisierung des Raums gegeben war. Ein gewaltiger stehender heiliger Petrus bestimmte die Chorrückwand, kein jugendlicher Apostel, sondern ein von spätgotischen Petrusdarstellungen inspirierter segnender Papst mit Tiara, Pluviale und den Schlüsseln.

Abb. 2
Die ursprüngliche Innengestaltung von St. Peter in Mannheim
Aus: Hans Huth: Die Kunstdenkmäler des Stadtkreises Mannheim I, München 1982, Abb. 536

Die ikonographischen Elemente dieser Darstellung in St. Peter spiegeln Vorstellungen, die im Pontifikat Pius XI. (1922-1939) kursierten: Damals wurden die Leitlinien für eine friedfertige Gesellschaftsordnung auf dem Fundament der katholischen Religion festgelegt; 1929 wurde der Katholizismus in Italien zur Staatsreligion erklärt. Dem entspricht ein Rekurrieren im päpstlichen Amtsverständnis auf den heiligen Petrus als ersten Papst. In Mannheim war damals Joseph Bauer (1902-1946) Stadtdekan. Er war ein großer Verehrer der Päpste und versuchte, den Katholizismus mit dem Papst als Zentralfigur zu stärken. Das Apsisprogramm in St. Peter fügte sich diesen Bemühungen. Wie Petrusdarstellungen von jeher oft ein Reflex auf die Stellung des Papstes waren, so auch 1929 in Mannheim: Die beherrschende Figur mit Tiara und Schlüsseln spiegelt das Wiedererstarken kirchenpolitischer Befugnisse des Papstes bzw. sein Eingreifen in die Gesellschaftspolitik und die zentrale Position, die ihm dabei zugedacht war.

So erklären sich die ganz starke Betonung des heiligen Petrus als Papst an der Chorwand und an der Eingangsfront über dem Mittelportal die Szene der Schlüsselübergabe sowie über den Seitenportalen links der wundersame Fischfang und rechts die Verklärung..

Literatur

Hans Huth: Die Kunstdenkmäler des Stadtkreises Mannheim I, München 1982, S. 711-714, Abb. 536

Vollmer, Hans: Allgemeines Lexikon der bildenden Künstler des XX. Jahrhunderts, Bd. 3, Leipzig 1056, S. 508

Thieme, Ulrich – Becker, Felix: Künstlerlexikon, Bd. 25, Leipzig 1931, S. 573

Albert, Reiner: Das Zeitalter von Papst Pius X., dem Patron der St. Piuskirche, in: Mannheimer Geschichtsblätter 32, 2016, S. 54-64

Stephanie Herrmann

Amalie Struve: „Frauenrechte sind Menschenrechte!"

Erinnerungen an die Mannheimer Frauenrechtlerin, Schriftstellerin und Revolutionärin[1]

Dr. Grit Arnscheidt zum 80. Geburtstag in herzlicher Verbundenheit

In „Deutsche Geschichte im 19. Jahrhundert" behauptete der schon zu Lebzeiten umstrittene Historiker Heinrich von Treitschke 1879 „Männer machen die Geschichte" und artikulierte damit einen generellen Gedanken, der für die vorangegangenen Jahrhunderte gelten sollte und dem wohl nur wenige seiner Zeitgenossen widersprochen hätten.[2]

Zwar gab es in Deutschland schon immer Frauen mit politischer Macht und großem Einfluss. Kaiserinnen wie die byzantinische Prinzessin Theophanu, die als Ehefrau des deutsch-römischen Kaisers Otto II. zur mächtigsten Frau des Abendlandes aufstieg; Königinnen wie Luise von Preußen, die Napoleon, dem damals mächtigsten Mann Europas, die Stirn bot; oder die oft vergessenen Äbtissinnen der weltlichen Frauenstifte, etwa Maria Kunigunde von Sachsen, die als Fürstäbtissin des Reichstifts Essen nicht nur ihre innenpolitischen Befugnisse souverän zu nutzen wusste, sondern als weitsichtige Investorin zur Pionierin der Schwerindustrie im Ruhrgebiet wurde, eine Leistung, die heute hauptsächlich einem Mann zugeschrieben wird: Alfred Krupp. Es wären noch viel mehr prominente Frauen anzuführen, doch alle Namen änderten nichts an der Tatsache, dass es sich um Einzelbeispiele in einer ansonsten männerdominierten Historiographie handeln würde.

Anzeichen für eine gleichberechtigte Wahrnehmung von Frauen lassen sich in Deutschland erst seit Anfang des 19. Jahrhunderts erkennen: So luden die Flugblätter mit dem Aufruf zum Hambacher Fest am 27. Mai 1832 – der Geburtsstunde der Demokratie in Deutschland – neben den Bürgern auch alle Bürgerinnen ausdrücklich mit ein: „Deutsche Frauen und Jungfrauen, deren politische Mißachtung in der europäischen Ordnung ein Fehler und Flecken ist, schmücket und belebet die Versammlung durch eure Gegenwart!"[3] Dies war ein Anfang, wie das Fest ein Anfang für das war, was 16 Jahre später mit der Revolution Wirklichkeit werden sollte.

Damit lagen die Deutschen Staaten in puncto Emanzipation deutlich hinter dem Mutterland der Revolution zurück. In Frankreich hatte bereits 1791 die leidenschaftliche Kämpferin für Frauenrechte, Olympe de Gouges, in Anlehnung an die Erklärung der Menschenrechte in Paris ihre „Erklärung der Rechte für Frau und Bürgerin" verfasst. Ihre Argumente waren scharf formuliert: „Wenn Frauen das Recht haben, das Schafott zu besteigen; dann müssen sie gleichermaßen das Recht haben, die Rednertribüne zu besteigen!"[4] 1848 reklamierten einige Frauenvereine in Frankreich sogar schon das Wahlrecht sowie ein Recht auf bezahlte Arbeit – eine in dieser Zeit ganz und gar ungeheuerliche Forderung.

Die Revolutionsereignisse von 1848/49 sollten auch in Deutschland eine Wendung in der Wahrnehmung von Frauen einläuten. In diesem Urknall für die moderne politische Kultur, in dem sich das Parteienspektrum herausbildete und die unteren Schichten sich zu emanzipieren begannen, wagten sich nun erstmals auch Frauen in die männlich bestimmte Politik. Sie waren dabei als Zuschauerinnen, als Helferinnen und schließlich auch als Mitkämpferinnen. Sie saßen auf den Zuschauertribünen der Nationalversammlung in der Frankfurter Paulskirche und verschafften sich notfalls auch lautstark Gehör.

Der Schweizer Dichter und Politiker Gottfried Keller, der die Jahre 1848/49 in Deutschland verbrachte, erinnerte sich, die Frauen hätten vorwiegend auf der „Herzseite der Menschheit", also auf der Linken, gesessen. Und für die aus Karlsruhe stammende Frauenrechtlerin und Demokratin Henriette Obermüller waren die Frauen ohnehin „[...] bessere Democraten, geborene Democraten, da sie die Liebe und die Menschlichkeit verkörpern".[5]

Allerdings genügte immer mehr Frauen die passive Rolle der Zuhörerin auf Dauer nicht. In Mannheim gründeten sich zur Unterstützung der Revolution mit den Vereinen „Concordia" und „Germania" gleich zwei demokratische Frauenvereine. Sie sammelten Geld für eingekerkerte und flüchtige Republikaner und bemühten sich um eine überregionale Organisation – dabei agierten sie äußerst vorausschauend. So vermieden sie es, ihre Vereinsstatuten schriftlich zu formulieren, damit nicht – wie es in den Akten heißt – die „hochlöbliche Polizei ihre Nase hineinstecken könne".[6] Ihr gesellschaftspolitisches Engagement brachte die Frauenvereine zwangsläufig in Konflikt mit den herrschenden Weiblichkeitsvorstellungen und wurde infolgedessen von den satirischen Blättern mit Wonne persifliert. Waren schon die Zuhörerinnen in der Paulskirche ein häufiges Sujet, so wurden die Vereinsfrauen (Abb. 1), jene „politisierenden Frauenzimmer", die noch nicht einmal wahlberechtigt waren, aber dennoch anstrebten, sich aktiv mit Politik zu befassen, zu einem für die Karikaturisten schier unerschöpflichen Thema.[7]

Frauen kämpften an vorderster Front für die Freiheit und ein neues Deutschland und riskierten in der Revolution von 1848/49 ihr Leben. Besonders in der Badischen Revolution, die die demokratische Republik am konsequentesten forderte und die beim Heckerzug, im Struve-Putsch und in der Mai-Revolution bürgerkriegsähnliche Ausmaße annahm, zählten auch Frauen zu den Akteuren.

Die wenigen Darstellungen der tumultuarischen Geschehnisse in jenen 17 Monaten lassen an der aktiven Teilnahme von Frauen keine Zweifel. Geradezu paradigmatisch ist „Errichtung und Verteidigung der Barrikaden an der Mannheimer Rheinbrücke". Die Graphik (Abb. 2), ganz in der Tradition von Eugene Delacroix' „Die Freiheit führt das Volk" (1830), zeigt die blutigen Kämpfe zwischen Handwerksgesellen und Militärs am 26. April 1848. Zwar stehen die meisten Frauen abseits, doch es ist unverkennbar eine Frau, die auf der Barrikade die schwarz-rot-goldene Revolutionsfahne schwenkt.

Wir wissen heute, wer sich da furchtlos dem Kugelhagel entgegenstellte: Elisabetha „Lisette" Hatzfeld, Tochter eines Mannheimer Schuhmachermeisters, die einen für damalige Verhältnisse geradezu skandalösen Lebenswandel führte und laut den Akten selbst in den eigenen Reihen als „lüderliche Tochter"[8] verunglimpft wurde. Mit 20 bekam sie ihr erstes uneheliches Kind, ihr zweites gebar sie 1853, da war sie 30 Jahre alt.[9]

Auch Amalie Struve war eine von jenen, die aktiv an der Revolution teilnahmen und den Weg für die

Abb. 1
Karikatur „Politischer Damencclub"
Lithographie von Wilhelm Völcker
1848
rem
Das Blatt erschien als Beilage in der Zeitschrift Satyr (Nr. 4), wurde aber auch als Einzelblatt vertrieben.

Abb. 2
Errichtung und Verteidigung der Barrikaden an der Mannheimer Rheinbrücke
Graphik
1848
rem

gleichberechtigte Wahrnehmung von Frauen maßgeblich geebnet haben. Ihr Einsatz in der Badischen Revolution wurde von der historischen Forschung in den letzten 15 Jahren erst ansatzweise thematisiert, wobei oft der Unterton mitschwingt, Amalie Struves Engagement beruhe weniger auf ihrer eigenen Entscheidung, sondern vielmehr auf der unkritischen Bewunderung für ihren Mann und einer Art „ehelichem Pflichtgefühl" – eine angesichts ihrer Biographie haltlose Interpretation.

Elise Ferdinandine Amalie Siegrist (Abb. 3) wurde als nichteheliche Tochter von Elisabeth Siegrist und dem Offizier Alexander von Sickingen am 2. Oktober 1824 in Mannheim geboren.[10] Überschattet vom Makel ihrer unehelichen Geburt verlebte sie eine Kindheit in Armut am – wirklichen – Rand der Gesellschaft, nämlich an der ehemaligen Mannheimer Stadtgrenze. Als ihr Stiefvater Johann Friedrich Düsar, ein Lehrer hugenottischer Abstammung, sie als Dreijährige adoptierte, revidierte dies ein Stück weit ihren Geburtsmakel. Seine Bemühungen, die Familie durch Französischunterricht zu ernähren, hatten nur mäßigen Erfolg. Immerhin konnte Amalie ein privates Mädchengymnasium in Mannheim besuchen und erhielt so eine für Mädchen nicht übliche Ausbildung. Als Absolventin der Abschlussklasse war sie berechtigt, als Lehrerin zu arbeiten, was ihr ungewöhnliche Möglichkeiten eröffnete. Zum einen bewahrte sie ihre Tätigkeit als Hauslehrerin vor der Versorgungsheirat mit einem womöglich ungeliebten Ehemann, zum anderen konnte sie ihre Familie mit eigenen Mitteln unterstützen.

Abb. 3
Porträt von Amalie Struve
Anonyme Bleistiftzeichnung, o.J., mit handschriftlicher Widmung: „Die Erscheinung kann sich ändern, doch des Herzens Tiefe nicht."
rem

Eine entscheidende Wendung gab Amalies Leben die Begegnung mit Gustav Struve. Ihr Pflegevater hatte das Treffen zwischen ihr und dem Mannheimer Anwalt und Redakteur arrangiert, damit dieser sie in eine geeignete Anstellung weitervermitteln konnte. Doch es kam anders. Zwar prüfte Struve noch Amalies Englisch- und Französischkenntnisse, doch es war längst um ihn geschehen, wie der sonst sachlich berichtende Struve in seinen Erinnerungen mit geradezu sensationell romantischen Worten zugab: „Ich sah Amalie und mein Herz flog ihr entgegen."[11]

Am 16. November 1845 heiratete die 21-zwanzigjährige Amalie den 19 Jahre älteren Gustav Struve, allerdings nicht ohne Hindernisse. Besonders Struves politischer Weggefährte, der Mannheimer Revolutionspolitiker Friedrich Daniel Bassermann, warnte den Bräutigam vor der vermeintlich allzu losen Lebensführung der selbstständigen jungen Frau, die „vielleicht schon hunderte Umarmungen erfahren"[12] habe. Überhaupt wurde diese Ehe von großen Teilen der Mannheimer Gesellschaft als nicht standesgemäß abgelehnt. Struve verbat sich jegliche Einmischung in seine Privatangelegenheit und legte zwei Jahre später sogar seinen Adelstitel ab.[13]

Auch wenn Amalie wohl wusste, auf was sie sich mit dem Radikaldemokraten Gustav Struve einließ, gestaltete sich die Ehe doch sehr turbulent. Vermeintliche Pressevergehen bei seiner Arbeit für „Mannheimer Journal" und „Deutscher Zuschauer" hatten Struve bereits zahlreiche Anklagen beschert. Von den ersten zwölf Monaten seiner Ehe saß Gustav fünf im Gefängnis. Das war für Amalie nicht nur emotional belastend, denn in dieser Zeit wurde mehrfach der gesamte Hausrat der Struves gepfändet, sodass sie sich immer wieder massiven existenziellen Problemen gegenüber sah.

Auf der anderen Seite schweißte die Ablehnung, die Amalie als Ehefrau des unangepassten Aufwieglers widerfuhr, das Ehepaar enger zusammen, ließ es gar zum Prototypen der in den Intellektuellenkreisen jener Zeit vereinzelt aufkommenden gleichberechtigten „Gefährtenehe"[14] werden. Wann immer möglich, begleitete Amalie ihren Mann bei politischen Unternehmungen, unterstützte ihn in seiner Arbeit und schärfte so ihr eigenes Urteil in gesellschaftspolitischen Fragen.

Die Quellen lassen keinen Zweifel daran, dass sich Amalie nie als traditionelle Ehefrau sah. Sie setzte dem Rollenbild der „treusorgenden Gattin" ihr eigenes Ideal einer modernen Ehefrau gegenüber: „Ich hatte niemals gedacht, daß die Pflicht der Frau blos [sic!] darin bestehe, dem Gatten für seine häuslichen Bedürfnisse Sorge zu tragen und die Kinder gut zu erziehen. Einen Unterschied zwischen der Haushälterin und der Gattin vermochte ich nur da zu finden, wo das Weib, als wahre Ehehälfte ihren vollen Anteil nahm an allem, was die Seele des Mannes bewegte: an seinen Gedanken, seinen Plänen, seinen tiefsten Empfindungen und seinen Thaten."[15] Ihre Rolle als Ehefrau beschrieb sie selbstbewusst noch einmal in ihren späteren Lebenserinnerungen: „Da ich an der Arbeit Struves den lebendigsten Antheil nahm, [...], so kann ich wohl mit Fug und Recht behaupten, daß die Kämpfe meines Mannes auch die meinen waren."[16]

Im Jahr vor dem Ausbruch der Revolution engagierten sich die Struves noch auf religiöser Ebene. Beide gehörten zu den Gründungsmitgliedern der deutschkatholischen Gemeinde in Mannheim, die sich für die Mitbestimmung von Laien in der Kirche, für innerkirchliche Reformen und konfessionelle Toleranz einsetzte. Ebenso waren sie Mitbegründer des so genannten „Montagsclubs", der einen versöhnlichen Dialog zwischen Juden und Christen anstrebte und sich für deren Integration einsetzte. Für Amalie waren ihre Erfahrungen in diesen Gemeinschaften wichtige biographische Wegmarken, da sich ihr hier die ersten Möglichkeiten zum öffentlichen Austausch boten. Beide Organisationen nahmen als eine der ersten Ihrer Zeit Frauen auf und sprachen sich dezidiert für die Gleichstellung der Geschlechter aus, womit sie allen theologisch verklärten Versuchen der Kirche widersprachen, die Vorrangstellung des Mannes biblisch zu untermauern.

Spätestens mit Beginn der Revolution von 1848/49 änderte sich das Leben von Amalie Struve grundlegend. Als Mannheimerin, wohnhaft im Quadrat E 6, 2, befand sie sich von Anfang an im Zentrum des Geschehens. Tatsächlich spielten der gesamte Rhein-Neckar-Raum und namentlich Mannheim als größte Stadt der Region mit seinen damals etwa 24.000 Einwohnern während der fast 17 Revolutionsmonate eine entscheidende Rolle. Nirgendwo sonst in Deutschland war die Politisierung der Bevölkerung soweit gediehen wie im Südwesten. Die am 27. Februar in Mannheim verabschiedete, von Gustav

Struve verfasste so genannte „Mannheimer Petition" formulierte erstmals die programmatischen Forderungen der Mannheimer Radikalen und läutete nicht nur die deutsche Volksbewegung ein, sondern machte Mannheim auch zur Keimzelle der gesamtdeutschen Revolution von 1948/49.[17]

Bereits beim „Heckerzug", dem von Friedrich Hecker, Gustav Struve und anderen badischen Radikaldemokraten angeführten, bewaffneten ersten Anlauf, die Monarchie zu stürzen und eine Republik zu errichten, war Amalie aktiv. Im April 1848 reiste sie auf den Versorgungswagen des Freiheitsheeres in den Schwarzwald. In Donaueschingen rettete sie in letzter Minute einen Munitionswagen vor den heranstürmenden Kontrahenten, und in Freiburg agitierte sie nicht nur unter den Soldaten und heftete den Freischärlern die schwarz-rot-goldenen Revolutionszeichen an, sondern versuchte auch die Regierungssoldaten mittels Branntweinspenden zum Überlaufen zu überreden – was von der zeitgenössischen Druckgraphik gerne aufgegriffen wurde.[18]

Auch am „Struve-Putsch" im September 1848 nahm Amalie teil. Allerdings wurde dieser zweite Versuch, die Demokratie in Deutschland zu erzwingen, für sie zu einer innerlichen Zerreissprobe. Einerseits zweifelte sie am Erfolg und hatte „kein günstiges Vorgefühl für diese zweite Schilderhebung"[19], wollte aber andererseits bei der Unternehmung an der Seite ihres Mannes sein. Dieser hatte sie aber darum gebeten, wegen der zunehmend gefährlicheren Gefechte bei Freunden in Lörrach auf ihn zu warten.

Wie sehr Amalie damals mit sich haderte, wie sehr sie von ihrem Wunsch nach Veränderung – besonders für die Stellung der Frauen – getrieben war, verraten ihre Aufzeichnungen aus Lörrach: „Ich fühle eine mächtige Willenskraft und einen mächtigen Drang, der zum Handeln mich treibt, in mir. [...] Niemals empfand ich so tief die unwürdige Stellung, in welcher sich bis zum heutigen Tage das weibliche Geschlecht gegenüber dem männlichen befindet. Warum sollte die Frau, welche die Fähigkeit dazu besitzt, nicht arbeiten dürfen im Augenblicke der Entscheidung?"[20]

Letztendlich setzte sich Amalie über die Bedenken Gustavs hinweg und folgte ihm auf einem der Truppenwagen, was eine heftige Debatte über das Eingreifen von Frauen in die Männerdomäne des Militärischen entzündete.[21] Doch obwohl selbst die meisten seiner republikanischen Freunde und Weggefährten Amalie kritisierten, ließ Gustav sie dabei gewähren, die badischen Frauen zur Revolution anzustacheln und daran zu erinnern, dass die rechtliche Gleichstellung der Frau ebenso wie die demokratische Emanzipation des Mannes ein Grundrecht sei, für das es zu kämpfen gelte.[22]

Das Ehepaar Struve war Hohn und Spott ausgesetzt. Amalies Vorliebe, gelegentlich Hosen zu tragen und damit den größtmöglichen gesellschaftlichen Modefauxpas zu begehen, sowie das Vegetariertum der beiden waren nur die kleineren Steine des Anstoßes. Vielmehr waren es ihre emanzipierte Partnerschaft und die Teilnahme einer Frau an Kriegshandlungen, die die heftigsten Angriffe provozierten.[23] Einer der maliziösesten war die spöttische Darstellung „Ein schönes neues Lied von dem weltberühmten Struwwel-Putsch" (Abb. 4). Die Verballhornung des Familiennamens in Anlehnung an den kurz zuvor erschienenen „Struwwelpeter"[24] war nicht die schärfste Anfeindung. Ein Großteil der insgesamt 24 Strophen, deren Melodie laut Liedblatt „sehr kläglich zu lesen und zu singen" sei, richtet sich gegen Gustav Struve und seinen gescheiterten Putschversuch. Einige kritisieren besonders Amalie. Allein die Tatsache, dass eine Frau zu den Akteuren gehörte und mit auf den Truppenwagen fuhr, war Anlass genug für bissige Kommentare. So schildert die 14. Strophe die Kutschfahrt (Abb. 4a) der Truppen von Lörrach nach Staufen und endet mit:

„[...]
Um den Hals die goldne Kette,
Vor den Augen die Lorgnette,
Liegt zur angenehmen Schau
Breit im Wagen Struwwels Frau."

Abb. 4a
Amalie Struve besteigt die Kutsche.
Detail aus dem satirischen Bilderbogen „Ein schönes neues Lied von dem weltberühmten Struwwel-Putsch"
Anonyme, teilkolorierte Federlithographie und Typendruck
1848
Ohne Druck- und Verlagsangabe
rem

Andere Strophen unterstellen Amalie eine geradezu grenzenlose Naivität. Sie wird als schutzbedürftiges Anhängsel ihres Mannes dargestellt, das den

Amalie Struve: „Frauenrechte sind Menschenrechte!"

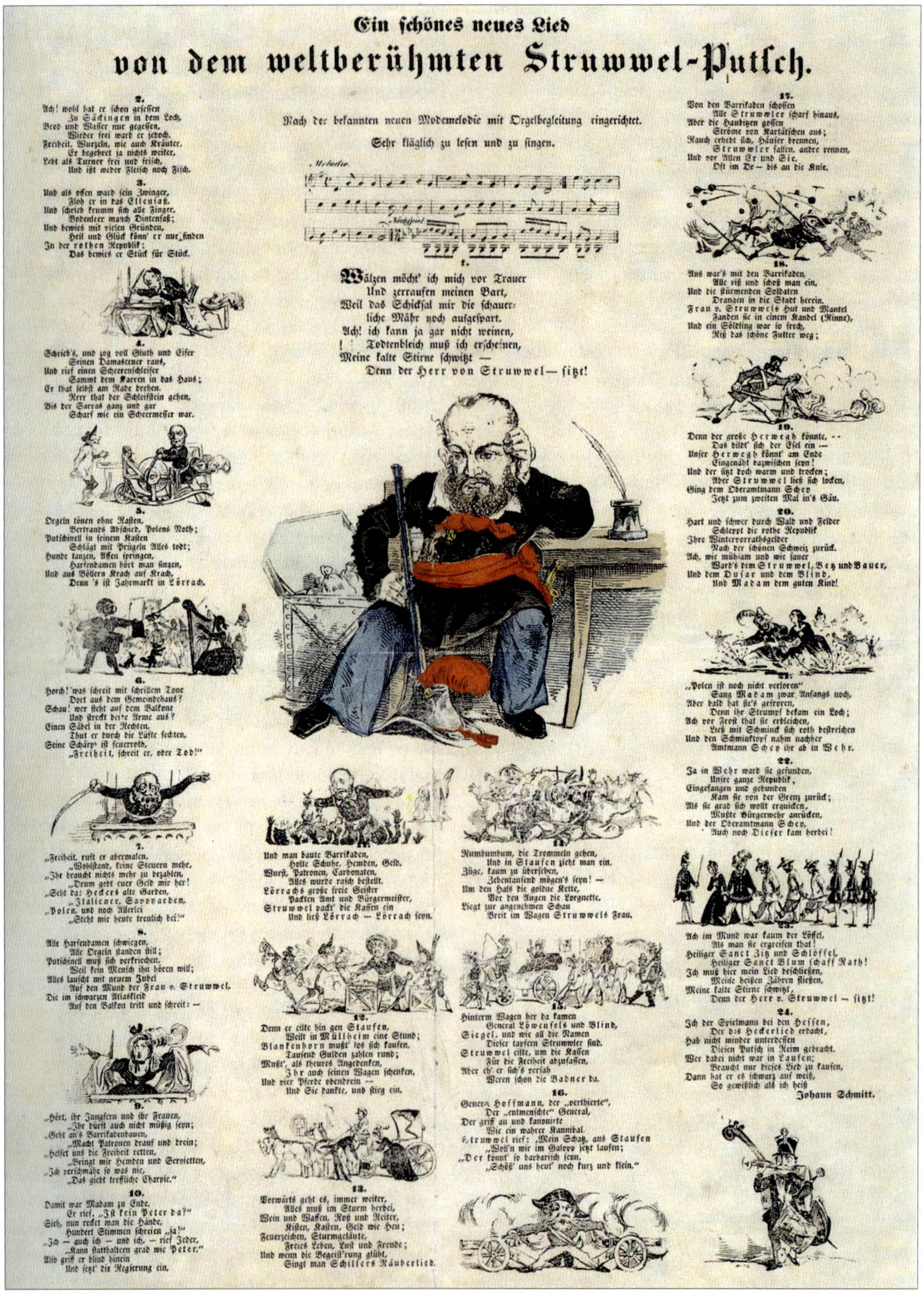
Ein schönes neues Lied
von dem weltberühmten Struwwel-Putsch.

Nach der bekannten neuen Modemelodie mit Orgelbegleitung eingerichtet.

Sehr kläglich zu lesen und zu singen.

1.

Wälzen möcht' ich mich vor Trauer
Und zerraufen meinen Bart,
Weil das Schicksal mir die schauerliche Mähr noch aufgespart.
Ach! ich kann ja gar nicht weinen,
Todtenbleich muß ich erscheinen,
Meine kalte Stirne schwitzt —
Denn der Herr von Struwwel — sitzt!

Abb. 4
Satirisches Liedblatt „Ein schönes neues Lied von dem weltberühmten Struwwel-Putsch." Anonyme, teilkolorierte Federlithographie und Typendruck, mit 16 kleineren Illustrationen im Text
1848
Ohne Druck- und Verlagsangabe
rem
In der Mitte ist ein ganzfiguriges Bildnis von Gustav Struve in Freischärlerbluse mit roter Halsbinde, Schärpe, Gewehr und so genanntem „Heckerhut".
rem

Kämpfen natürlich nicht gewachsen ist und sich, wenn es ernst wird, schließlich doch in ein „hilfloses Frauenzimmer" verwandelt, wie in Strophe 21 (Abb. 4b):

„Polen ist noch nicht verloren"
Sang madam zwar Anfangs noch,
Aber bald hat sie's gefroren,
Denn ihr Strumpf bekam ein Loch;
Ach vor Frost that sie erbleichen,
Ließ mit Schminck sich roth bestreichen
Und den Schminktopf nahm nachher
Amtmann Schey ihr ab in Wehr.

Der Spott gipfelt in den Strophen 8 und 9, die ausschließlich Amalie gewidmet sind und sie – frei nach Schillers „[...] da werden Weiber zu Hyänen" als Furie denunzieren. Wie eine Marketenderin soll sie ihre Mitstreiterinnen bedrängt haben (Abb. 4c):

Stephanie Herrmann

Abb. 4b
Amalie Struves Teilnahme am Struve-Putsch
Detail aus Abb. 4

„Hört, ihr Jungfern und ihr Frauen,
Ihr dürft auch nicht müßig seyn;
Geht an's Barrikadenbauen,
Macht Patronen drauf und drein;
Helfet uns die Freiheit retten,

Abb. 4c
Amalie Struve wendet sich vom Balkon des Rathauses in Lörrach an die Frauen.
Detail aus Abb. 4

Bringt mir Hemden und Servietten,
Ich verschmähe so was nie,
Das giebt treffliche Charpie."

Hohn- und Spottgedichte waren erst der Anfang. Nach dem Scheitern des Struve-Putsches wurden Gustav und Amalie zusammen mit einigen ihrer Weggefährten am 25. September 1848 in der Nähe des letzten Gefechtplatzes bei Staufen verhaftet. Während Gustav Struve in Raststatt in Haft kam, wurde seine Frau nach Freiburg verbracht und dort „in fast bewusstlosem Zustand"[25] im so genannten „Freiburger Turm" festgesetzt (Abb. 4d). Ohne zunächst überhaupt zu wissen, was ihr vorgeworfen wurde, musste Amalie über ein halbes Jahr in einer kleinen Zelle ohne Licht in Einzelhaft ausharren. Den Vorschlag, ein Gnadengesuch einzureichen, lehnte sie trotz der schwierigen Haftbedingungen und ihrer sich stetig verschlechternden Gesundheit ab. Die Anfang 1849 fertig gestellte Anklageschrift erging sich in der Auflistung nur minder schwerer Delikte, sodass sie im April 1849 unvermittelt entlassen wurde.[26] Einen ordentlichen Prozess hat Amalie nie bekommen, die Behörden fürchteten wohl die Blamage eines Freispruches.

Sofort begab sich Amalie nach Raststatt, wo ihr Mann noch im Gefängnis saß. Während vier Wochen wurde ihr nur ein Besuch bei ihm gestattet. Als Gustav im Mai von Raststatt nach Bruchsal verlegt wurde, folgte Amalie noch am selben Tag und setzte durch, dass sie bis zum Abend bei ihm in der Zelle bleiben konnte, indem sie drohte, andernfalls mit 50 Soldaten wiederzukommen.[27] Am nächsten Tag wurde Gustav Struve aus der Haft entlassen.[28]

Woraus schöpfte Amalie die Kraft für ihr Handeln? Eine Antwort gab sie selbst: Ihre frühen Texte und Schriften widmete sie den Heldinnen und Vorkämpferinnen der Französischen Revolution, die ihr Vorbilder und Ansporn waren. Noch im Freiburger Gefängnisturm schrieb Amalie „Eine Republikanerin", einen Roman über die Revolutionärin und glühende Anhängerin der Girondisten Jeanne-Marie Roland. Die Lebensläufe von Amalie Struve und „Madame Roland", die auf der Guillotine starb, zeigen auffällige Parallelen. So lebte auch die Ministergattin mit ihrem Mann bereits am Ende des 18. Jahrhunderts eine gleichberechtigte „Gefährtenehe", nahm maßgeblichen Anteil an seiner Arbeit und verfasste einen Großteil seiner Texte. Zu Hause

Abb. 4d
Die Gefangennahme von Gustav und Amalie Struve nach dem Scheitern des Putschversuches
Detail aus Abb. 4

bewirtete sie regelmäßig die Revolutionäre. Wenn die Männer über republikanische Verfassungsentwürfe diskutierten, ärgerte sie sich oft darüber, dass „[...] vernünftige Männer in einer so inhaltsschweren Zeit 2 bis 3 Stunden mit Reden zubringen konnten, ohne am Ende auch nur zu einem Ergebnis zu kommen".[29] Im Gegensatz zu Amalie Struve hielt sich Madame Roland allerdings bewusst von mili-

Abb. 5
„Naturgeschichtliche Studien aus dem Pfalz-Badischen Revolutionsjahr 1849"
Satirisches Blatt auf Führer der badisch-pfälzischen Revolutionsbewegung des Jahres 1849
Anonyme Lithographie, in Commission beim Liederverlag in Carlsruhe
1849
rem

tärischen Aktionen fern, da sie die Zeit für Frauen als Soldaten noch nicht gekommen sah. Vielmehr war sie davon überzeugt, dass Frauen im Tarnkleid bescheidener Weiblichkeit weit mehr bewegen können als mit lautstarken Demonstrationen und Sprechchören.

Weiterhin schrieb Amalie Struve über Théroigne de Méricourt, die „Amazone der Französischen Revolution", die schwer bewaffnet als Erste beim Sturm auf die Bastille den Turm erklomm, oder auch über Charlotte Corday, die den radikalen jakobinischen Journalisten und Politiker Jean Paul Marat ermordete. Unter den Frauen der Badischen Revolution schätzte Amalie vor allem die Heidelberger Handwerkstochter Theresia „Therese" Bomo. Nach Bomos Tod in einem Heidelberger Gefängnis – sie verbüßte eine mehrwöchige Haftstrafe wegen öffentlichen Aufruhrs – verfasste Amalie einen emphatischen Nachruf für ihre Weggefährtin, voller Bewunderung für den Mut und die Unbeugsamkeit der „begeisterten Republikanerin".[30]

Das Scheitern der Revolution bescherte dem Ehepaar Struve unstete Jahre des Herumirrens und der Vertreibung (Abb. 5 und 5a). Im Juli 1849 begann die Flucht ins Exil, zunächst in die Schweiz nach Basel und Genf, wo der Aufenthalt unter dem Druck polizeilicher Aufmerksamkeit nur kurz war. Ende September reisten die Struves nach London, doch es gelang ihnen weder in der Londoner Exilantenkolonie gesellschaftlich Fuß zu fassen noch sich eine finanzielle Existenz aufzubauen.[31] Ihre letzte Station waren schließlich die USA, wo sie im April 1851 in Stapleton auf Staten Island nahe Manhattan eine vorläufige neue Heimat fanden. Auch hier erging es ihnen kaum besser. Um ihren Lebensunterhalt zu verdienen, gab Gustav Struve nur wenige Wochen nach der Ankunft eine Fortsetzung des „Deutschen Zuschauers" heraus. Amalie half ihm bei Vertrieb und Buchführung und schrieb eigene Artikel zu Frauenrechtsfragen.

Amalie Struves vielfältige Schriften im amerikanischen Exil haben erst in der jüngeren Literaturforschung rudimentäre Beachtung erfahren. Von ihren vielen Arbeiten wurden bis dato nur ihre 1850 verfassten „Erinnerungen aus den Badischen Freiheitskämpfen" veröffentlicht. Der Großteil ihrer Texte – darunter allein zehn Romane und Novellen – liegt als unveröffentlichte Manuskripte im Bundesarchiv in Koblenz sowie in anderen deutschen und amerikanischen Bibliotheken; hier besteht ein dringendes Forschungsdesiderat.[32]

Amalie besuchte die Veranstaltungen der amerikanischen Frauenbewegung und berichtete darüber. Die Fortschritte und die breite Anerkennung, die die Frauen in der Neuen Welt bereits erreicht hatten, überwältigten sie. Anläßlich eines Kongresses in Worcester äußerte sie enthusiastisch, dass im Freien Amerika, wo die Männer zumindest im Norden der Union ihre „unveräußerlichen Rechte" längst besitzen, auch die Frauenrechte den Siegeszug angetreten haben.[33] Umso schmerzhafter wird der Vergleich mit der Heimat gewesen sein, wo man von diesen Zielen noch weit entfernt war.

Andere Texte Amalies aus diesen Jahren überraschen mit ihrem entlarvenden gesellschaftskri-

Abb. 5a
Amalie und Gustav Struve als Vögel im Mittelfeld der „Naturgeschichtlichen Studien"
Zu Amalie heißt es: „Nun dieses Täubchen, obgleich ganz andrer Natur, hat sich mit dieser Eule [Gustav Struve, S.H.] gepaart, jedoch haben sie noch keine Jungen gehabt. Es scheint eine grosse Anhänglichkeit an dieselbe zu haben, hat aber zuweilen auch andere Gesellschaft. Sie liebt junges, rothes Blut, frisst auch kein Fleisch u. keine Eier u. ist eigentlich keine Taube, wenn's darauf ankömmt."

tischen Blick und ihrem feinen Sinn für die Persiflage. So ihre Kurzgeschichte „Der hinkende Teufel zu New-York"[34], der Titel ist eine Anspielung auf den „Hinkenden Teufel" des französischen Satirikers Alain-René Lesage. In der Geschichte trifft Amalie einen kleinen Teufel und reist mit ihm auf seinem fliegenden Mantel. Dieser erreicht nicht nur jeden Ort, sondern macht auch unsichtbar, so werden die beiden zu heimlichen Beobachtern. Sie belauschen in einer tabak- und alkoholgeschwängerten Kneipe die Stammtischreden der Männer, die sich ereifern, dass es nie so weit kommen dürfe, dass Frauen die gleichen Rechte zugestanden würden wie den Männern. Die Feinsinnigkeit, mit der die Autorin die Stammtischrunde beschreibt, und ihre klugen Schilderungen, mit denen sie deren Argumente entlarvt und ad absurdum führt, reichen aus, um selbst den kleinen Teufel davon zu überzeugen, dass die Männer selbst durch ihr Verhalten für den Verlust ihrer Vormachtstellung sorgen.

Neben solchen Ausflügen ins Fiktive war Amalie an lebenspraktischen Problemen interessiert. Erziehungsfragen, vor allem die Mädchen- und Frauenbildung, waren ihr ein wichtiges Anliegen. Dabei richtete sie ihren Blick schon auf die Kleinsten, Amalie war eine glühende Verfechterin der zu dieser Zeit aufkommenden Kindergärten. Diese Einrichtungen – besonders, wenn sie Jungen und Mädchen gleichermaßen zuließen – hielt sie für den idealen Ort, um Kinder auf spielerische Weise zu fördern und auf das Leben vorzubereiten. Dabei überrascht Amalie ein weiteres Mal durch ihre Weitsicht, ist diese Fragestellung doch von geradezu aktueller Brisanz. Amalie sieht nämlich in der Diskrepanz zwischen den unterschiedlichen sozialen Schichten ein maßgebliches Problem und sorgt sich um Kinder aus schwachen sozialen Verhältnissen, die unter fehlender Zeit und Aufmerksamkeit seitens der Eltern leiden.

Mit noch größerem Engagement sprach sich Amalie für die Bildungsmöglichkeiten von Mädchen und Frauen aus. Vor dem Hintergrund ihrer eigenen Erfahrungen und mit dem Wissen darum, wie schwer es ist, ohne berufliche Ausbildung als Frau selbstständig zu leben, war für Amalie Bildung der Schlüssel zu einem selbstbestimmten Leben. „Durch Bildung zur Freiheit!"[35] – mit diesem Weckruf forderte sie immer wieder gleichberechtigte Bildungschancen. Es sollte ein langer Weg sein. So beklagte sie unter anderem die „[...] mächtige philiströse Borniertheit, unter welchem Drucke in Deutschland Alles athmet [sic!], was irgend wie nach Recht und Freiheit ringt".[36] Ebenso war sie sich der mannigfachen Anfeindungen gegenüber allen reformatorischen Bemühungen bewusst. Vor allem an den rückständigen Praktiken weiblicher Erziehung schien sie schier zu verzweifeln. Dass junge Mädchen immer noch „systematisch zu Salondamen [...], zu wahren Carrikaturen der Weiblichkeit, Putzsucht und Koketterie, Arroganz und Eitelkeit"[37] erzogen wurden, war für Amalie untragbar. Nicht minder störte sie, dass Töchter aus gutem Hause zwar auch in Chemie, Arithmetik und Astronomie unterrichtet wurden, der Unterricht aber immer nur dazu diente, „[...] den jungen Mädchen eine oberflächliche Politur zu geben, damit sie im Stande sind, über alle möglichen Gegenstände mitzuplappern".[38]

Als Amalie 1859 diese Zeilen schrieb, waren sie das bedingungslose Bekenntnis und die unerschütterliche Hoffnung einer werdenden Mutter auf eine Zukunft, in der Frauen in sämtlichen Lebensbereichen absolut gleichberechtigt wären. Sie war nämlich mit ihrem ersten Kind, einem Mädchen, schwanger.

Aber Amalie war auch Realistin. Sie wusste, dass die eingeforderten Rechte den Frauen nicht einfach so in den Schoß fallen würden. Deshalb sind viele ihrer Schriften eindringliche Appelle, selbst aktiv zu werden und nötigenfalls auch das „weibliche Gemüth"[39] zu überwinden. Dies vor allem, wenn es um Oberflächlichkeiten wie die erwähnte Putzsucht ging, hier freilich im zeitgenössischen Sinn als Eitelkeit und nicht als Putzfimmel zu verstehen.

Nach der ersten Tochter, die mit sechs Wochen vermutlich am plötzlichen Kindstod starb, gebar Amalie am 10. November 1860 ihre zweite Tochter, die sie in Anlehnung an ein Gedicht von Friedrich Rückert auf den indischen Namen Damajanti taufte.[40] Die Lebensumstände der Struves verbesserten sich allmählich. Nachdem Gustav 1860 das amerikanische Bürgerrecht erhalten hatte, verpflichtete er sich wie viele politische Flüchtlinge und ehemalige Revolutionäre in einem der von Deutschen aufgestellten New-Yorker Freiwilligen-Regimente, um auf Seiten der Union im Amerikanischen Bürgerkrieg gegen die Südstaaten zu kämpfen. Schon bald stieg er vom einfachen Soldaten zum Hauptmann auf, was der Familie finanziell half. Doch das Glück währte nur kurz, im Frühjahr eilte Gustav Struve aus dem Feld ans Krankenbett seiner Frau. Ihre dritte Schwangerschaft, von der sie am 8. Februar 1862 entband, hatte ihren Körper so geschwächt, dass sie noch im Wochenbett verstarb. Mit nur 37 Jahren endete das Leben von Amalie Struve am 13. Februar 1862. In Erinnerung an sie gab Gustav Struve seiner jüngsten Tochter den Namen der Mutter.[41] Er selbst kehrte nach seiner Amnestie im Juni 1863 nach Deutschland zurück und verstarb 1870 in Wien.

Amalie Struve zählt zu den wenigen Frauen, die namentlich in die Geschichte der Badischen Revolution von 1848/49 eingegangen sind. Mit ihren unbequemen Ansichten und ihrer unangepassten, für das Frauenbild ihrer Zeit durchaus unschicklichen Art hat sie Zeit ihres Lebens polarisiert. Sie wurde angefeindet und verspottet, verhaftet und ins Exil verbannt. Doch trotz aller Widerstände hat die Mannheimerin unbeirrbar an Ihren Überzeugungen und ihrem Einsatz für die Rechte der Frauen festgehalten. Ihr Andenken lebt in ihrer Geburtsstadt weiter. „Frauenrechte sind Menschenrechte" – ihr berühmtester Ausspruch ist heute bei „Amalie - Beratungsstelle für Frauen in der Prostitution"[42] der Leitsatz, unübersehbar an die Wand geschrieben. Seit 2013 arbeitet für das Diakonische Werk ein Team aus Sozialarbeiterinnen, Streetworkerinnen, Ärzten und Ehrenamtlichen bei „Amalie" und unterstützt Frauen, die in der Prostitution arbeiten müssen oder daraus aussteigen wollen. Damit wirkt Amalie Struves Denken und Handeln bis in die Gegenwart, in der Frauenrechte theoretisch längst Grundrechte sein sollten, es faktisch aber noch lange nicht sind.

1 Der Beitrag basiert auf der gleichnamigen Festrede zum 60-jährigen Jubiläum des Soroptimist-International-Clubs Mannheim am 17.06.2017. Vgl. auch unter URL: http://www.si-club-mannheim.de/home/ [Stand: 18.07.2017].

2 Eine ähnliche Anschauung findet sich beispielsweise schon bei dem englischen Historiker Thomas Carlyle (1795-1881) in seiner ersten Vorlesung „On Heros" (1940): „The History of the World is but the Biography of Great Men" (Die Weltgeschichte ist nichts als die Lebensgeschichte großer Männer). Vgl. Ní Dhúill, Caitríona: Weltgeschichte als Heldenbiographik. Verehrung der „Großen Menschen" bei Thomas Carlyle, in: Fetz, Bernhard/Hemecker, Wilhelm (Hrsg.): Theorie der Biographie. Grundlagentexte und Kommentar, Berlin [u.a.] 2011, S. 33-38, hier S. 33.

3 Freilinger, Hubert: „Die Hambacher". Beteiligte und Sympathisanten der Beinahe-Revolution von 1832, in: Zeitschrift für bayerische Landesgeschichte, Jg. 41 (1978), S. 721.

4 Kestenholz, Salomé (Hrsg.): Die Gleichheit vor dem Schafott. Porträts französischer Revolutionärinnen, Darmstadt 1991, S. 11-60.

5 Jansen Christian: Frau und gleich., Die Zeit, Nr. 35, 25.08.2005.

6 Frauen in der Revolution, veröffentlicht auf der Website der Landeszentrale für politische Bildung Baden-Württemberg unter URL: http://www.landeskunde-baden-wuerttemberg.de/5194.html [Stand: 19.07.2017].

7 Probst, Hansjörg/von Welck, Karin (Hrsg.): Mit Zorn und Eifer. Karikaturen aus der Revolution von 1848/49 im Reiß-Museum Mannheim, bearb. von Grit Arnscheidt, München, Mannheim [u.a.] 1998, S. 95.

Stephanie Herrmann

8 Die Literatur betitelt Elisabeth Hatzfeld bis heute häufig mit „Straßenmädchen".

9 1853 wandert Elisabeth Hatzfeld völlig desillusioniert vom Ausgang der Revolution und ihren prekären Lebensumständen nach Nordamerika aus. Da sie die finanziellen Mittel für die Überfahrt für sich und ihr Kind nicht aufbringen kann, stellt sie am 7. Mai 1853 ein Gesuch auf Kostenübernahme durch die Stadt Mannheim, das am 19. Mai 1853 positiv beschieden wird. Vgl. dazu die Akten im StadtA MA - ISG, Auswandererkartei.

10 Vgl. Marcello-Müller, Monica (Hrsg.): Frauenrechte sind Menschenrechte. Schriften der Lehrerin, Revolutionärin und Literatin Amalie Struve, Herbholzheim 2002.

11 Marcello-Müller, wie Anm. 10, S. XIV.

12 Der Rhein-Neckar-Raum und die Revolution von 1848/49. Revolutionäre und ihre Gegenspieler, hrsg. vom Arbeitskreis der Archive im Rhein-Neckar-Dreieck. Mit Beitr. von Hans Fenske und Erich Schneider, Ubstadt-Weiher 1998, S. 300.

13 Vgl. Michalka, Wolfgang/Weber, Hartmut (Hrsg.): Gustav und Amalie Struve - Freiheit und Menschlichkeit. Ausgewählte Programmschriften, zusammengestellt von Peter Hank, Erinnerungsstätte für die Freiheitsbewegungen der deutschen Geschichte im Bundesarchiv, Bd. 2, Eggingen 2003, S. 14.

14 Marianne Weber, seit 1893 die Ehefrau von Max Weber, spricht später in ihrem Buch „Die Idee der Ehe und der Ehescheidung" (1929) von der „Gefährtenehe" als einer Liebesgemeinschaft zweier geistig und sittlich ebenbürtiger Persönlichkeiten, die gewissermaßen ihre Gemeinschaftlichkeit stets als Aufgabe vor sich haben.

15 Marcello-Müller, wie Anm. 10, S. XVIII.

16 Ebd. S. XXVI.

17 Der Rhein-Neckar-Raum und die Revolution von 1848/49, wie Anm. 12, S. 10f.

18 Vgl. Marcello-Müller, wie Anm. 10, S. XXI und S. XXIX.

19 Ebd. S. XXI.

20 Ebd.

21 Vgl. Der Rhein-Neckar-Raum und die Revolution von 1848/49, wie Anm. 12, S. 300.

22 Michalka/Weber, wie Anm. 13, S. 16.

23 Die Thematik von Frauen in der Revolution reichte auch in Deutschland weit über die Ereignisse von 1848/49 zurück. Vgl. auch: Helga Brandes: „Ueber die Revolutionssucht deutscher Weiber". Frauen in der deutschen Publizistik um 1800, in: Dies. (Hrsg.): „Der Menschheit Hälfte blieb noch ohne Recht". Frauen und die Französische Revolution, Wiesbaden 1991, S. 146-163.

24 Zit. nach: Marcello-Müller, wie Anm. 10, S. XXIII.

25 Ebd.

26 Marcello-Müller, wie Anm. 10, S. XXIII

27 An der Freilassung Gustavs Struves sollen unter anderem vier oder fünf Frauen aus Bruchsal beteiligt gewesen sein, vgl. Finkele, Diana/Gaßner, Klaus (Hrsg.): Der Aufstand der badischen Demokraten, Ubstadt-Weiher 1998, S. 105.

28 Zit. nach: Marcello-Müller, wie Anm. 10, S. 5.

29 Die Biogramme bzw. Texte zu Théroigne de Mérincourt, Charlotte Corday und Theresia Bomo („Eine badische Jungfrau") sind vollständig abgedruckt in: Marcello-Müller, wie Anm. 10.

30 Michalka/Weber, wie Anm. 13, S. 19.

31 Eine detaillierte Bibliographie und Auflistung der jeweiligen Quellennachweise findet sich bei Marcello-Müller, wie Anm. 10, S. XXXVff.

32 Amalie Struve: Die Frauen-Convention von Worcester, vollständig abgedruckt ebd. S. 49. Die Rezension wurde erstmals in der von Gustav Struve in den USA seit 1851 herausgegebenen Zeitung „Deutscher Zuschauer" veröffentlicht.

33 Amalie Struve: Der hinkende Teufel zu New-York, vollständig abgedruckt: ebd., S. 62-66.

34 Amalie Struve: Die Frauen-Hochschule zu Hamburg, vollständig abgedruckt: ebd., S. 103-104, hier S. 104.

35 Amalie Struve: Ein Wort über Frauenbildung, vollständig abgedruckt: ebd., S. 105.

36 Amalie Struve: Über weibliche Erziehung, vollständig abgedruckt: ebd., S. 115-118, hier S. 115.

37 Ebd.

38 Vgl. Amalie Struve: „Weiblichkeit" und „Gemüth", vollständig abgedruckt: ebd., S. 131-132.

39 Den Namen verwendete Gustav Struve bereits 1845 in seiner Erzählung „Mandaras Wanderungen". Vgl. ebd., S. XXVIII.

40 Vgl. wie Anm. 13, S. 24.

41 Vgl. die Website der Beratungsstelle „Amalie" unter URL: http://www.amalie-mannheim.de [Stand: 19.07.2017].

Abb. 1 und 2
Zwei Stationen bei den „Tüftelgenies"

Abb. 3 und 4
Station Wasserfahrzeuge bei den „Tüftelgenies", und die ersten Besucher bei der Eröffnung

Fotos: rem, Lina Kaluza

Total genial!
Coole Erfindungen vom Faustkeil bis zur Jeans
Eine Kindermitmachausstellung in den rem

Abb. 5
Eröffnung der Ausstellung im Museum Weltkulturen D 5

War das erste Taschenmesser wirklich aus Stein? Wie hat das erste Fernrohr funktioniert? Wann gab es das erste Buch? Oder die erste Jeans? Täglich kommen Menschen auf neue Ideen, tüfteln und rätseln, bis sie schließlich wieder etwas Neues erfinden, das es noch nicht gab. Manches davon ist spaßig, anderes brauchbar oder sogar lebenswichtig und einiges auch völlig unsinnig. Egal ob groß oder klein, Mann oder Frau, jeder kann ein Erfinder sein. Die wichtigsten Voraussetzungen für Erfindungen sind Neugierde und Ideenreichtum, Spaß am Ausprobieren und viel Geduld, denn häufig gehen die Erprobungen der besten Ideen einfach auch mal schief. Einige Erfindungen entstehen durch Zufall, andere sind das Ergebnis von Missgeschicken und wieder andere das Resultat langwierigen Nachdenkens und Grübelns.

Vom 9. April bis zum 1. Oktober 2017 laden die Mannheimer Reiss-Engelhorn-Museen große und kleine Entdecker zu einem spannenden Mitmach-Abenteuer ein. Die Schau „Total genial! Coole Erfindungen vom Faustkeil bis zur Jeans" entführt Kinder von vier bis 104 Jahren in die faszinierende Welt der Erfindungen (Abb. 1 bis 4). Die Ausstellung wurde von der Klaus Tschira Stiftung initiiert und ermöglicht und vom Grazer Kindermuseum FRida & freD entwickelt. Nach einem großen Erfolg in Österreich sind die rem (Abb. 5 und 6) die erste Station in Deutschland.

Die Ausstellung lädt Kinder und Erwachsene dazu ein, Erfindungen und deren Geschichten

Abb. 6
Station Kugelbahn bei den „Tüftelmäusen"

Fotos: rem, Lina Kaluza

kennenzulernen und auf unterhaltsame Weise die unterschiedlichsten Geistesblitze zu verstehen und selbst etwas auszuprobieren. Sie ist spielerisch und altersgerecht gestaltet und gliedert sich in die Bereiche „Tüftelmäuse“ und „Tüftelgenies“.

Die jüngsten Ausstellungsbesucher von vier bis sieben Jahren tauchen mit den „Tüftelmäusen“ in eine Welt voller Fantasie ein, in der ihr Erfindergeist geweckt wird. Sie erobern spielerisch einen Dachboden, auf dem eine ganze Truppe Mäuse, eben die „Tüftelmäuse“, wohnt. Hier erwarten sie zahlreiche Mitmach-Stationen, an denen sie ihren Einfallsreichtum unter Beweis stellen und vollen Körpereinsatz zeigen können. Mit Rädern, Bändern und Getrieben setzen sie gemeinsam mit den „Tüftelmäusen“ die Welt in Bewegung und bringen zum Beispiel einen Mäusefilm in Gang oder drehen das Karussell für die kleinen Mäusefreunde.

Bei den „Tüftelgenies“ spüren Kinder ab acht Jahren großen und kleinen Erfindungen der Menschheitsgeschichte nach. Entlang eines Wissensparcours jagt ein Geistesblitz den nächsten. Mitdenken und Querdenken heißt hier das Motto, Erfahren, Fragen und Hinterfragen, Entdecken, Wiederentdecken und Staunen, Anschauen, Anfassen und Ausprobieren. An interaktiven Mitmach-Stationen erfahren die Besucher jede Menge über wichtige und absurde Erfindungen, über bekannte und weniger bekannte Erfinder und natürlich über das Erfinden selbst. Themen sind zum Beispiel Faustkeil, Auto, Fahrrad, Telefon, Buchdruck, Geheimschrift, Scheibenwischer oder Röntgen. In beiden Ausstellungsbereichen kommen selbstverständlich auch experimentierfreudige und wissensdurstige Erwachsene auf ihre Kosten.

Eine Spiel- und Leseecke mit Sitzgelegenheiten, Bällebad und Kletterwand rundet das Angebot ab und bietet die Möglichkeit, zwischendurch mal mit „Toben“ den Kopf für einen neues Eintauchen in die Welt der Erfindungen wieder frei zu machen.

Die Ausstellung passt sehr gut in die Reiss-Engelhorn-Museen, sind diese doch Heimat zahlreicher Erfindungen. Ergänzend zum Besuch der Mitmach-Ausstellung „Total genial!“ lädt daher eine Entdeckerrallye dazu ein, in der Schausammlung zur Archäologie auf Spurensuche zu gehen.

Viele bahnbrechende Erfindungen wurden von der Steinzeit bis ins frühe Mittelalter gemacht. Ohne Faustkeil, Pfeil und Bogen oder die Gewinnung von Eisen wäre die Entwicklung der Menschheit anders verlaufen. In der Ausstellung „Versunkene Geschichte. Archäologie an Rhein und Neckar“ erleben Kinder ab acht Jahren die Geschichte der frühesten Erfindungen und lösen knifflige Rätsel.

Die Rallye gibt anhand ausgewählter originaler Objekte spannende Einblicke in die Errungenschaften unterschiedlicher Epochen. Zusätzlich runden ereignisreiche Aktionstage zu wichtigen Erfindungen wie zum Beispiel dem Gebrauch des Feuers (Abb. 7), Papier und Auto das unterhaltsame und lehrreiche Ausstellungerlebnis ab.

Sarah Nelly Friedland und Wilfried Rosendahl

Abb. 7
Am 14. Mai 2017 gab es einen Thementag „Feuer & Flamme“ mit zahlreichen Vorführungen und Mitmachaktionen. Foto: rem, Wilfried Rosendahl

Am 20. Mai 2017 wurde die große kulturhistorische Sonderausstellung „Die Päpste und die Einheit der lateinischen Welt. Antike - Mittelalter - Renaissance" mit einem Festakt in der Mannheimer Jesuitenkirche eröffnet. Die Mannheimer Schau, die als Beitrag der Reiss-Engelhorn-Museen zum Reformationsjubiläum zu verstehen ist, wartet mit Highlights aus 1.500 Jahren auf und versammelt Schätze aus ganz Europa (Abb. 1, 3 und 5), die zum Teil noch nie außerhalb der schützenden Mauern ihrer derzeitigen Aufbewahrungsorte zu sehen waren. Rund 330 Exponate bieten einen spannenden Gang durch die Epochen von der Antike bis zur Renaissance und werden unterstützt von zahlreichen filmischen Rekonstruktionen, welche die konstantinische Petersbasilika, die theodosianische Paulsbasilika, aber auch die Stadt Rom selbst wiedererstehen lassen. Niemals zuvor wurde die ewige Stadt derart detailliert und aufwendig in Bildern rekonstruiert.

Daneben ermöglichen zahlreiche Eins-zu-Eins-Modelle ungeahnte Blicke auf die Papst- und Kirchengeschichte. Neben der Rekonstruktion des Clemensgrabes, des einzigen intakten Papstgrabes nördlich der Alpen, gehört dazu auch ein spektakulärer Nachbau der Petrusmemorie, die gleich am Anfang der Ausstellung zu den legitimatorischen Wurzeln des Papsttums zurückführt. Das Projekt, das zusammen mit der Heidelberger „Forschungsstelle für Geschichte und kulturelles Erbe" geplant und realisiert wurde, leistet zudem einen wichtigen Beitrag zur aktuellen Papstforschung, deren Ergebnisse pünktlich zur Eröffnung in vier Tagungsbänden vorliegen. In den Jahren 2014 bis 2016 fanden jeweils zwei Kongresse in Mannheim und in Rom

Abb. 1
Die „Krone von Namur", eine Reliquienkrone zur Aufbewahrung von Partikeln der Dornenkrone
Gold, Edelsteine (Saphire, Smaragde, Rubine, Topase, Amethyste, Perlen), roter Samt
13. Jahrhundert
Namur, Trésor de la Cathédrale Musée diocésain de Namur
Foto: Guy Focant - B5020 Vedrin

bzw. im Vatikan statt, zu denen sich Wissenschaftler verschiedener Fachrichtungen und Nationalitäten zusammenfanden. Die Ergebnisse der fruchtbaren Diskussionen fanden Eingang in die Konzeption der mit enormem Aufwand realisierten und nun eröffneten Ausstellung. Anhand ausgewählter Exponate aus den Beständen verschiedener vatikanischer Institutionen und vieler anderer internationaler Leihgeber werden so die ersten anderthalb Jahrtausende des Papsttums und die gemeinsame

Abb. 2
Der Eröffnungsakt in der Mannheimer Jesuitenkirche am 20. Mai 2017
Foto: rem, Lina Kaluza

Abb. 3
Die Capsella di Samagher überliefert die früheste Darstellung der Petrusmemorie.
Elfenbein, Ebenholz, Silber
Um 450
Venedig, Museo Archeologico Nazionale, Inv. Avori n. 279/52
Foto: Venezia, Museo Archeologico Nazionale. Su concession del Ministero dei beni e delle attività culturali e del turismo – Polo museale del Veneto

Geschichte der großen christlichen Konfessionen lebendig. Eine Darstellung dieser Zeit in Verbindung mit der der Entwicklung des Christentums scheint gerade im Jahr 2017 unerlässlich und ist keineswegs als Gegensatz zu den zahlreichen Reformationsausstellungen und -feierlichkeiten zu verstehen. Vielmehr stellt das Projekt eine wichtige Ergänzung dar und wurde von Anfang an sowohl durch die katholische als auch durch die evangelische Kirche unterstützt. Dieses Verständnis spiegelte sich auch in der Eröffnung der Ausstellung wider, die mit einem ökumenischen Gottesdienst (Abb. 2) eingeleitet und vom Bezirkskantor Alexander Niehues an der Orgel, Alexander W. Sauer an der Trompete und dem Ensemble Barock Vokal aus Mainz musikalisch umrahmt wurde.

Der Wortgottesdienst wurde vom Freiburger Erzbischof Stephan Burger zusammen mit dem evangelischen Landesbischof Jochen Cornelius-Bundschuh zelebriert, die von den Stadtdekanen Ralph Hartmann und Karl Jung unterstützt wurden. An den Gottesdienst in der voll besetzten Mannheimer Jesuitenkirche schloss sich die feierliche Ausstellungseröffnung (Abb. 4) an. Nach einer Begrüßung durch den Oberbürgermeister Peter Kurz folgten die Ansprachen des Schirmherrn Norbert Lammert, des Präsidenten des Deutschen Bundestages, und des Ministerpräsidenten des Landes Baden-Württemberg, Winfried Kretschmann. (Die Texte der Reden sind auf den folgenden Seiten abgedruckt.) Nach der Verlesung eines Grußwortes des Vertreters der Europäischen Kommission in Deutschland Richard Nikolaus Kühnel wurde die Veranstaltung mit einer kurzen Einführung von Seiten der beiden Projektleiter, des Generaldirektors der Reiss-Engelhorn-Museen Alfried Wieczorek und des Leiters der Forschungsstelle „Geschichte und kulturelles Erbe" Stefan Weinfurter, abgeschlossen und die Ausstellung eröffnet. Im Anschluss hatten die geladenen Gäste bereits die Möglichkeit, einen ersten Blick in die Ausstellung zu werfen, die auf zweieinhalb Etagen des Museums Zeughaus bis zum Reformationstag am 31. Oktober 2017 zu sehen ist.

Viola Skiba

Abb. 4
Von links nach rechts: Dr. Karl A. Lamers, MdB; Christian Specht, Erster Bürgermeister der Stadt Mannheim; Folker R. Zöller, Honorarkonsul der Republik Frankreich in Mannheim; Michael Grötsch, Erster Bürgermeister der Stadt Mannheim; Prof. Dr. Alfried Wieczorek, Generaldirektor der Reiss-Engelhorn-Museen; Stefan Burger, Erzbischof der Diözese Freiburg; Karl Jung, Dekan der Katholischen Kirche in Mannheim; Winfried Kretschmann, Ministerpräsident des Landes Baden-Württemberg; Prof. Dr. Norbert Lammert, Präsident des Deutschen Bundestages; Ralph Hartmann, Dekan der Evangelischen Kirche in Mannheim; Dr. Peter Kurz, Oberbürgermeister der Stadt Mannheim; Prof. Dr. Jochen Cornelius-Bundschuh, Landesbischof der Evangelischen Landeskirche in Baden
Foto: rem, Lina Kaluza

Rede zur Eröffnung der Ausstellung „Die Päpste und die Einheit der Lateinischen Welt" am 20. Mai 2017 in der Jesuitenkirche Mannheim

Präsident des Deutschen Bundestages
Prof. Dr. Norbert Lammert

Sehr geehrter Herr Ministerpräsident, Herr Oberbürgermeister, hohe Repräsentanten der Kirchen, der Stadt, des Staates, der Gesellschaft, Herr Professor Wieczorek, Herr Professor Weinfurter, verehrte Gäste,

Es ist ein schöner Zufall, dass wir in dieser Woche gleich zwei große Ausstellungen aus Anlass des Reformationsjubiläums eröffnen, die sich aus sehr unterschiedlichen Perspektiven und auf jeweils ganz unterschiedliche Weise diesem Anlass und den damit verbundenen Themen, Fragen und möglichen Antworten widmen. Am vergangenen Donnerstag wurde in Wittenberg die Ausstellung „Luther und die Avantgarde" eröffnet, die den ehrgeizigen Versuch unternimmt, im Rückblick auf 500 Jahre mit den Mitteln zeitgenössischer, avantgardistischer Kunst, der Frage nachzugehen, welche der damaligen Anliegen, Aufgaben und Fragestellungen auch heute noch relevant sein könnten und wie wir damit eigentlich umgehen wollen.

Und mit der heute eröffneten Ausstellung „Die Päpste und die Einheit der lateinischen Welt" betrachten wir die 1.500 Jahre, die vor der Reformation lagen und die nicht nur die Vorgeschichte für die Reformation, sondern eine wesentliche Voraussetzung für die moderne Welt gewesen sind, in der wir heute leben. Dabei wird deutlich, dass die Kirchengeschichte wie die Nationalgeschichte eine Geschichte von Aufbrüchen und Abstürzen ist, von Aufstiegen und Niedergängen, von Errungenschaften und Verirrungen. Deutlich wird auch, dass Glaube mit Religion zu tun hat und Religion wiederum mit Kirchen. Und diese haben – jedenfalls oft – etwas mit Kunst zu tun, und Kunst nicht selten etwas mit Geld. Und dass dies alles in einer im wörtlichen und übertragenen Sinne kunstvollen Weise miteinander zusammenhängt, erklärt wiederum manche der Errungenschaften – und einen Teil der Verirrungen eben auch. Für die politische Geschichte gilt wie für die Kirchengeschichte, dass wir uns lieber mit den Triumphen beschäftigen als mit den Niederlagen und am wenigsten gern mit den Entgleisungen, die es auch gibt und ohne die wiederum manche der Veränderungen nicht zustande gekommen wären, auf die wir heute ganz gewiss nicht würden verzichten wollen.

Dies ist nicht die erste und nicht die letzte Ausstellung, die sich mit dem ewig spannenden, unauflösbaren Thema des Verhältnisses von Religion und Politik beschäftigt, von Staat und Kirche, und in dem an der einen und der anderen Stelle mal auffällig und mal eher auf den zweiten oder dritten Blick die immer wiederkehrende Versuchung deutlich wird, Religion für politische Zwecke zu instrumentalisieren oder auch umgekehrt, die Politik für religiöse Zwecke in Anspruch zu nehmen. Sie mag insofern auch eine heilsame Aufklärung bieten und die weit verbreitete Vermutung entkräften, der zufolge die Instrumentalisierung der Politik für kirchliche und der Religion für politische Zwecke eine Innovation des Islam sei. Davon kann bei nüchterner Betrachtung keine Rede sein. Salopp formuliert, kopieren Islamisten die Verirrungen, die die Christenheit hoffentlich hinter sich hat.

Die Ausstellung, die heute eröffnet wird, erhebt natürlich nicht den Anspruch, 1.500 Jahre abendländischer Geschichte repräsentativ wiederzugeben. Auch die Einheit der lateinischen Welt wird nicht enzyklopädisch dargestellt, sondern aus einer zentralen Perspektive und mit der zentralen Fragestellung: Welche Rolle haben die Päpste und ihr Amt für diesen erstaunlich langen Zeitraum und weit darüber hinaus gespielt? Es ist überhaupt erstaunlich und offenkundig überfällig, die beachtliche Haltbarkeit und Prägekraft dieses Amtes über einen ungewöhnlich langen Zeitraum zum Gegenstand einer konzentrierten

Aufmerksamkeit zu machen. Und dabei wird dann natürlich deutlich, worauf man auch ohne die Ausstellung hätte kommen können, nämlich wie sehr Personen Ämter prägen. Das gilt im Übrigen natürlich nicht nur für hohe kirchliche Ämter, das soll bei politischen Ämtern auch zu beobachten sein. Es gilt im Übrigen auch für mindestens jede anspruchsvolle Profession. Es gilt für Wissenschaftler, für Ärzte, für Künstler, für Sportler. Jeder nüchterne Blick auf Strukturen und Institutionen macht deutlich: Am Ende sind es Personen, die den Unterschied machen, die in gleichen oder sehr ähnlichen Strukturen zu völlig unterschiedlichen Wirkungen führen.

Ich will das an einem aktuellen Beispiel verdeutlichen, da wir hier über Päpste reden. Der amtierende Papst Franziskus hat kürzlich in einem Interview mit einer großen deutschen Wochenzeitung zu seinem Selbstverständnis und Rollenverständnis erklärt: „Ich bin – ich will nicht sagen: ‚ein armer Teufel', aber ich bin ein ganz normaler Mensch, der tut, was er kann. Es wird immer viel erzählt, aber ich bin ein ganz normaler Mensch, kein bisschen ungewöhnlicher als andere." Das ist nicht nur zeitlich ein erheblicher Kontrast zum Selbstverständnis des Papstes Bonifaz, der dieser Ausstellung mindestens das Titelbild gegeben hat und der sich damals in einer demonstrativen Geste der Überlegenheit über alle staatlichen wie kirchlichen Ämter die Tiara aufs Haupt gesetzt hat.

Die für mich spannendste einzelne Frage in diesem Reformationsjubiläumsjahr ist die Frage, was haben wir Christen in 2.000 Jahren eigentlich aus dieser Kirche Jesu Christi gemacht? Und was haben wir für die Zukunft damit eigentlich vor? Dazu fällt Ihnen – wie mir – mehr ein, als man bei einer solchen Veranstaltung vernünftigerweise vortragen kann, aber ich will nicht unterschlagen, dass mich die Zögerlichkeit bekümmert, mit der in auch und gerade diesem Reformationsjubiläumsjahr die Einheit des Glaubens beschworen und die Spaltung der Kirchen bedauert wird, und wie schnell man nach der rituellen Bestätigung dieses bedauerlichen Sachverhaltes die Realitäten dann doch so nimmt, wie sie nun einmal sind. Das wird, denke ich, nicht reichen. Jedenfalls genügt es nach meinem Verständnis der Verantwortung nicht, die wir für diese Welt wie auch für diese Kirche haben. Mein Lieblingszitat des aus dem Amt geschiedenen deutschen Papstes Benedikt XVI. zur Verfassung der Kirche lautet mit Blick auf die Kirchenspaltung und das Ärgernis, das sie für die Gesellschaft wie die Kirche darstellt: „Und so ist die Kirche für viele heute zum Haupthindernis des Glaubens geworden. Sie vermögen nur noch das menschliche Machtstreben, das kleinliche Theater derer in ihr zu sehen, die mit ihrer Behauptung das amtliche Christentum zu verwalten, dem wahren Geist des Christentums am meisten im Wege zu stehen scheinen."

Ich fühle mich – nicht zuletzt durch diese Worte eines unzweifelhaft wesentlich kompetenteren Beobachters der jüngeren Entwicklung – in meiner Überzeugung bestätigt, dass das, was die Überwindung der Kirchenspaltung verhindert, nicht Glaubensunterschiede sind, sondern das Selbstbehauptungsbedürfnis von Institutionen. Und ich kann, ohne dabei überhaupt auf die Geschichte der Päpste und die Kirchengeschichte blicken zu müssen, aus Erfahrung berichten, dass es eine Institutionen eingebaute Versuchung gibt, sich selbst für wichtiger zu halten als den Zweck, um dessen Willen sie eigentlich bestehen. Und deswegen will ich zum Schluss auf Alfred Delp hinweisen, der – wieder ein schöner oder eben gerade auch kein Zufall – hier mit seiner Büste in der Jesuitenkirche steht und den Verlauf dieser Eröffnungsveranstaltung beobachtet. Delp – auch er Jesuit, katholischer Priester und Mitglied des Kreisauer Kreises, der als Widerstandskämpfer gegen die Nazis in Plötzensee ermordet wurde – hat in seiner Zelle geschrieben: „Wenn die Kirchen der Menschheit noch einmal das Bild einer zankenden Christenheit zumuten, sind sie abgeschrieben." Ich finde, wir sollten es auf diesen Test nicht ankommen lassen.

Und deswegen wünsche ich der Ausstellung, die wir heute eröffnen, nicht nur möglichst viele Besucher, sondern ich würde mich noch mehr freuen, wenn möglichst viele von denen, die diese Ausstellung sehen und den Blick zurück werfen, nicht nur noch besser informiert über die Vergangenheit diese Ausstellung verlassen, sondern vor allem noch höher motiviert für die eigene Verantwortung, die sie für die Zukunft haben.

Ministerpräsident Winfried Kretschmann
Eröffnung der Ausstellung
„Die Päpste und die Einheit der lateinischen Welt"
Reiss-Engelhorn-Museen Mannheim
am 20. Mai 2017 in Mannheim (Jesuitenkirche)

Wenn man die Menschen nach dem wesentlichen Unterschied zwischen evangelischer und katholischer Kirche fragen würde, würden wohl die meisten antworten: Die Evangelischen haben keinen Papst.

Die kurialen Missstände und die päpstlichen Verfehlungen seinerzeit – der Luxus, die Ausschweifungen und der Machtmissbrauch der Päpste und ihres Hofstaats – waren zentrale Kritikpunkte der Reformatoren. Ihre ursprüngliche Kritik galt aber zunächst gar nicht dem Papsttum, sondern entzündete sich an der Frage nach dem gnädigen Gott. Sind wir gerecht vor Gott, weil dieser uns gnädig ist oder weil unsere religiösen Leistungen unsere Sünden überwiegen?

Die damalige kirchliche Praxis hatte die Beziehung zwischen Gott und Mensch reduziert auf eine Art Handelsbeziehung – und die Kirche hat mit dem Ablasswesen auch selber gut daran verdient. Erst in der Folge, mit den Widerständen der Kirchenleitung gegen solche theologischen Reformen, wuchs auch die Kritik am Papsttum selber. Theologischer Reformbedarf und kuriale Missstände wurden zum Auslöser für die Reformation und die spätere Spaltung der lateinischen Kirche.

Wie kommt man vor diesem Hintergrund aber ausgerechnet im Jubiläumsjahr der Reformation auf die Idee einer Ausstellung zum Thema „Die Päpste und die Einheit der lateinischen Welt"? Ist das nicht etwas verwegen, ja sogar provokativ gegenüber allen, die dieses Jubiläum begehen? Lenkt das nicht bloß den Blick von den positiven gesellschaftlichen Wirkungen der Reformation für uns heute ab?

So wie wir heute manche gesellschaftliche Errungenschaft, wie zum Beispiel das Schulwesen, nur verstehen können vor dem Hintergrund der Wirkungsgeschichte der Reformation, so ist ja eben auch die Reformation nicht ohne Vorgeschichte in die Welt gekommen. Zu Recht erinnern uns die Ausstellungsmacher daran, dass der Reformation und der konfessionellen Trennung eine 1.500-jährige gemeinsame Kirchengeschichte vorausging. So prägend und selbstverständlich uns die heutige konfessionelle Aufspaltung der Kirche ist: Die bislang überwiegende Zeit war dies eben nicht der Fall, sondern es gab in der lateinischen Welt nur die eine Kirche.

Es scheint mir also durchaus sachgerecht, gerade im Jubiläumsjahr der Reformation auch – ich betone: auch! – den Anweg bis zu dieser Reformation zu betrachten. Denn diese lange Zeitspanne – das macht diese Ausstellung deutlich – birgt nicht nur wichtige Erkenntnisse für die Frage, wie und warum es zur Reformation kam. Sie enthält auch wertvolle Hinweise und Hintergründe für unser heutiges Verhältnis zwischen Staat und Kirche, zwischen Politik und Religion.

Wenn wir heute als Touristen oder Pilger die Stadt Rom besuchen, dann präsentiert sich das kirchliche Rom insbesondere mit den städtebaulichen, architektonischen und künstlerischen Zeugnissen, die auch die Menschen am Vortag der Reformation vorfinden konnten: die großen Hauptkirchen, die kunstvollen Paläste, die weiten Plätze. Dieses Rom wurde maßgeblich geprägt durch die Päpste, die nach dem Exil in Avignon in der Stadt residierten. Ihre Rückkehr und die Wiedererrichtung der Stadt als Sitz der Päpste und Zentrum der Weltkirche war der Auftakt eines grandiosen kulturellen Aufschwungs. Mit dieser Zeit verbinden wir so bedeutende Päpste wie Julius II., Alexander VI. oder Sixtus IV. und so großartige Künstler, Bildhauer und Architekten wie Bramante, Michelangelo und Raffael. Für die Stadt wie für die damalige Welt – urbi et orbi! – war dies eine echte Wiedergeburt, eine Renaissance. Aber es war eben auch die Zeit der grenzenlosen Machtentfaltung der Kirche, der Vermischung geistlicher und weltlicher Interessen, der moralischen Dekadenz und sittlichen Verfehlungen.

Und damit die Stunde der Reformer. Ihre Kritik an der damaligen Kirche richtete sich wesentlich auch gegen das Verhältnis der Kirche zur Welt, zur weltlichen Macht.

Das war aber keine neue Frage, sondern beschäftigte die Kirche nahezu von Anbeginn – auch das macht die Ausstellung sehr augenfällig. Es war letztlich nur die kurze Zeit der römischen Frühkirche, wo diese Frage noch keine Rolle spielte. Spätestens aber mit der Konstantinischen Wende setzte der Prozess der Auseinandersetzung und der Klärung des Verhältnisses zwischen kirchlicher und weltlicher Herrschaft ein. Staat und Kirche begannen eine Partnerschaft, aber eben auch eine anhaltende und durchaus konflikthafte Konkurrenz um Einfluss und Zuständigkeiten.

Sinnbild hierfür ist die bekannte frühmittelalterliche Zwei-Schwerter-Lehre. Der Begriff geht wohl zurück auf Papst Gelasius, der sich auf einen Vers im Lukas-Evangelium bezog, wo es nach der Abendmahlsszene heißt: „Sie [also die Apostel] sprachen aber: Herr, siehe, hier sind zwei Schwerter. Er aber sprach zu ihnen: Es ist genug." (Lk 22,38) Gelasius interpretierte diesen Bibelvers so: Für die Herrschaft über die Welt hat Gott zwei Schwerter verliehen, eines dem Kaiser für die weltliche und eines dem Papst für die geistliche Gewalt. Diese etwas zweifelhafte Auslegung des Verses bildete dann über die weiteren Jahrhunderte hinweg die Grundlage zur Beschreibung des Verhältnisses zwischen Staat und Kirche.

Mit dem erstarkenden Selbstbewusstsein der Kirche und der Ausbreitung des Christentums wuchsen einerseits der politische Einfluss und der Anspruch der Päpste und andererseits das staatsähnliche Gebaren der Kirche selbst. Die Kirche bildete einen eigenen Kirchenstaat, schaffte sich eigene mächtige Strukturen und Institutionen der Verwaltung, Rechtsprechung und Lehre und redete fortan maßgeblich in der Politik mit – mit allen Konsequenzen, die die Machtpolitik so mit sich bringt. Denn die Kirche gewann zwar an Macht und Vermögen, nahm auf die Herrscher und Staaten Einfluss und behauptete eine universale und über dem Kaiser stehende Aufsicht. Aber sie wurde dadurch auch selber zum Objekt machtpolitischer Begierde, zum Spielball der Herrscher und zur Partei in kriegerischen Streitigkeiten. Und ihre geistliche Autorität trat immer mehr zurück hinter ihre weltlichen Interessen.

Es nimmt deshalb nicht Wunder, dass es zur Vertreibung der Päpste und zu Schismen kam. Und dass der Reformdruck wuchs. Einen ersten Anlauf nahm das Konstanzer Konzil, dessen 600-jähriges Jubiläum wir ja ebenfalls in diesen Jahren begehen. Das Konzil brachte zwar das Ende des Schismas und die Rückkehr zur Einheit. Aber die reformerischen Ansätze, wie zum Beispiel die konziliare Idee, konnten sich noch nicht durchsetzen.

Hierzu bedurfte es dann der Reformation gut 100 Jahre später. Zwar hat auch Martin Luther keine systematische Theorie zum Staat-Kirchen-Verhältnis erarbeitet. Aber er hat den Gedanken der Zwei-Schwerter-Lehre aufgenommen und weiter entwickelt in der Unterscheidung von weltlichem und geistlichem Regiment. Damit war der Boden bereitet, zwischen Staat und Kirche, zwischen Politik und Religion zu unterscheiden und jeder Seite ihre spezifische Aufgabe und ihre eigene Stellung für die Gesellschaft zuzuweisen. Oder wie es in der „Confessio Augustana" heißt: „Darum soll man die zwei Regimente, das geistliche und das weltliche, nicht ineinander mengen und werfen." (CA 28) Erst vor kurzem konnte ich das 1.250-jährige Bestehen der Stadt Bretten, aus der Melanchthon ja stammte, feiern.

Staat und Kirche haben also unterschiedliche Funktionen und Aufträge. Das ist auch die Lehre, die wir aus der 1.500-jährigen vorreformatorischen Papstgeschichte ziehen können. Und diese Lehre zeigt bis heute ihre Wirkung. Denn in der Unterscheidung und Trennung von Politik und Religion liegen die weltanschauliche Neutralität des Staates und damit die Religionsfreiheit der Bürgerinnen und Bürger begründet, die unsere heutige Verfassung beschreibt und garantiert.

Das ist jedoch in Deutschland kein Laizismus, keine totale und absolute Trennung, sondern eine kooperative. Deshalb findet Religion auch nicht nur in meinem Herzen und in meinem privaten Kämmerlein statt, nicht nur im privaten, sondern eben auch im öffentlichen Raum. Das hat auch das Bundesverfassungsgericht klar gestellt. Ich zitiere aus seinem sogenannten Kopftuch-Urteil von 2003: „Die dem Staat gebotene religiös-weltanschauliche Neutralität ist indes nicht als eine distanzierende im Sinne einer strikten Trennung von Staat und Kirche, sondern als eine offene und übergreifende, die Glaubensfreiheit für alle Bekenntnisse gleichermaßen fördernde Haltung zu verstehen."

Und diese religiös-weltanschauliche Neutralität des Staates ist auch keine aseptische Neutralität. Unsere säkulare Verfassung ist nun mal in ihren Grundlagen und aus ihrer Geschichte heraus christlich imprägniert. Aber es ist eine Trennung, die sicherstellt, dass der freiheitliche und demokratische Staat selbst keine eigene Weltanschauung propagiert. Eine Trennung, die – wie es die Schweizer Philosophin Jeanne Hersch formuliert hat – „für jedes menschliche Wesen einen Leerraum [wahrt], der ihm erlaubt zu denken, zu glauben, zu hoffen und zu handeln, wie es ihm sein inneres Gewissen eingibt". Und diese weltanschauliche Neutralität des Staates ist es, die Pluralität ermöglicht und Religionsfrieden schafft. Und die Menschen motiviert, sich mit ihren Werten und Idealen zum Gemeinwohl aller einzubringen.

Die Ausstellung „Die Päpste und die Einheit der lateinischen Welt" zeigt überaus eindrücklich, wie viel unsere heutige Kultur und unser Zusammenleben in Europa den theologischen und kulturellen Leistungen der Päpste, gerade auch der Päpste des Mittelalters und der Renaissance, zu verdanken haben. Die zentralste politische Erkenntnis aber, die wir meines Erachtens der Betrachtung der Papstgeschichte bis zur Reformation verdanken, ist, wie unheilvoll eine Vermischung staatlicher und kirchlicher Interessen, ein Verschwimmen der institutionellen und funktionalen Grenzen sein kann. Und welch hohes Gut wir in der heutigen kooperativen Trennung von Politik und Religion, von Staat und Kirche haben – eine kooperative Trennung, die zum Wohle beider und damit zum Wohle der ganzen Gesellschaft gereicht.

Da es heute ja um die Päpste geht, müssen wir gerade auch die Päpste der jüngeren Geschichte nennen, die für eine solche Haltung stehen: Papst Johannes XXIII., der das Zweite Vatikanische Konzil einberufen hat; Papst Benedikt, der in seinem Wappen nicht mehr die herrschaftliche Tiara, sondern die Bischofsmitra abbilden ließ; und Papst Franziskus, der das einfach vorlebt. – Ich danke Ihnen.

Abb. 5
Porträt Papst Julius' II. (1503-1513)
Tizian nach einer Vorlage von Raffael
Um 1545-46
Florenz, Galleria Palatina e Appartamenti monumentali di Palazzo Pitti, Inv. Pal. 79
Foto: Su concessione del Ministero dei beni culturali e delle attività culturali e del turismo

Gratulation

MAV-Wissenschaft

ISG-Report

Personalia

rem-Wissenschaft

rem-aktuell

Impressum

Herausgeber
Hermann Wiegand
Alfried Wieczorek
Ulrich Nieß
Günter Eitenmüller

Inhaltliche Konzeption
Claudia Braun
Wilhelm Kreutz
Ulrich Nieß
Hermann Wiegand

Wissenschaftliche Redaktion
Wilhelm Kreutz
Christoph Popp
Luisa Reiblich
Hanspeter Rings

Lektorat
Luisa Reiblich
Jutta Hitzfeld

Graphische Gestaltung
Luisa Reiblich

Autoren
Prof. Dr. Reiner Albert
Dr. Gereon Becht-Jördens
Dr. Bernhard H. Bonkhoff
Dr. Claudia Braun
Dr. Hans-Otto Brinkkötter
Dr. Hans-Jürgen Buderer
Dr. Sarah Nelly Friedland
Eva-Maria Günther M.A.
Stephanie Herrmann M.A.
Liselotte Homering
Winfried Kretschmann
Dr. Jörg Kreutz
Prof. Dr. Wilhelm Kreutz
Andreas Krock M.A.
Prof. Dr. Norbert Lammert
Dr. Christoph Lind
Prof. Dr. Ulrich Nieß
Patricia Pfaff M.A.
Michael Plumpe
Susanne Räuchle
Dr. Hanspeter Rings
Dr. Gaëlle Rosendahl
Dr. Wilfried Rosendahl
Dr. Susanne Schlösser
Dr. Irmgard Siede
Dr. Viola Skiba
Dr. Harald Stockert
Dr. Susanne Wichert
Prof. Dr. Alfried Wieczorek
Prof. Dr. Hemann Wiegand
Dr. Klaus Wirth

Produktion
verlag regionalkultur,
Heidelberg – Ubstadt-Weiher – Basel

Abbildungen
© Reiss-Engelhorn-Museen Mannheim (Fotografen Jean Christen, Carolin Breckle, Maria Schumann, Lina Kaluza oder rem-Archiv) und Stadtarchiv Mannheim - Institut für Stadtgeschichte, wenn nicht ausdrücklich andere Rechteinhaber oder Fotografen benannt sind.

ISSN 0948-2784
ISBN 978-3-95505-055-9

Abbildung auf der Vorderseite:
Siehe S. 53

Abbildung auf der Rückseite:
Siehe S. 106

Corrigenda:
Im Autorenverzeichnis der Mannheimer Geschichtsblätter 32.2016 erhielt Frau Groening irrtümlicherweise einen Doktortitel. Die Autorin führt den Titel M.A. und legt Wert auf die Korrektur dieses Fehlers, wir bitten, ihn zu entschuldigen.

Für Publikationsanfragen wenden Sie sich bitte an das Redaktionsteam in den rem:
Dr. Claudia Braun
Luisa Reiblich
Reiss-Engelhorn-Museen
D 5, Museum Weltkulturen
68159 Mannheim